6

VAMPIRE KNIGHT

memories

MATSURI HINO

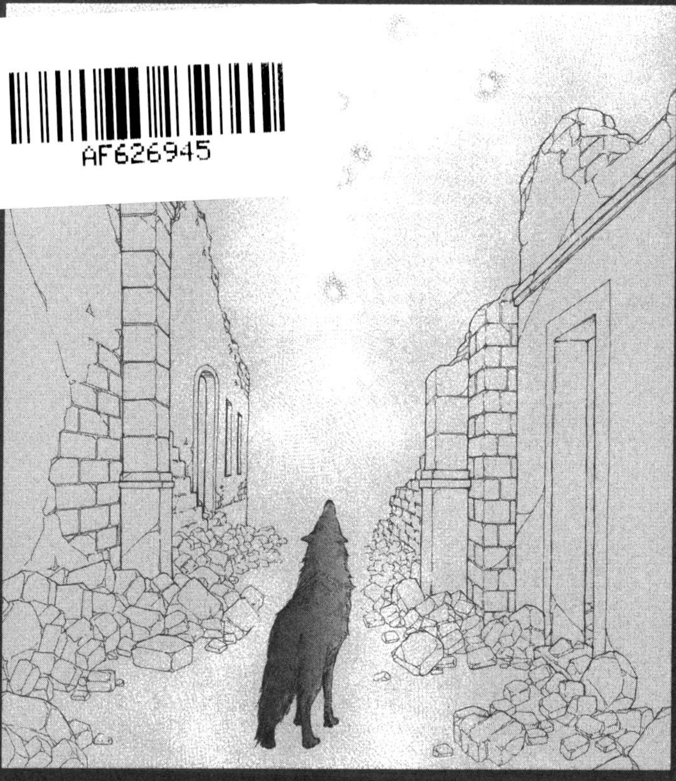

CARLSEN MANGA!

Die Story von VAMPIRE KNIGHT

WAS BISHER GESCHAH...

»VAMPIRE KNIGHT« IST DIE GESCHICHTE VON YUKI KURAN, EINER VAMPIRPRINZESSIN, DIE ALS MENSCH AUFGEWACHSEN IST.
EIN MOMENT DES FRIEDENS KEHRT IN DEN ERBITTERTEN KAMPF ZWISCHEN VAMPIR UND MENSCH EIN, DOCH KANAME, DER EINE »ANTI-VAMPIR-WAFFE« ERSCHAFFEN HAT, SCHLÄFT WEITERHIN IN SEINEM SARG AUS EIS...
NACHDEM TAUSEND JAHRE VERSTRICHEN SIND, ERHÄLT ER YUKIS HERZ UND ERWACHT ALS MENSCH ERNEUT ZUM LEBEN. WAS IN DER ZWISCHENZEIT GESCHEHEN IST, ERZÄHLT UNS AI, DIE TOCHTER VON YUKI UND KANAME...
AUF EINEN BALL WIRD REN BEI EINEM ANSCHLAG STARK VERLETZT, WORAUFHIN SIE ZUM ERSTEN MAL VON AIS BLUT TRINKT. ALS AI DANACH IN EINEN TIEFSCHLAF FÄLLT UND NICHT MEHR ERWACHT, BESCHLIESST REN, HUNTER ZU WERDEN...
DIE POLITISCHE STIMMUNG WENDET SICH IMMER STÄRKER GEGEN DIE VAMPIRE.
ALS YUKI IN DIESEM ZUSAMMENHANG VON EINER VERSCHWÖRUNG ERFÄHRT, BEI DER UNSCHULDIGE DORFBEWOHNER GEOPFERT WERDEN SOLLEN, BRICHT SIE ÜBERSTÜRZT ZU DEREN RETTUNG AUF...

CHARAKTERE

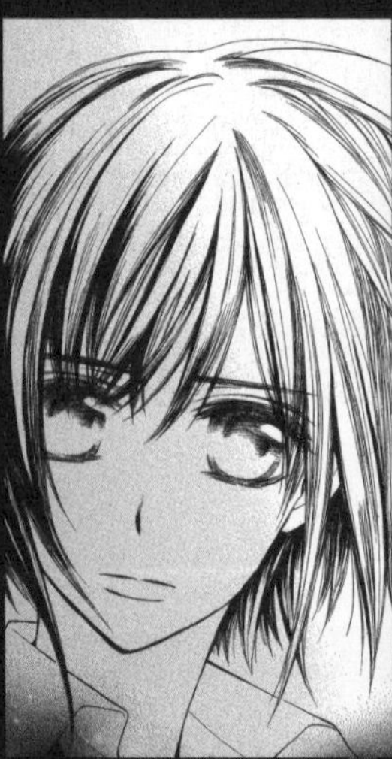

YUKI KURAN (KUROSU)

ADOPTIVTOCHTER DES DIREKTORS DER CROSS ACADEMY. IN WIRKLICHKEIT IST YUKI EIN REINBLÜTIGER VAMPIR UND DIE PRINZESSIN DES KURAN-CLANS. ALS SIE IHRE ERINNERUNGEN VERLOREN HATTE, BEWUNDERTE UND VEREHRTE SIE KANAME ALS IHREN SENPAI.

KANAME KURAN

REINBLÜTER UND URAHN DES KURAN-CLANS. AUSSERDEM IST ER YUKIS VERLOBTER UND ADOPTIVBRUDER. HAT SEIN HERZ IN DEN HOCHOFEN GEWORFEN, UM EINE »ANTI-VAMPIR-WAFFE« ZU ERSCHAFFEN.

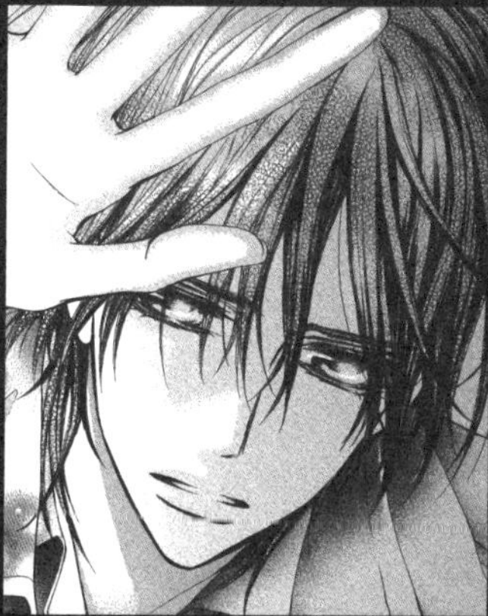

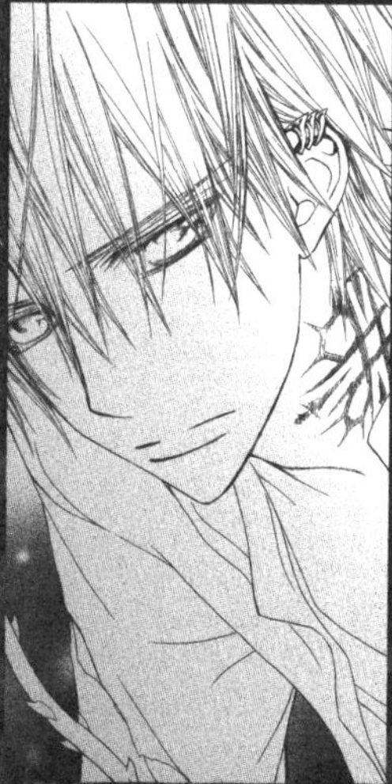

ZERO KIRYU

SPROSS EINER HUNTER-FAMILIE, DER VON EINEM REINBLÜTER SELBST IN EINEN VAMPIR VERWANDELT WURDE. TROTZ SEINES HASSES GEGENÜBER REINBLÜTERN ENTSCHEIDET ER SICH, SEIN LEBEN ZUSAMMEN MIT YUKI ZU BESTREITEN.

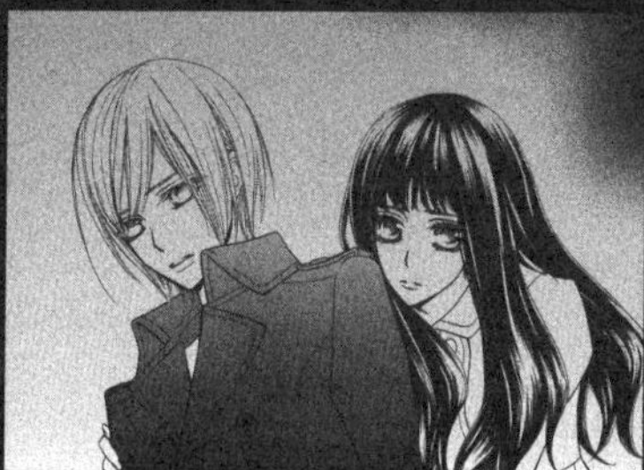

REN UND AI

YUKIS KINDER

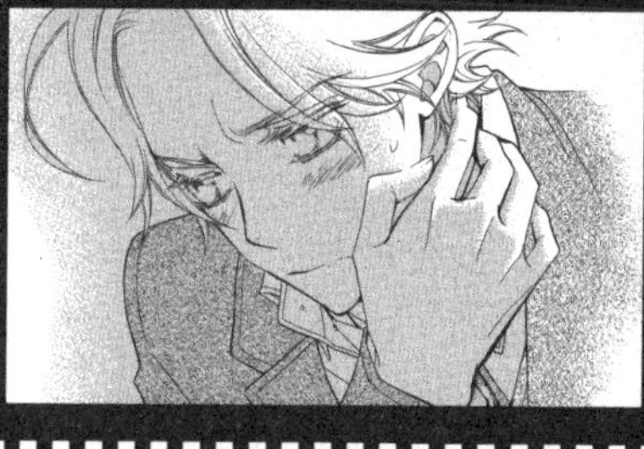

HANABUSA AIDO

YUKIS SENPAI. ER FORSCHT AN EINEM MEDIKAMENT, DAS VAMPIRE IN MENSCHEN VERWANDELN KANN…

VAMPIRE KNIGHT memories 6

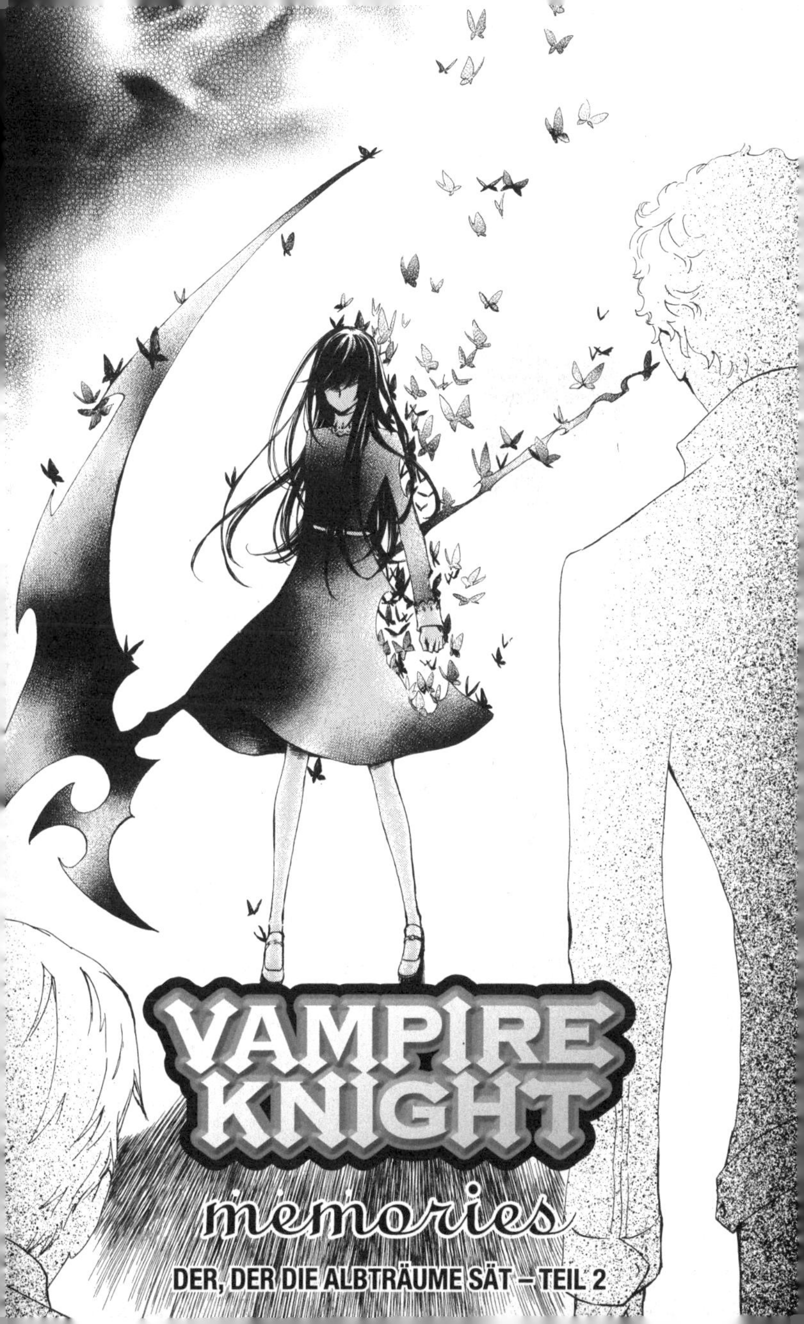
VAMPIRE KNIGHT
memories
DER, DER DIE ALBTRÄUME SÄT – TEIL 2

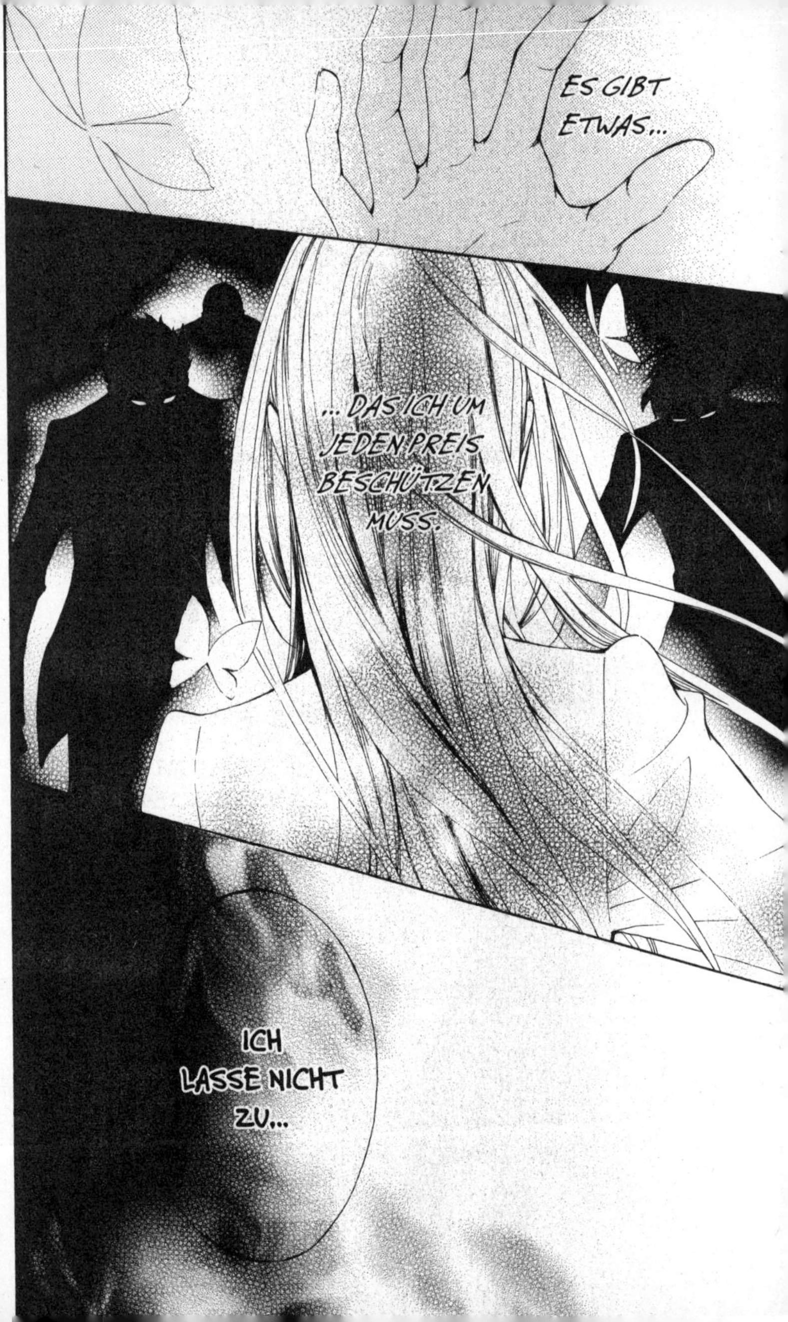

ES GIBT ETWAS...
... DAS ICH UM JEDEN PREIS BESCHÜTZEN MUSS.
ICH LASSE NICHT ZU...

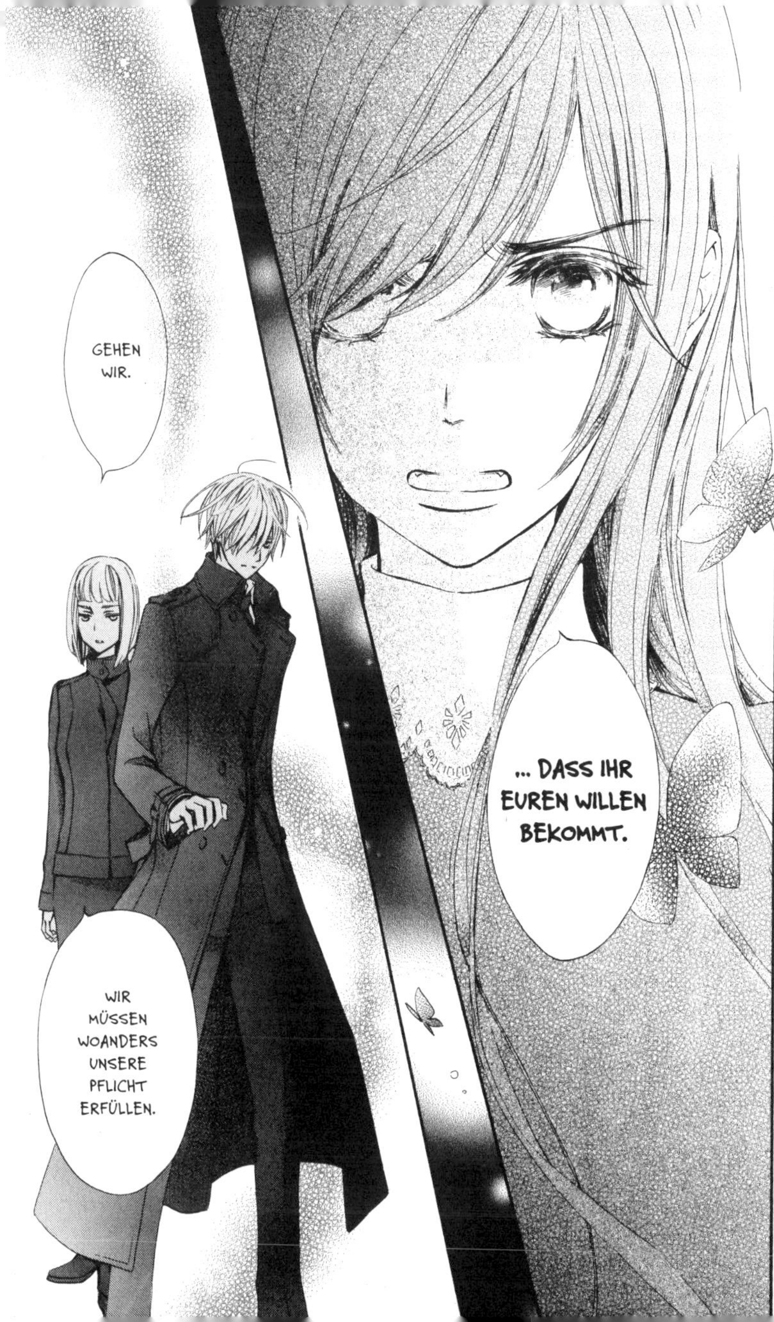
... DASS IHR EUREN WILLEN BEKOMMT.
GEHEN WIR.
WIR MÜSSEN WOANDERS UNSERE PFLICHT ERFÜLLEN.

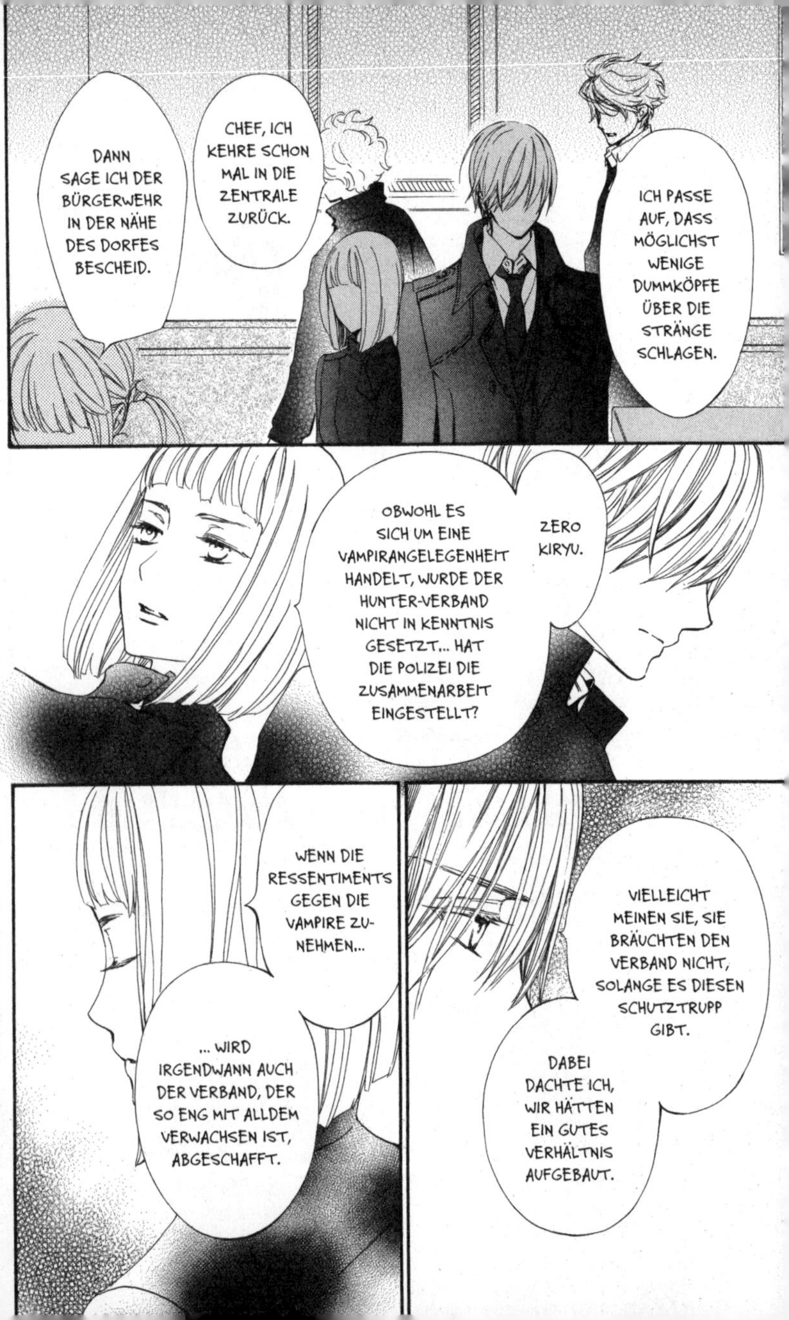
ICH PASSE AUF, DASS MÖGLICHST WENIGE DUMMKÖPFE ÜBER DIE STRÄNGE SCHLAGEN.
CHEF, ICH KEHRE SCHON MAL IN DIE ZENTRALE ZURÜCK.
DANN SAGE ICH DER BÜRGERWEHR IN DER NÄHE DES DORFES BESCHEID.
ZERO KIRYU.
OBWOHL ES SICH UM EINE VAMPIRANGELEGENHEIT HANDELT, WURDE DER HUNTER-VERBAND NICHT IN KENNTNIS GESETZT... HAT DIE POLIZEI DIE ZUSAMMENARBEIT EINGESTELLT?
VIELLEICHT MEINEN SIE, SIE BRÄUCHTEN DEN VERBAND NICHT, SOLANGE ES DIESEN SCHUTZTRUPP GIBT.
DABEI DACHTE ICH, WIR HÄTTEN EIN GUTES VERHÄLTNIS AUFGEBAUT.
WENN DIE RESSENTIMENTS GEGEN DIE VAMPIRE ZU-NEHMEN...
... WIRD IRGENDWANN AUCH DER VERBAND, DER SO ENG MIT ALLDEM VERWACHSEN IST, ABGESCHAFFT.

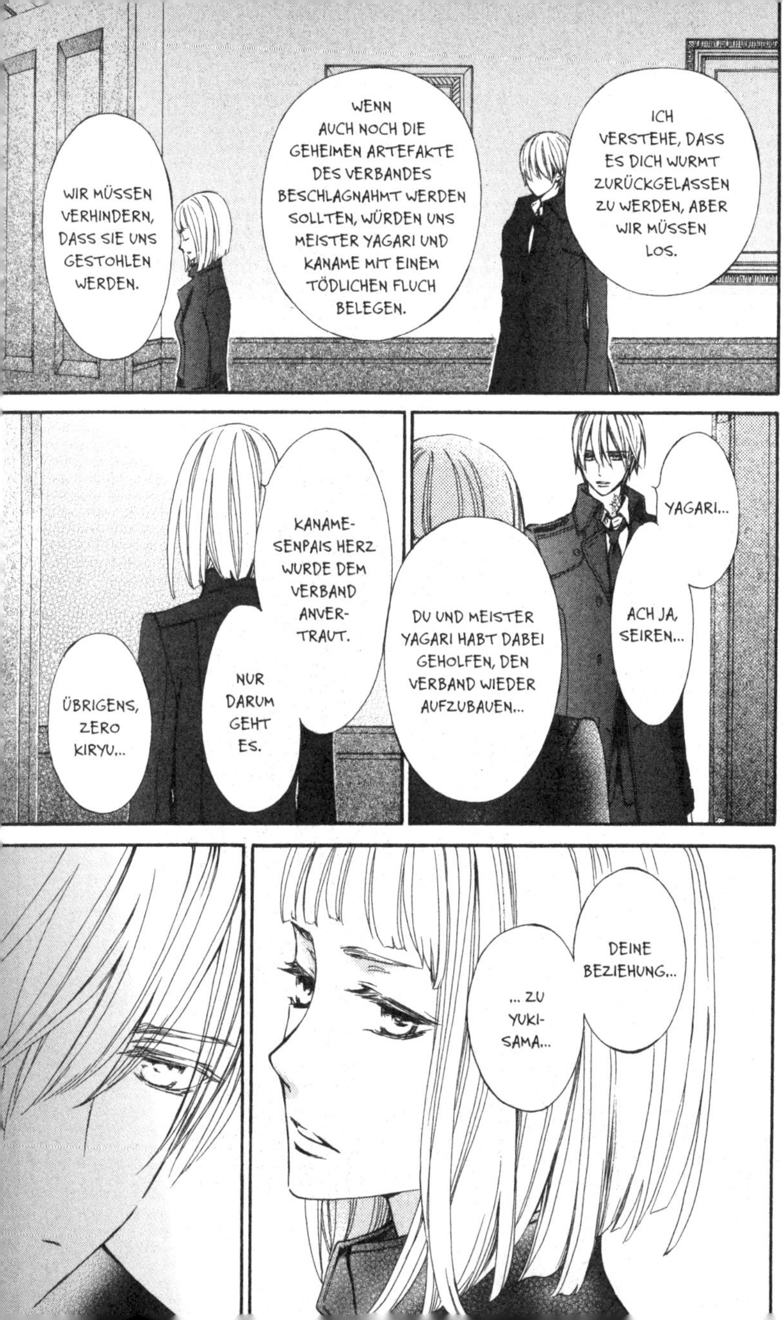
ICH VERSTEHE, DASS ES DICH WURMT ZURÜCKGELASSEN ZU WERDEN, ABER WIR MÜSSEN LOS.
WENN AUCH NOCH DIE GEHEIMEN ARTEFAKTE DES VERBANDES BESCHLAGNAHMT WERDEN SOLLTEN, WÜRDEN UNS MEISTER YAGARI UND KANAME MIT EINEM TÖDLICHEN FLUCH BELEGEN.
WIR MÜSSEN VERHINDERN, DASS SIE UNS GESTOHLEN WERDEN.
YAGARI...
ACH JA, SEIREN...
DU UND MEISTER YAGARI HABT DABEI GEHOLFEN, DEN VERBAND WIEDER AUFZUBAUEN...
KANAME-SENPAIS HERZ WURDE DEM VERBAND ANVERTRAUT.
NUR DARUM GEHT ES.
ÜBRIGENS, ZERO KIRYU...
DEINE BEZIEHUNG...
... ZU YUKI-SAMA...

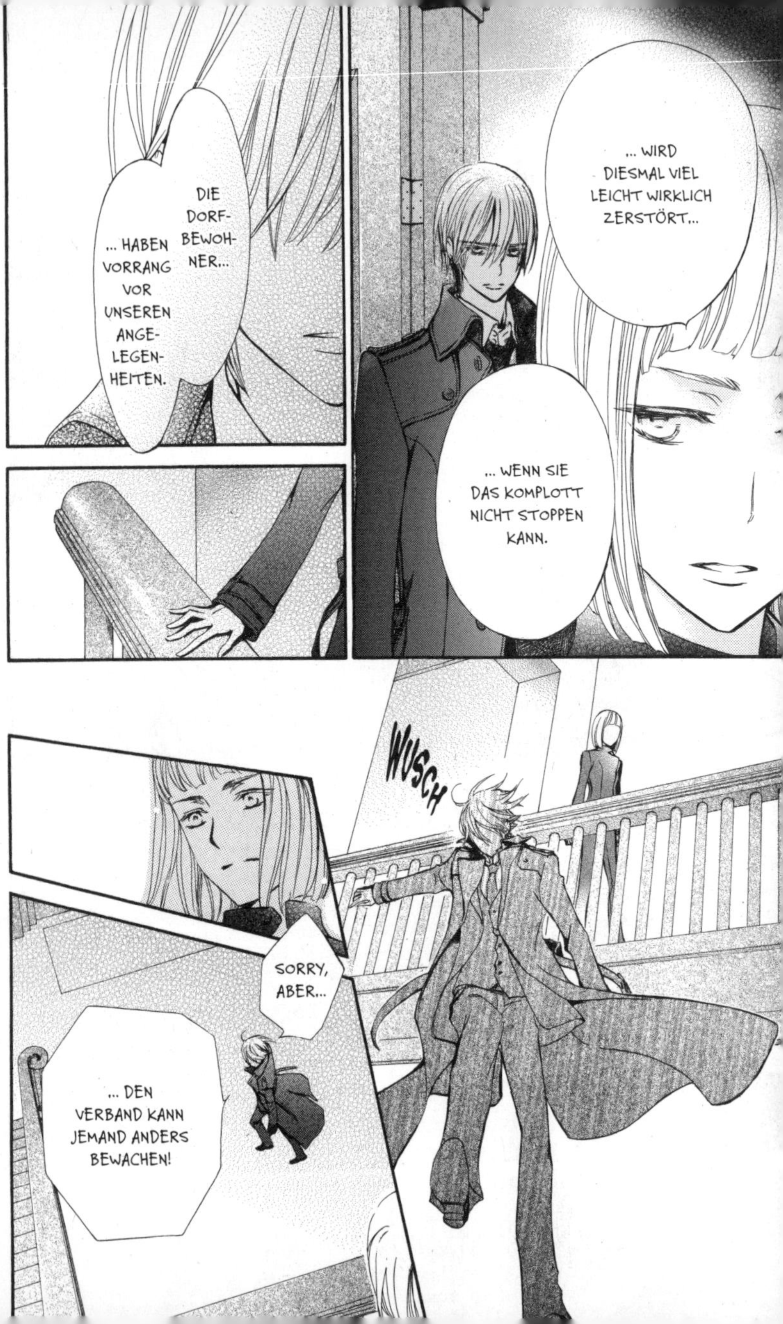
... WIRD DIESMAL VIEL LEICHT WIRKLICH ZERSTÖRT...
... WENN SIE DAS KOMPLOTT NICHT STOPPEN KANN.
DIE DORF-BEWOHNER...
... HABEN VORRANG VOR UNSEREN ANGE-LEGEN-HEITEN.
WUSCH
SORRY, ABER...
... DEN VERBAND KANN JEMAND ANDERS BEWACHEN!

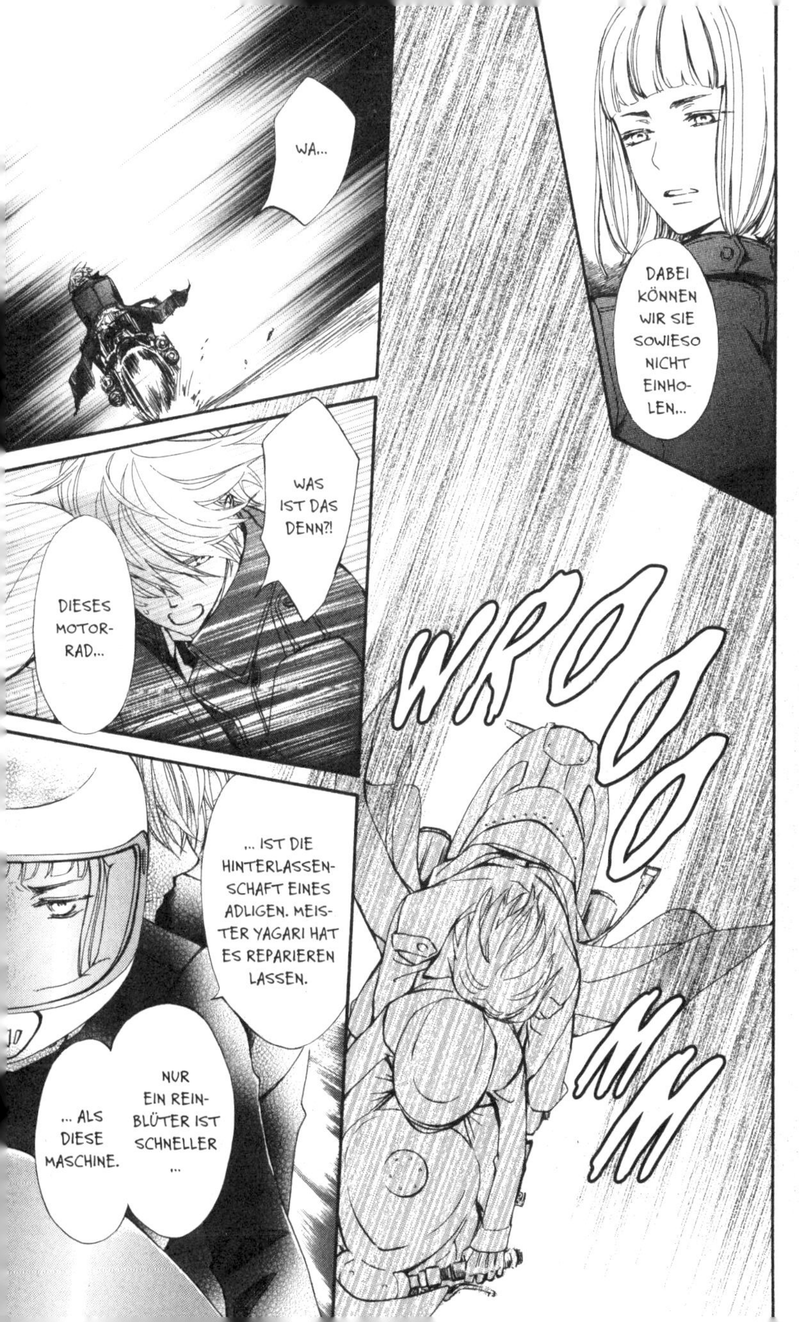
DABEI KÖNNEN WIR SIE SOWIESO NICHT EINHO-LEN...
WA...
WAS IST DAS DENN?!
DIESES MOTOR-RAD...
... IST DIE HINTERLASSEN-SCHAFT EINES ADLIGEN. MEIS-TER YAGARI HAT ES REPARIEREN LASSEN.
NUR EIN REIN-BLÜTER IST SCHNELLER ...
... ALS DIESE MASCHINE.
WROOOOMMM

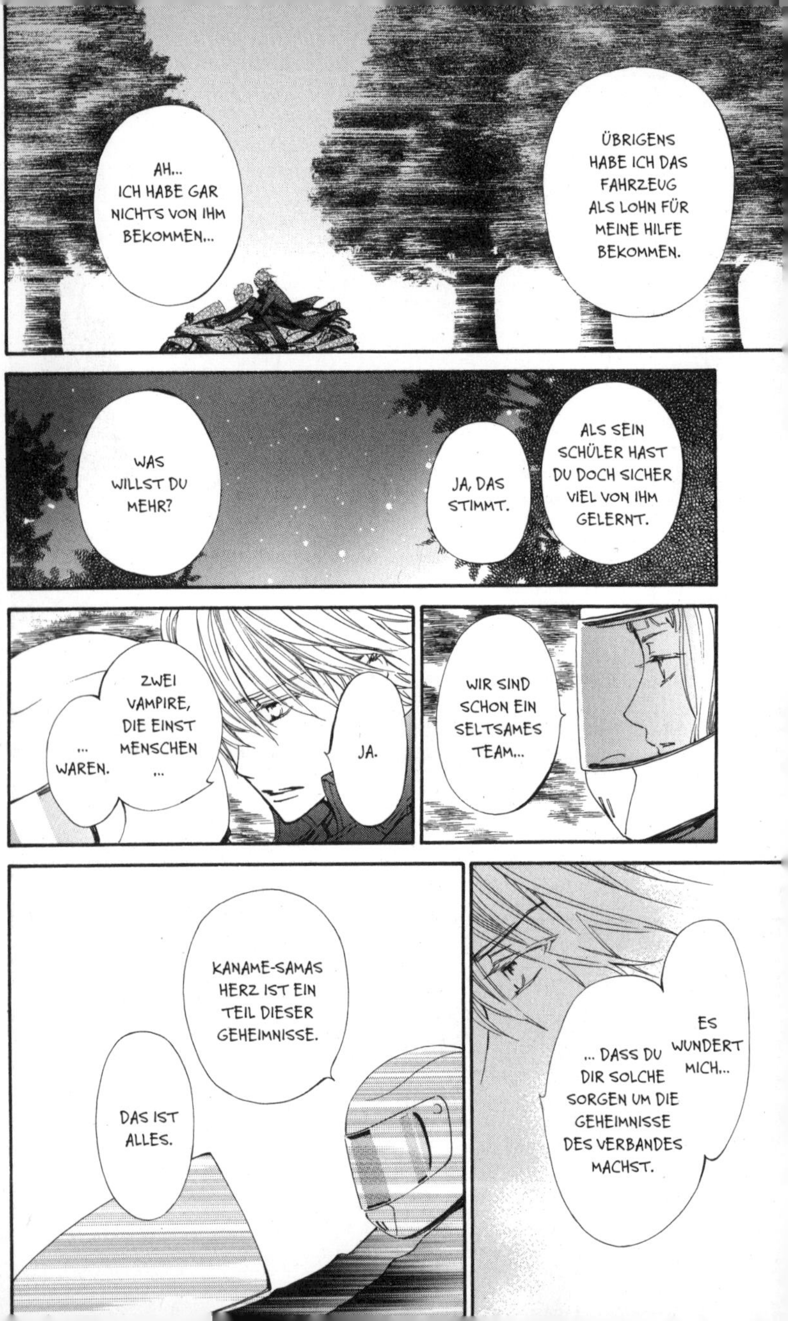
ÜBRIGENS HABE ICH DAS FAHRZEUG ALS LOHN FÜR MEINE HILFE BEKOMMEN.
AH... ICH HABE GAR NICHTS VON IHM BEKOMMEN...
ALS SEIN SCHÜLER HAST DU DOCH SICHER VIEL VON IHM GELERNT.
JA, DAS STIMMT.
WAS WILLST DU MEHR?
WIR SIND SCHON EIN SELTSAMES TEAM...
JA.
ZWEI VAMPIRE, DIE EINST MENSCHEN ...
... WAREN.
ES WUNDERT MICH...
... DASS DU DIR SOLCHE SORGEN UM DIE GEHEIMNISSE DES VERBANDES MACHST.
KANAME-SAMAS HERZ IST EIN TEIL DIESER GEHEIMNISSE.
DAS IST ALLES.

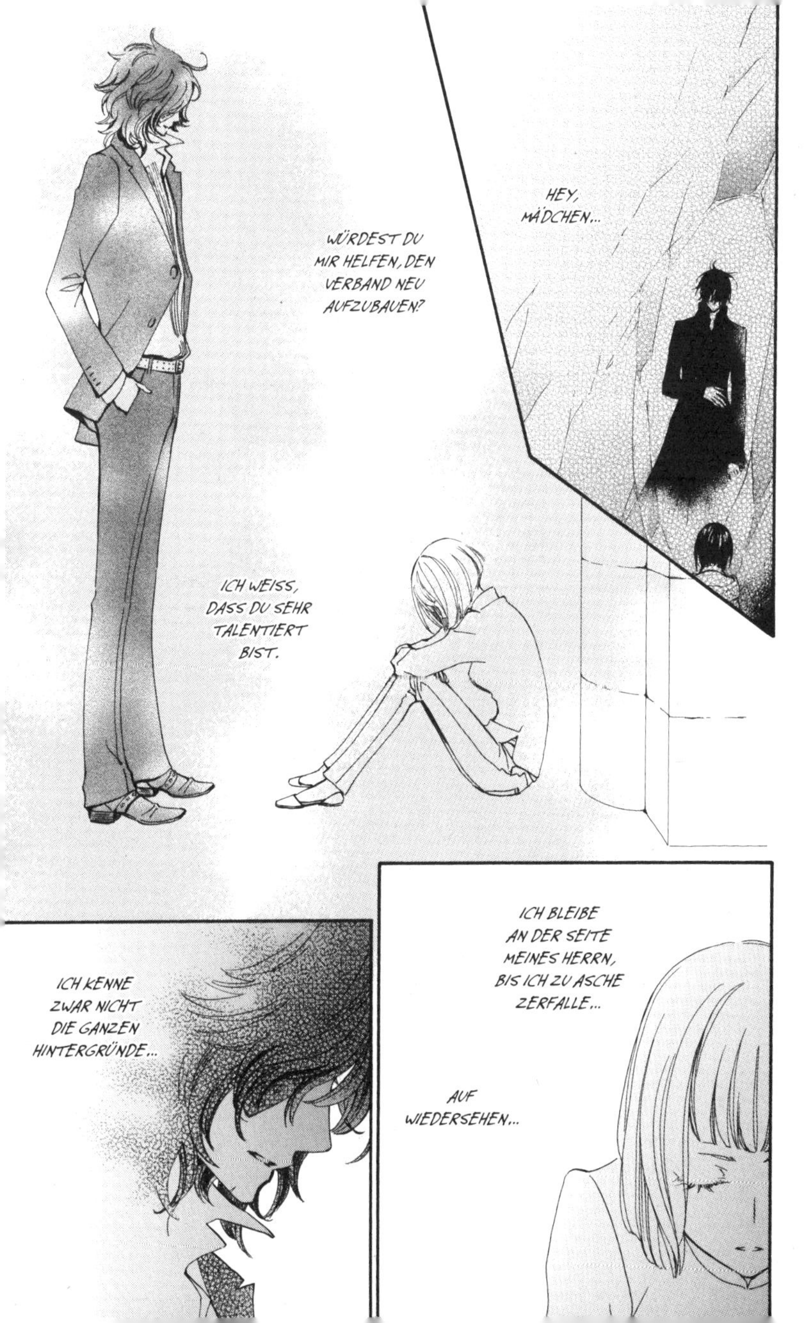
HEY, MÄDCHEN...
WÜRDEST DU MIR HELFEN, DEN VERBAND NEU AUFZUBAUEN?
ICH WEISS, DASS DU SEHR TALENTIERT BIST.
ICH BLEIBE AN DER SEITE MEINES HERRN, BIS ICH ZU ASCHE ZERFALLE...
AUF WIEDERSEHEN...
ICH KENNE ZWAR NICHT DIE GANZEN HINTERGRÜNDE...

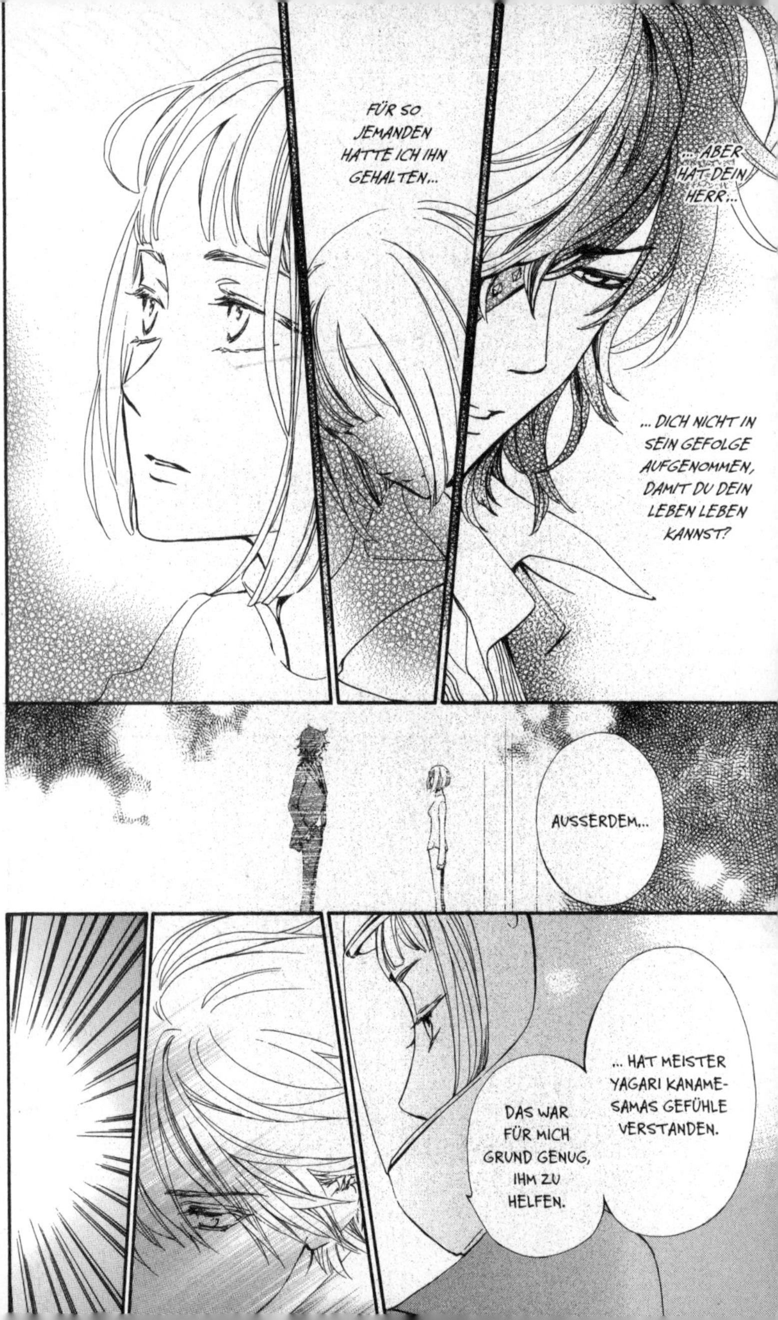
... ABER HAT DEIN HERR ...
... DICH NICHT IN SEIN GEFOLGE AUFGENOMMEN, DAMIT DU DEIN LEBEN LEBEN KANNST?
FÜR SO JEMANDEN HATTE ICH IHN GEHALTEN ...
AUSSERDEM ...
... HAT MEISTER YAGARI KANAME-SAMAS GEFÜHLE VERSTANDEN.
DAS WAR FÜR MICH GRUND GENUG, IHM ZU HELFEN.

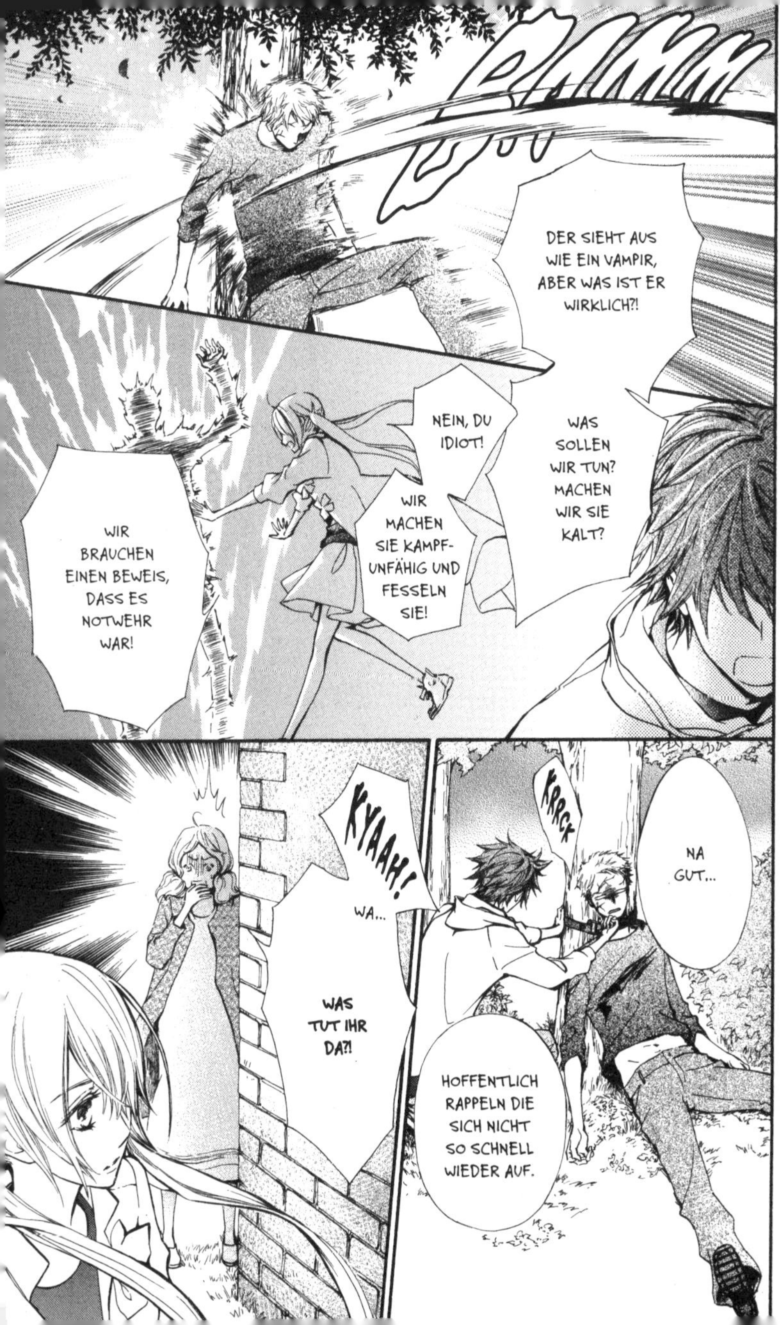
DER SIEHT AUS WIE EIN VAMPIR, ABER WAS IST ER WIRKLICH?!
WAS SOLLEN WIR TUN? MACHEN WIR SIE KALT?
NEIN, DU IDIOT!
WIR MACHEN SIE KAMPF-UNFÄHIG UND FESSELN SIE!
WIR BRAUCHEN EINEN BEWEIS, DASS ES NOTWEHR WAR!
KRRCK
NA GUT...
HOFFENTLICH RAPPELN DIE SICH NICHT SO SCHNELL WIEDER AUF.
KYAAH!
WA...
WAS TUT IHR DA?!

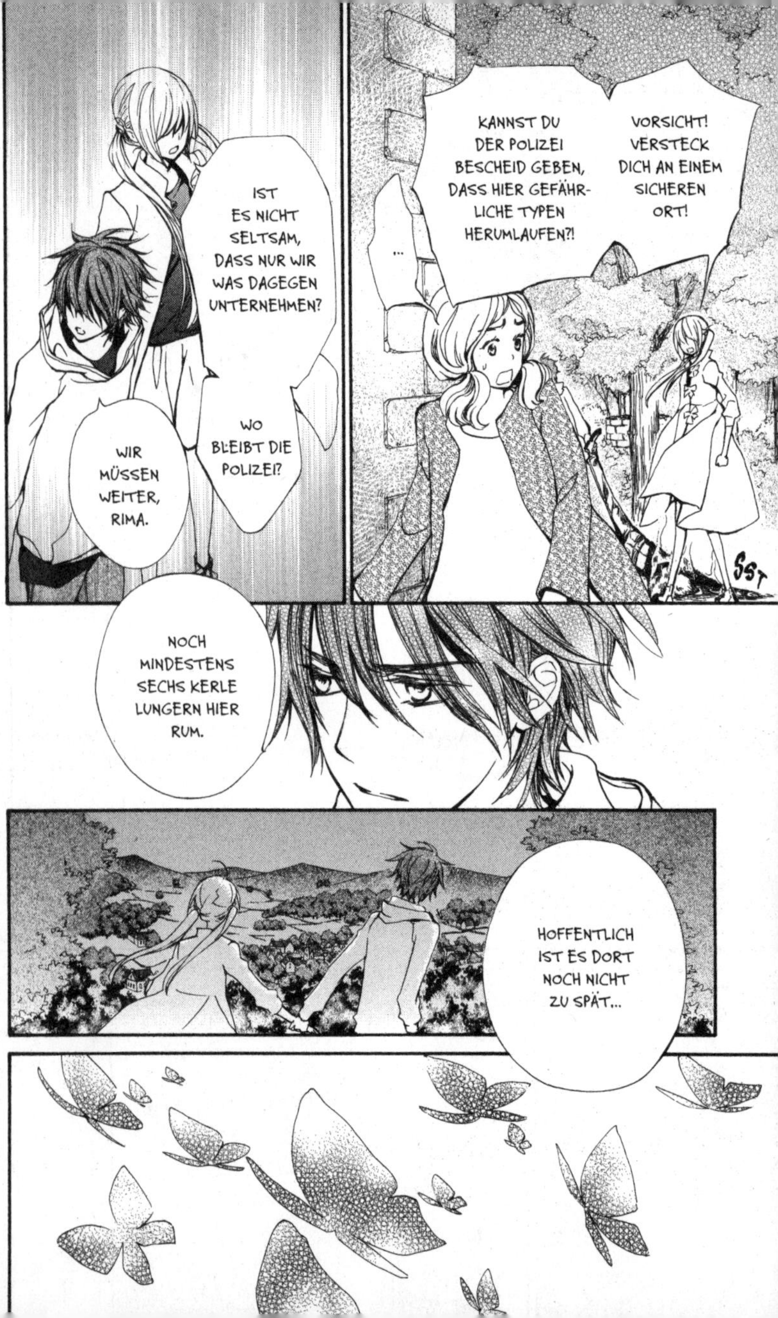
VORSICHT! VERSTECK DICH AN EINEM SICHEREN ORT!
KANNST DU DER POLIZEI BESCHEID GEBEN, DASS HIER GEFÄHRLICHE TYPEN HERUMLAUFEN?!
...
SST
IST ES NICHT SELTSAM, DASS NUR WIR WAS DAGEGEN UNTERNEHMEN?
WO BLEIBT DIE POLIZEI?
WIR MÜSSEN WEITER, RIMA.
NOCH MINDESTENS SECHS KERLE LUNGERN HIER RUM.
HOFFENTLICH IST ES DORT NOCH NICHT ZU SPÄT...

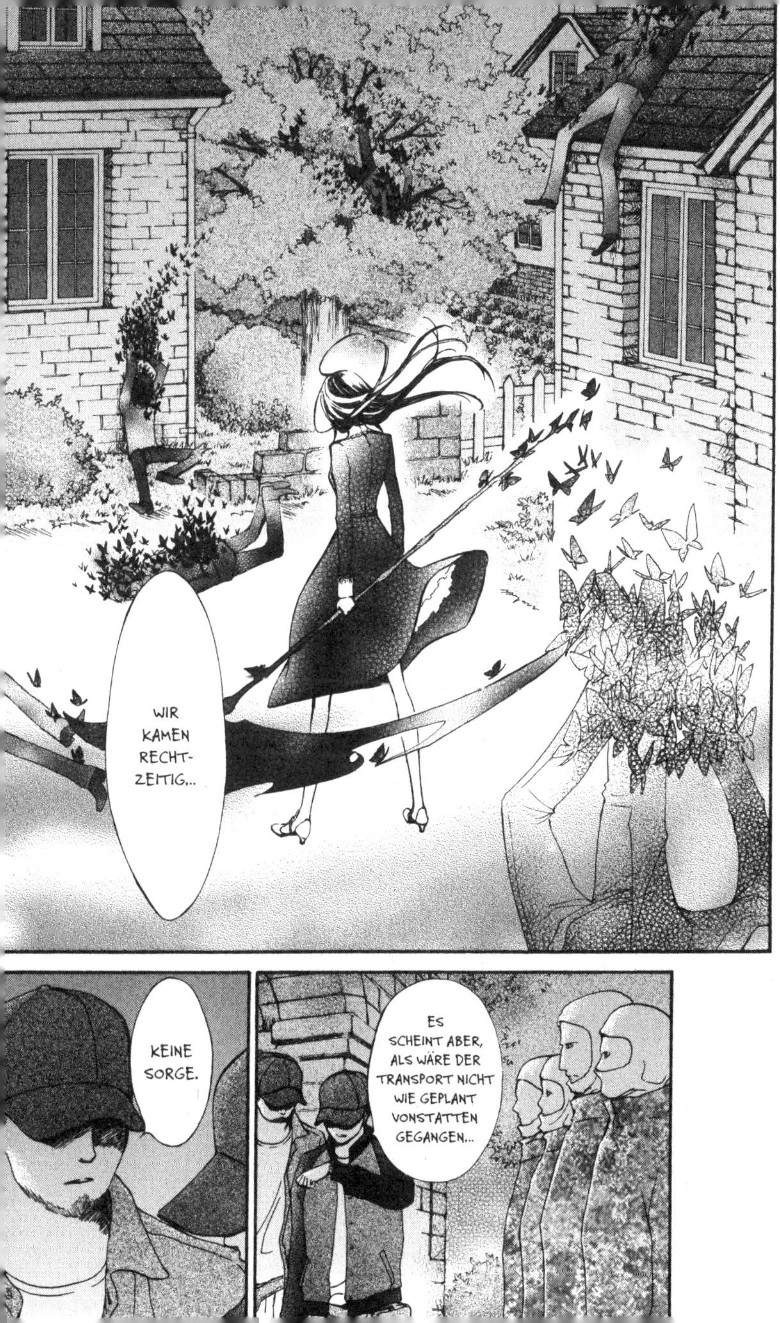
WIR KAMEN RECHT-ZEITIG...
KEINE SORGE.
ES SCHEINT ABER, ALS WÄRE DER TRANSPORT NICHT WIE GEPLANT VONSTATTEN GEGANGEN...

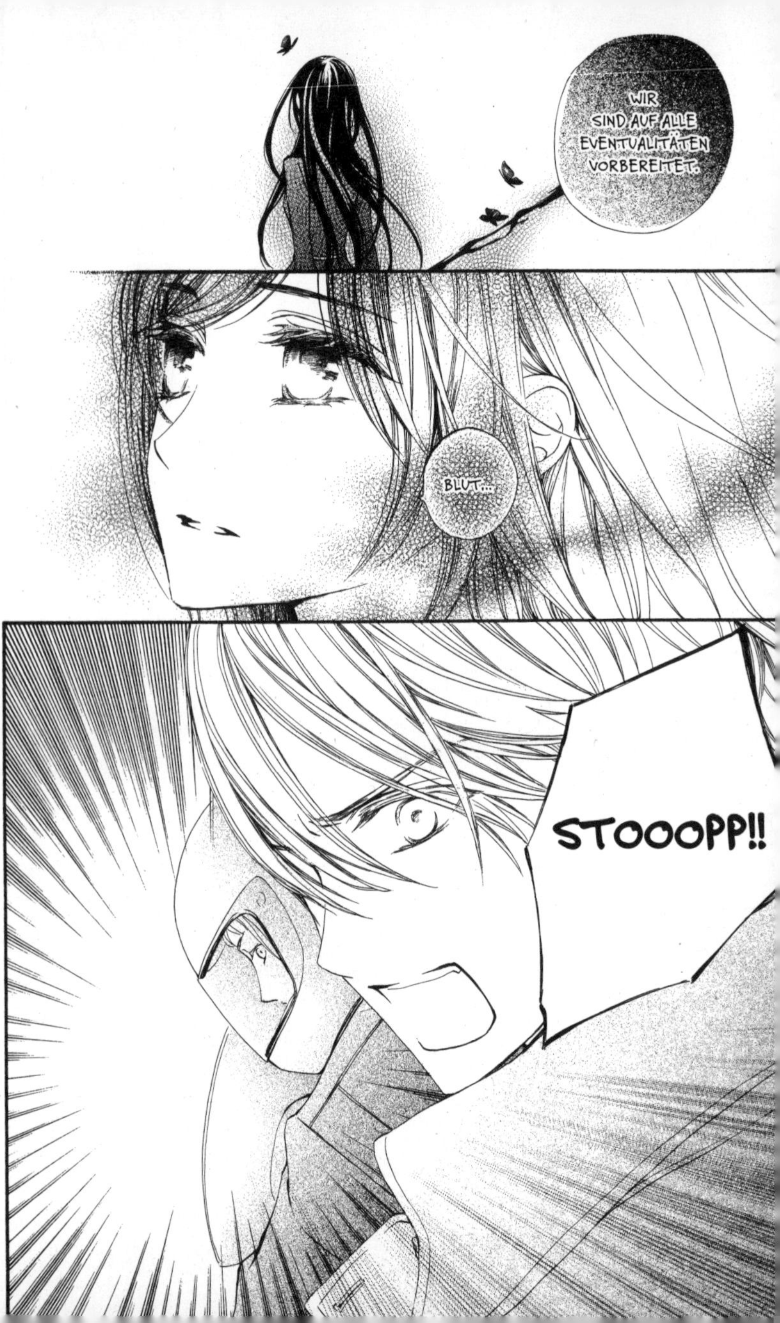
WIR SIND AUF ALLE EVENTUALITÄTEN VORBEREITET.
BLUT...
STOOOPP!!

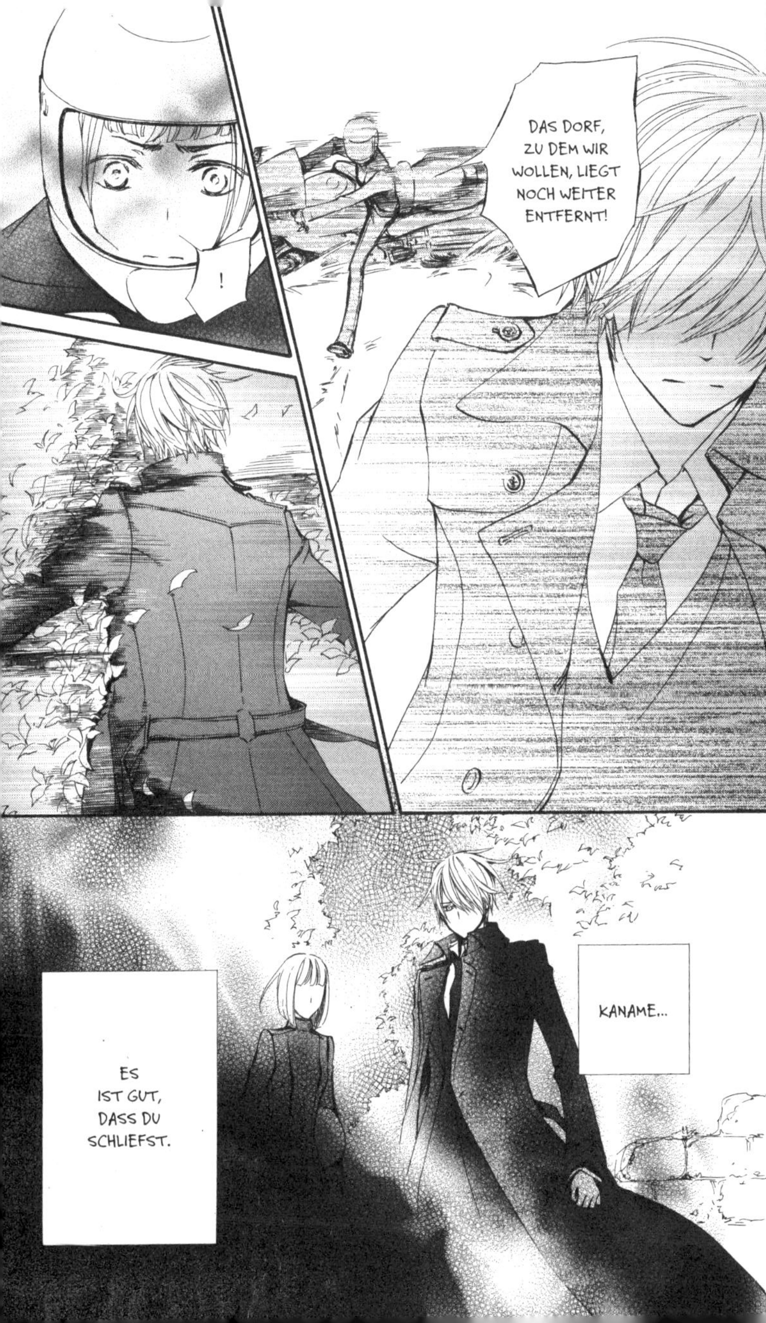
DAS DORF, ZU DEM WIR WOLLEN, LIEGT NOCH WEITER ENTFERNT!
!
KANAME...
ES IST GUT, DASS DU SCHLIEFST.

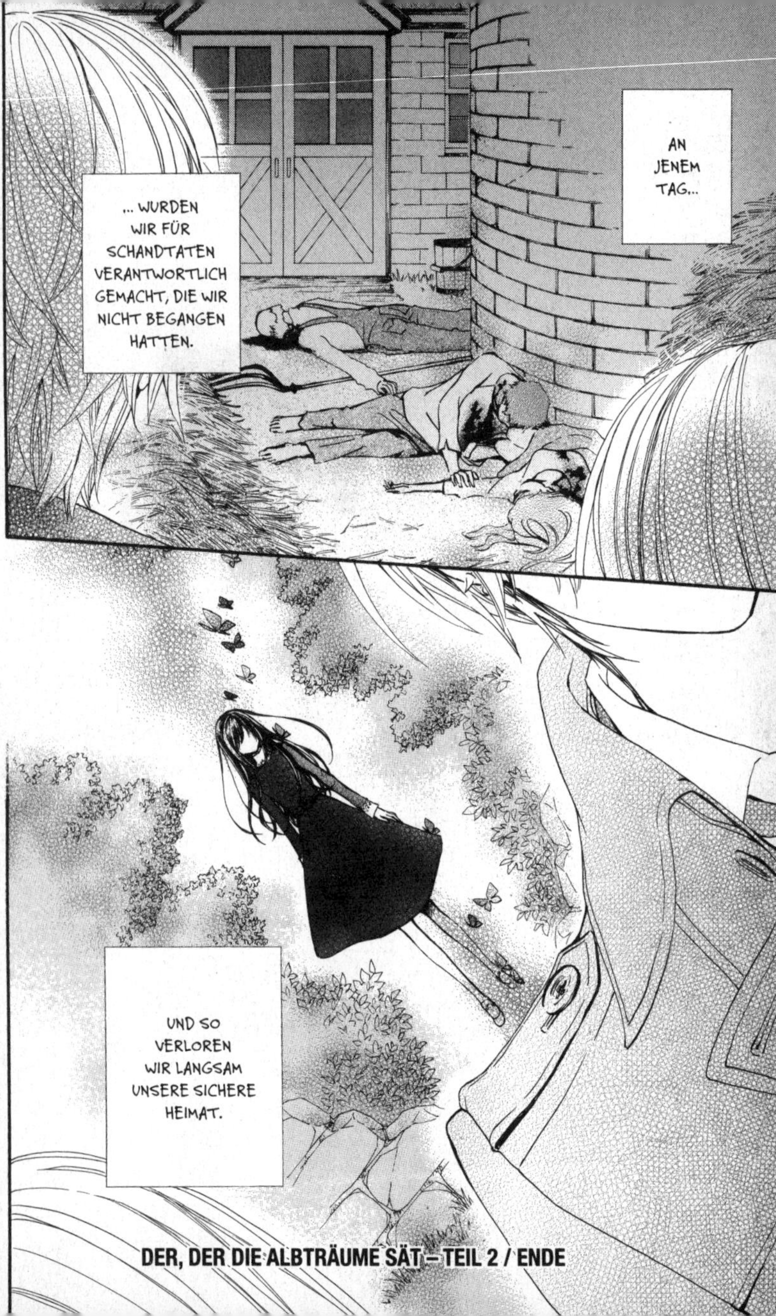
AN JENEM TAG...
... WURDEN WIR FÜR SCHANDTATEN VERANTWORTLICH GEMACHT, DIE WIR NICHT BEGANGEN HATTEN.
UND SO VERLOREN WIR LANGSAM UNSERE SICHERE HEIMAT.
DER, DER DIE ALBTRÄUME SÄT – TEIL 2 / ENDE

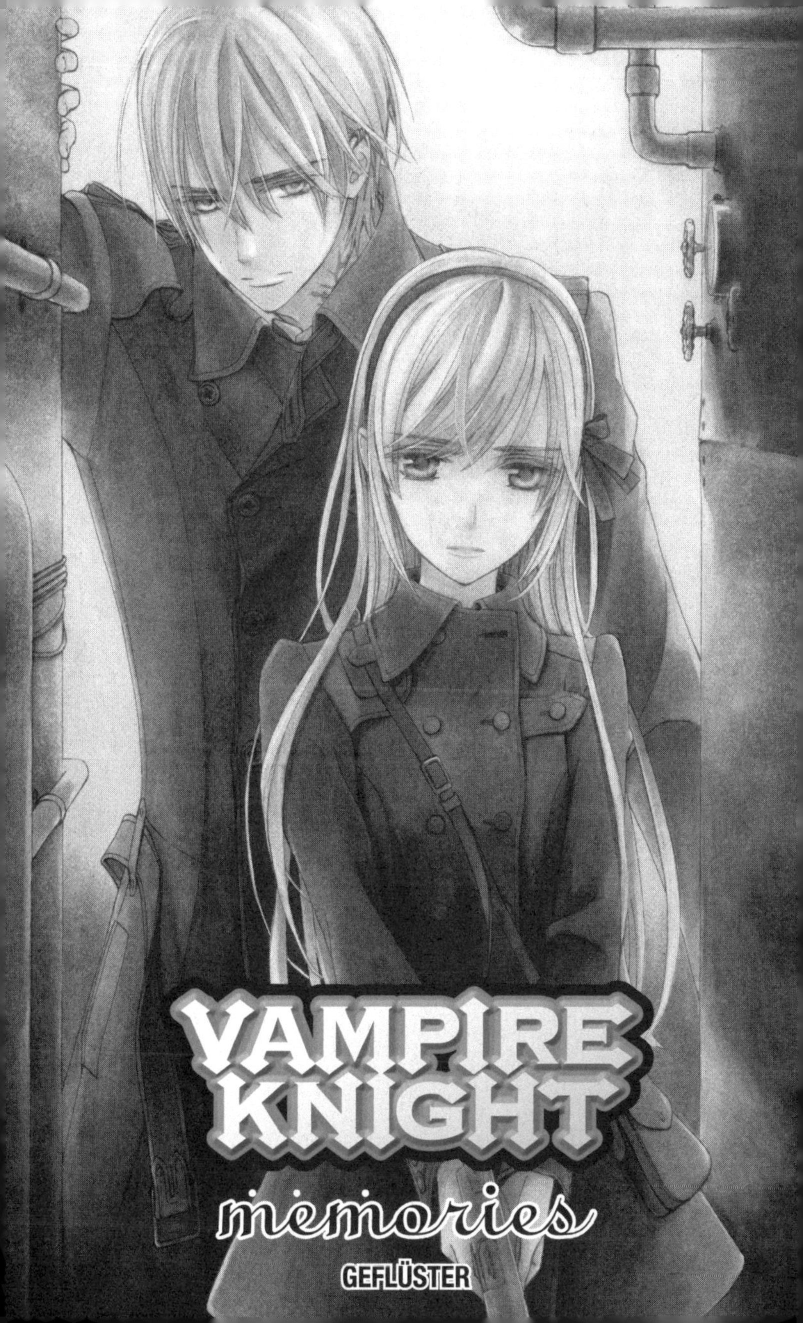
VAMPIRE
KNIGHT
memories
GEFLÜSTER

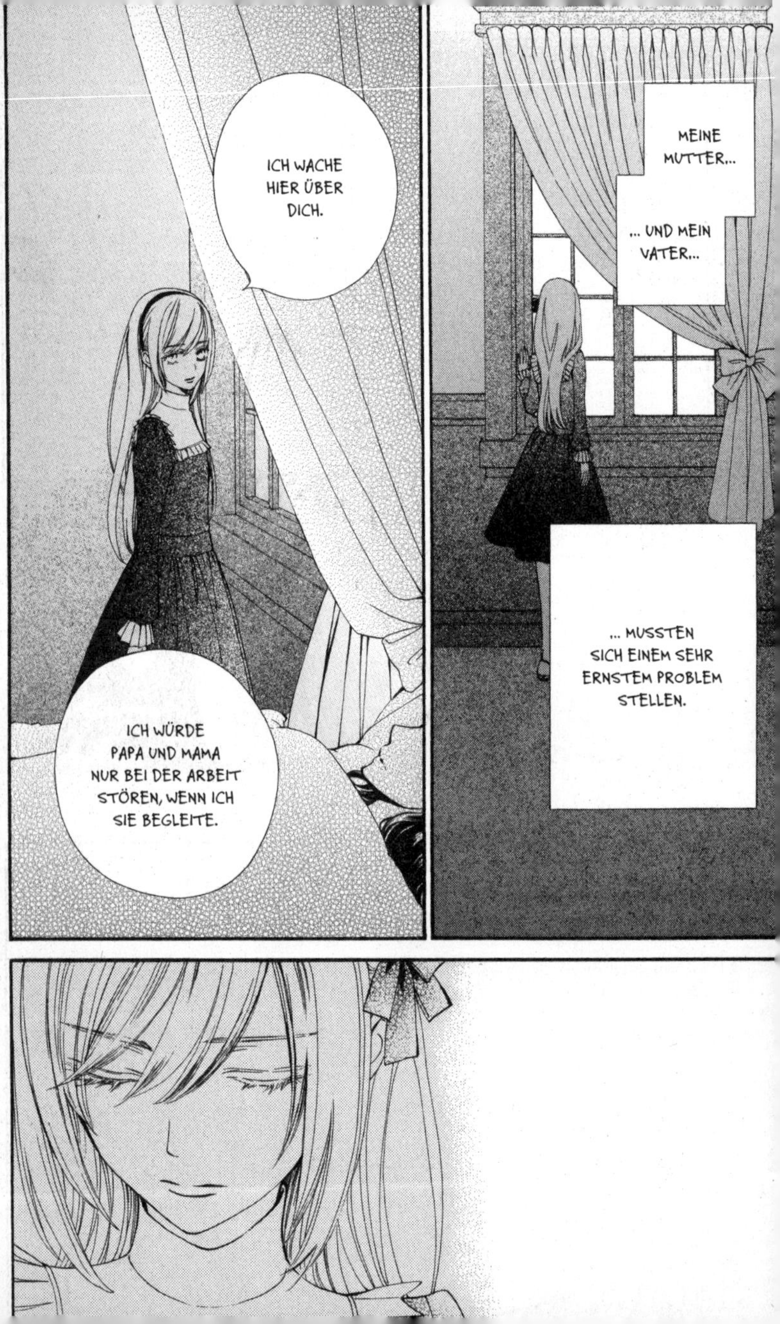
MEINE MUTTER...
... UND MEIN VATER...
... MUSSTEN SICH EINEM SEHR ERNSTEM PROBLEM STELLEN.
ICH WACHE HIER ÜBER DICH.
ICH WÜRDE PAPA UND MAMA NUR BEI DER ARBEIT STÖREN, WENN ICH SIE BEGLEITE.

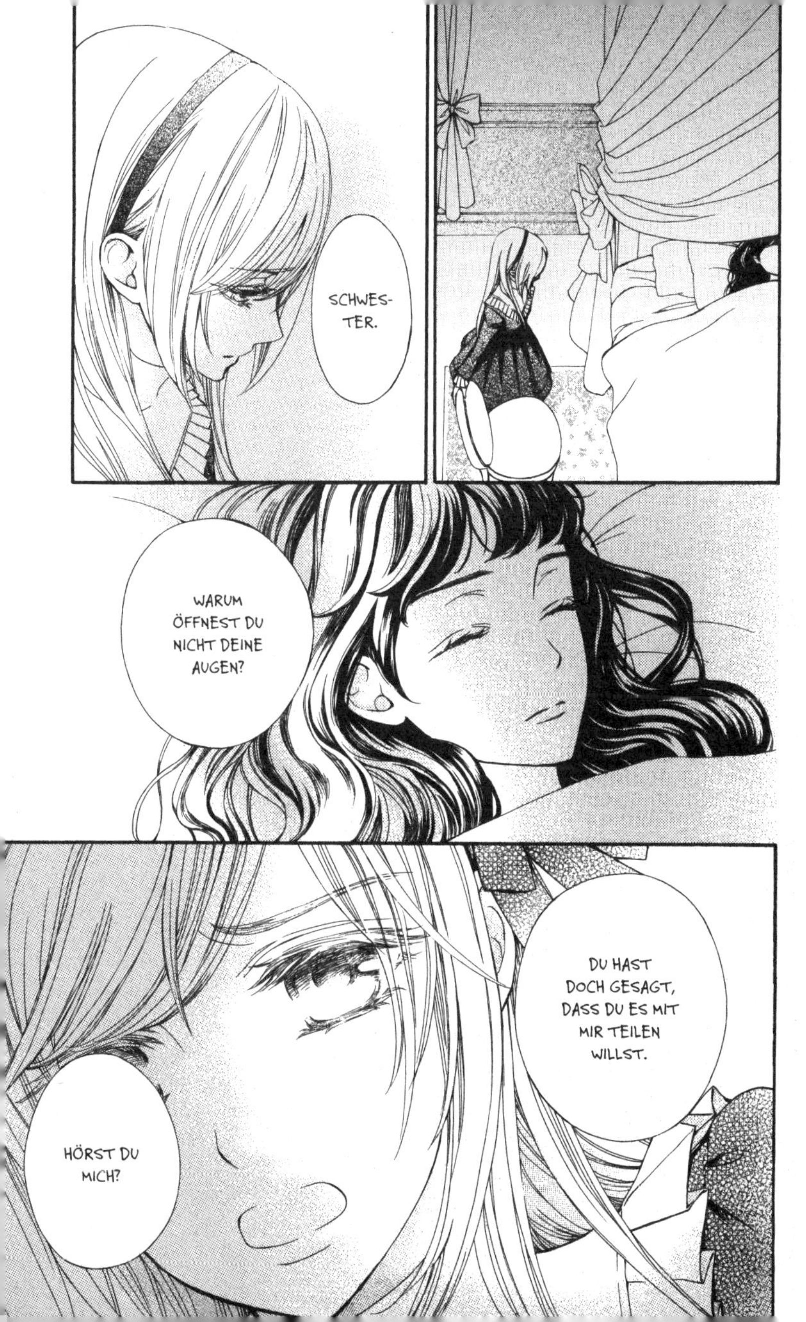
SCHWES-
TER.
WARUM ÖFFNEST DU NICHT DEINE AUGEN?
DU HAST DOCH GESAGT, DASS DU ES MIT MIR TEILEN WILLST.
HÖRST DU MICH?

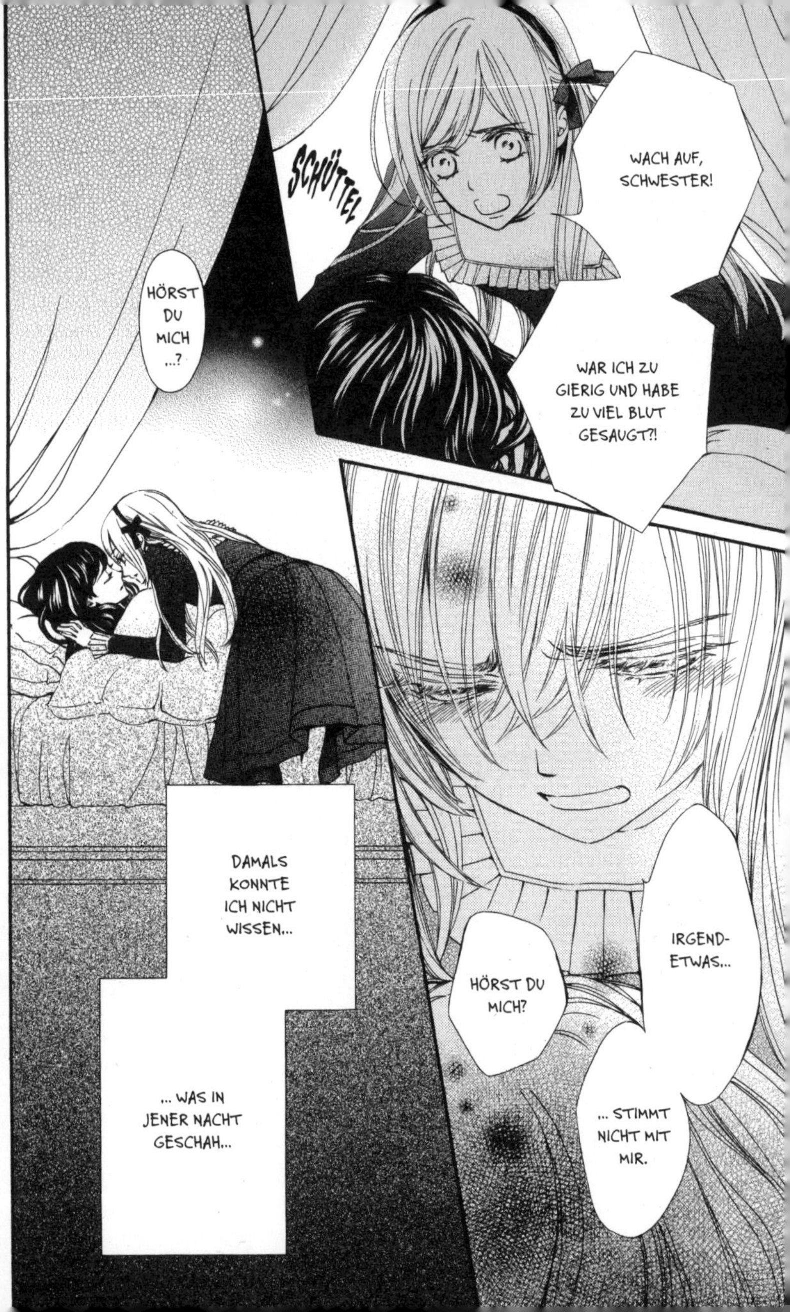
WACH AUF, SCHWESTER!
SCHÜTTEL
WAR ICH ZU GIERIG UND HABE ZU VIEL BLUT GESAUGT?!
HÖRST DU MICH ...?
IRGEND-ETWAS...
HÖRST DU MICH?
... STIMMT NICHT MIT MIR.
DAMALS KONNTE ICH NICHT WISSEN...
... WAS IN JENER NACHT GESCHAH...

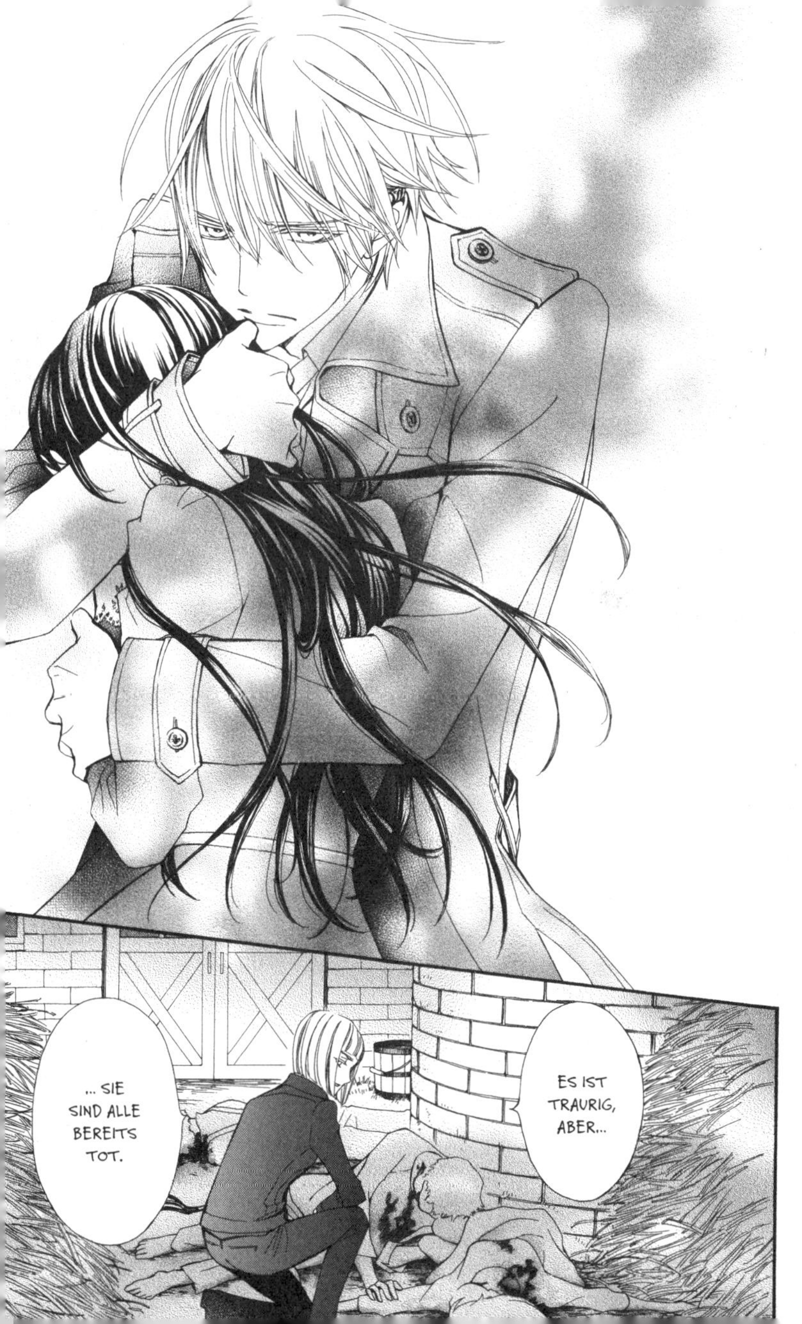
Es ist traurig, aber...
... sie sind alle bereits tot.

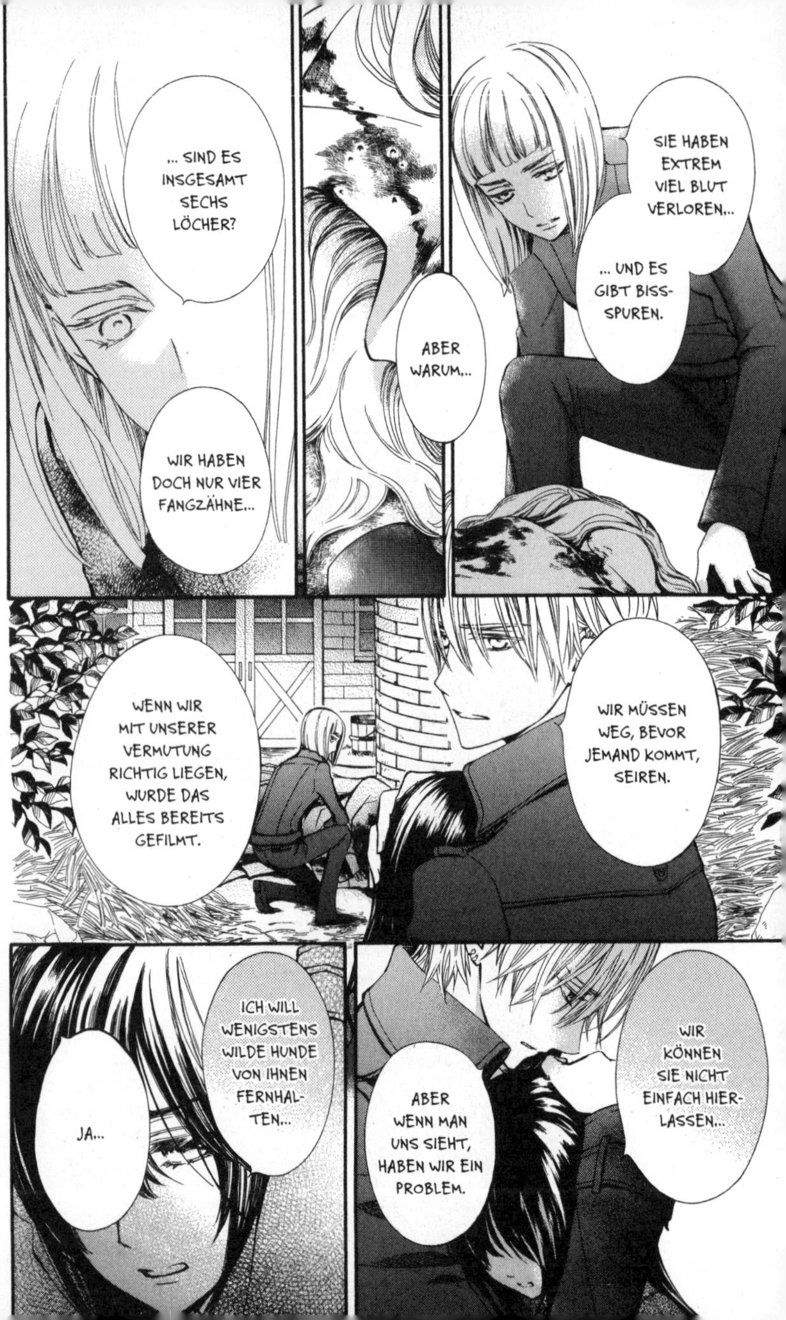
SIE HABEN EXTREM VIEL BLUT VERLOREN...
... UND ES GIBT BISS-SPUREN.
ABER WARUM...
... SIND ES INSGESAMT SECHS LÖCHER?
WIR HABEN DOCH NUR VIER FANGZÄHNE...
WIR MÜSSEN WEG, BEVOR JEMAND KOMMT, SEIREN.
WENN WIR MIT UNSERER VERMUTUNG RICHTIG LIEGEN, WURDE DAS ALLES BEREITS GEFILMT.
WIR KÖNNEN SIE NICHT EINFACH HIERLASSEN...
ABER WENN MAN UNS SIEHT, HABEN WIR EIN PROBLEM.
ICH WILL WENIGSTENS WILDE HUNDE VON IHNEN FERNHALTEN...
JA...

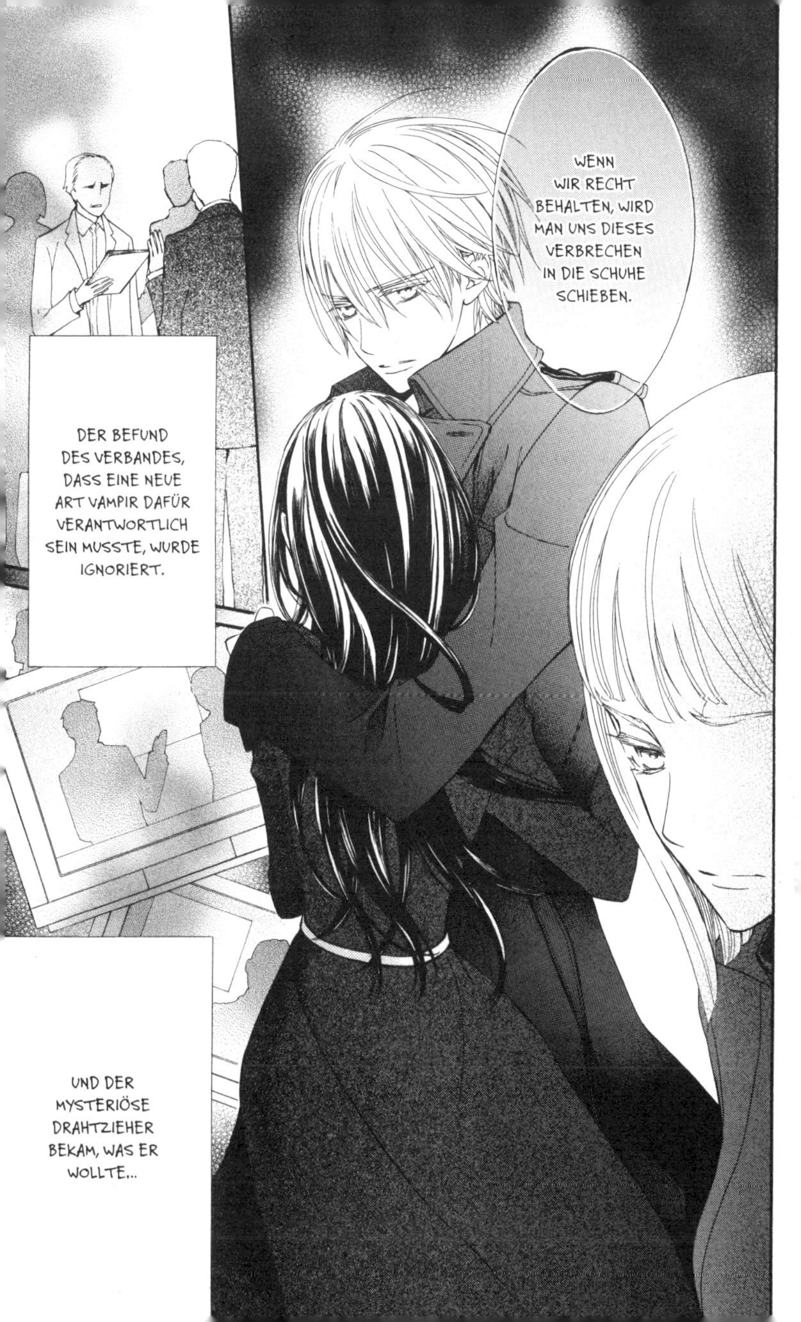
WENN WIR RECHT BEHALTEN, WIRD MAN UNS DIESES VERBRECHEN IN DIE SCHUHE SCHIEBEN.
DER BEFUND DES VERBANDES, DASS EINE NEUE ART VAMPIR DAFÜR VERANTWORTLICH SEIN MUSSTE, WURDE IGNORIERT.
UND DER MYSTERIÖSE DRAHTZIEHER BEKAM, WAS ER WOLLTE...

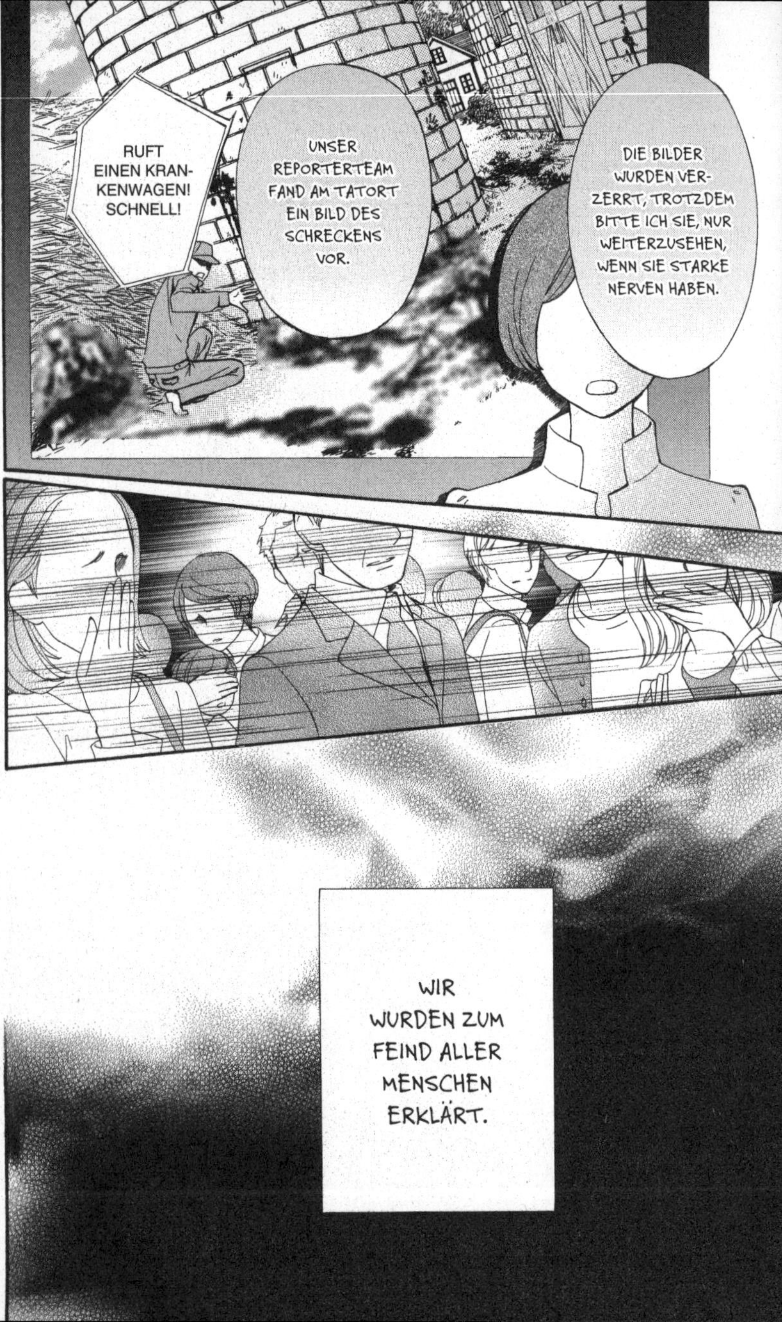
DIE BILDER WURDEN VERZERRT, TROTZDEM BITTE ICH SIE, NUR WEITERZUSEHEN, WENN SIE STARKE NERVEN HABEN.
UNSER REPORTERTEAM FAND AM TATORT EIN BILD DES SCHRECKENS VOR.
RUFT EINEN KRANKENWAGEN! SCHNELL!
WIR WURDEN ZUM FEIND ALLER MENSCHEN ERKLÄRT.

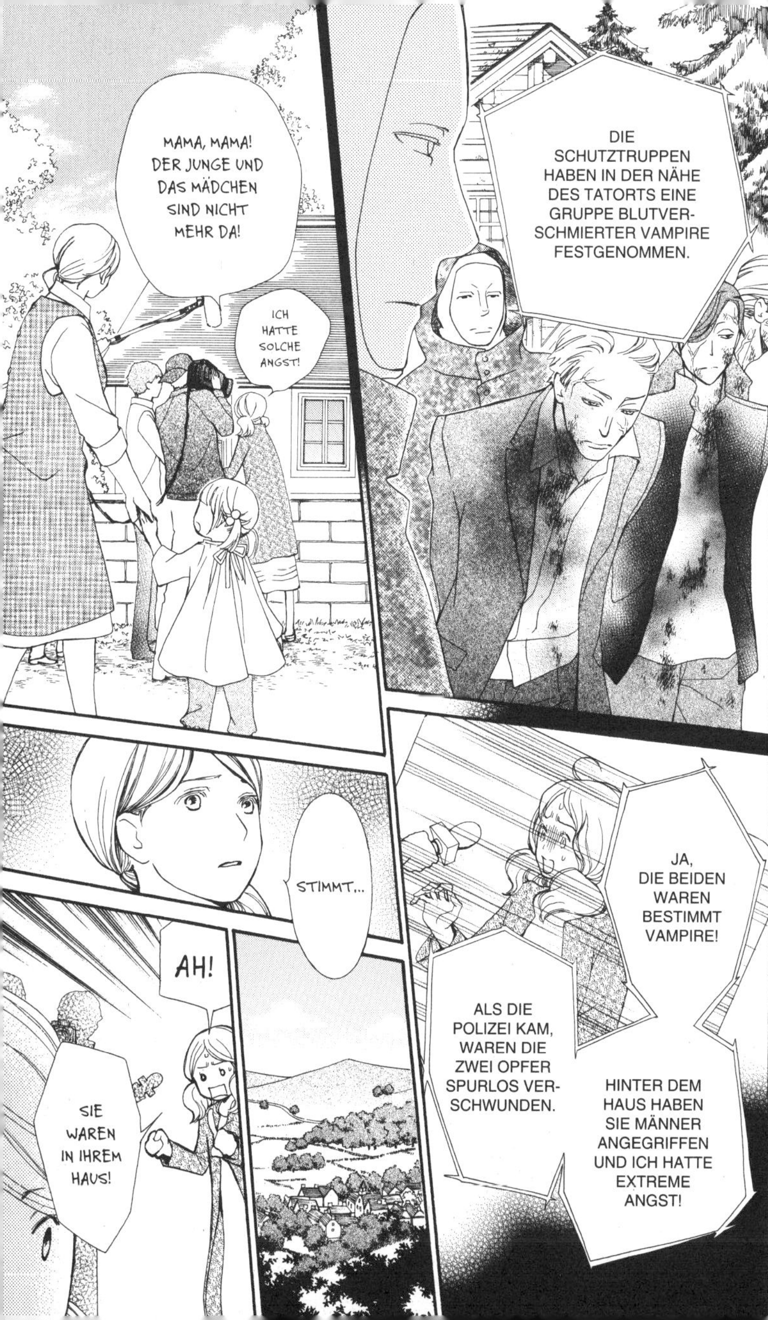
DIE SCHUTZTRUPPEN HABEN IN DER NÄHE DES TATORTS EINE GRUPPE BLUTVER-SCHMIERTER VAMPIRE FESTGENOMMEN.
MAMA, MAMA! DER JUNGE UND DAS MÄDCHEN SIND NICHT MEHR DA!
ICH HATTE SOLCHE ANGST!
JA, DIE BEIDEN WAREN BESTIMMT VAMPIRE!
HINTER DEM HAUS HABEN SIE MÄNNER ANGEGRIFFEN UND ICH HATTE EXTREME ANGST!
ALS DIE POLIZEI KAM, WAREN DIE ZWEI OPFER SPURLOS VER-SCHWUNDEN.
STIMMT...
AH!
SIE WAREN IN IHREM HAUS!

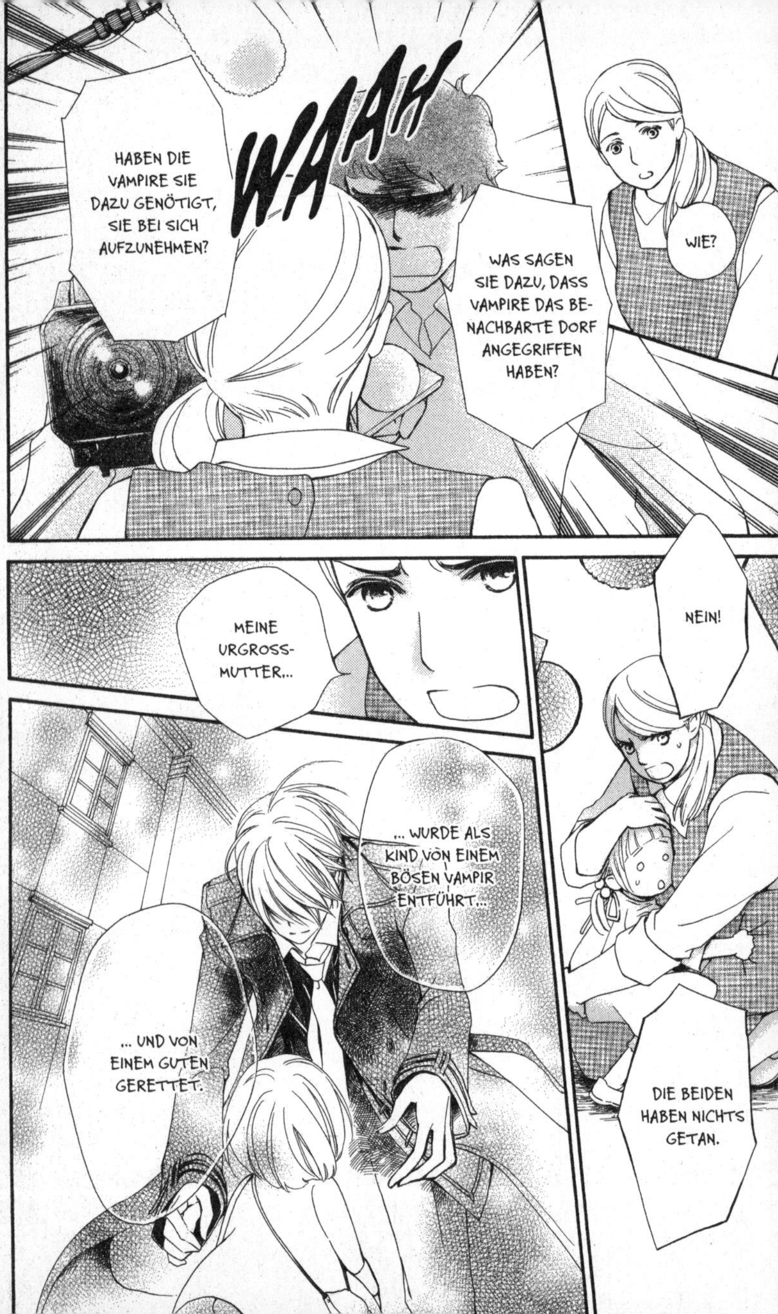
WIE?
WAS SAGEN SIE DAZU, DASS VAMPIRE DAS BE- NACHBARTE DORF ANGEGRIFFEN HABEN?
WAAAH
HABEN DIE VAMPIRE SIE DAZU GENÖTIGT, SIE BEI SICH AUFZUNEHMEN?
NEIN!
DIE BEIDEN HABEN NICHTS GETAN.
MEINE URGROSS- MUTTER...
... WURDE ALS KIND VON EINEM BÖSEN VAMPIR ENTFÜHRT...
... UND VON EINEM GUTEN GERETTET.

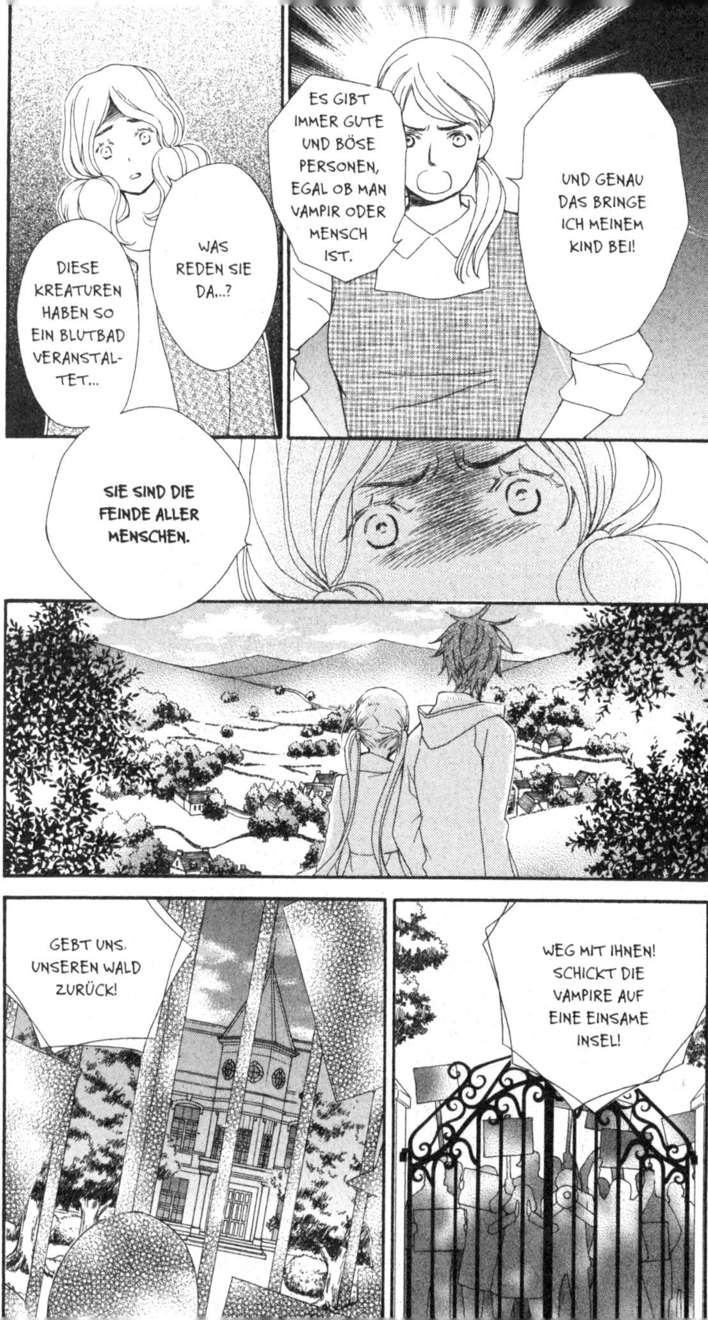
ES GIBT IMMER GUTE UND BÖSE PERSONEN, EGAL OB MAN VAMPIR ODER MENSCH IST.
UND GENAU DAS BRINGE ICH MEINEM KIND BEI!
WAS REDEN SIE DA...?
DIESE KREATUREN HABEN SO EIN BLUTBAD VERANSTAL-TET...
SIE SIND DIE FEINDE ALLER MENSCHEN.
WEG MIT IHNEN! SCHICKT DIE VAMPIRE AUF EINE EINSAME INSEL!
GEBT UNS UNSEREN WALD ZURÜCK!

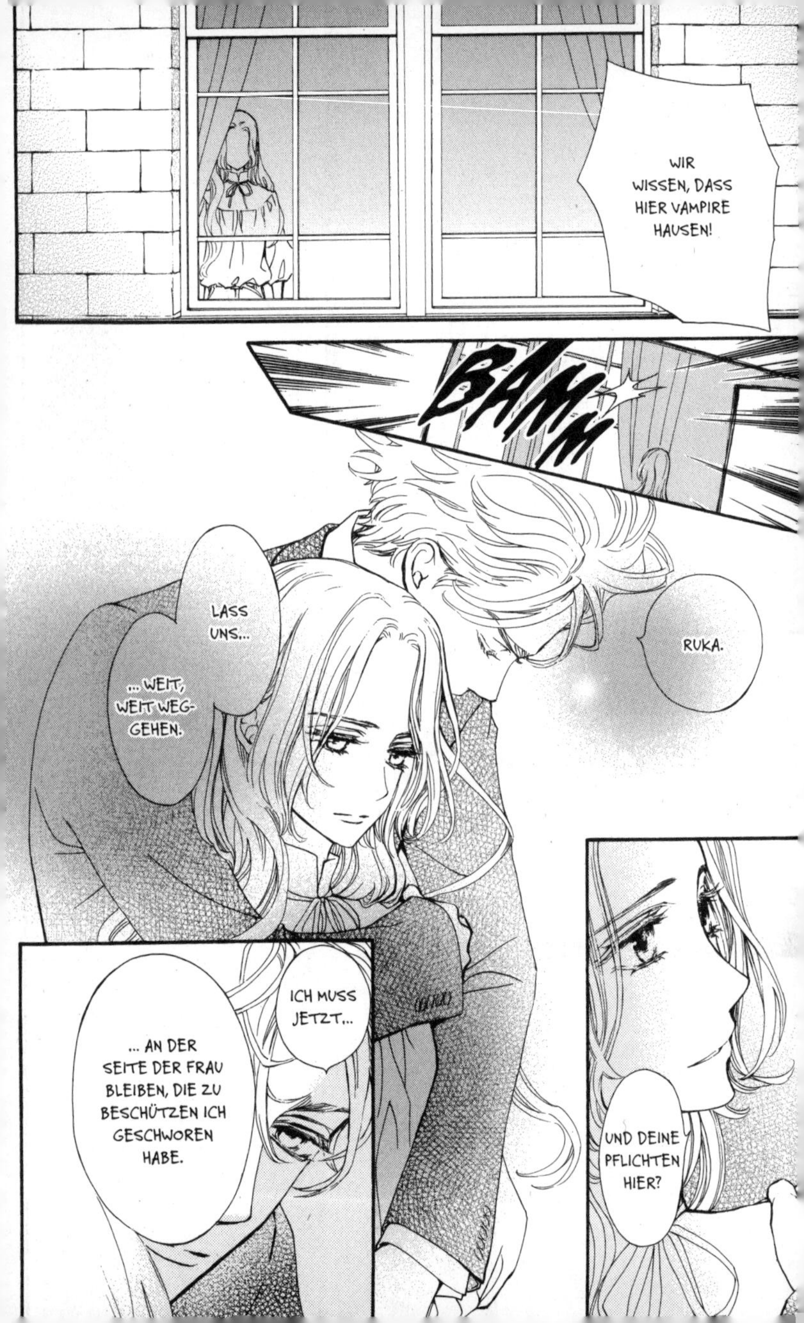
WIR WISSEN, DASS HIER VAMPIRE HAUSEN!
BAMM
RUKA.
LASS UNS...
... WEIT, WEIT WEG-GEHEN.
UND DEINE PFLICHTEN HIER?
ICH MUSS JETZT...
... AN DER SEITE DER FRAU BLEIBEN, DIE ZU BESCHÜTZEN ICH GESCHWOREN HABE.

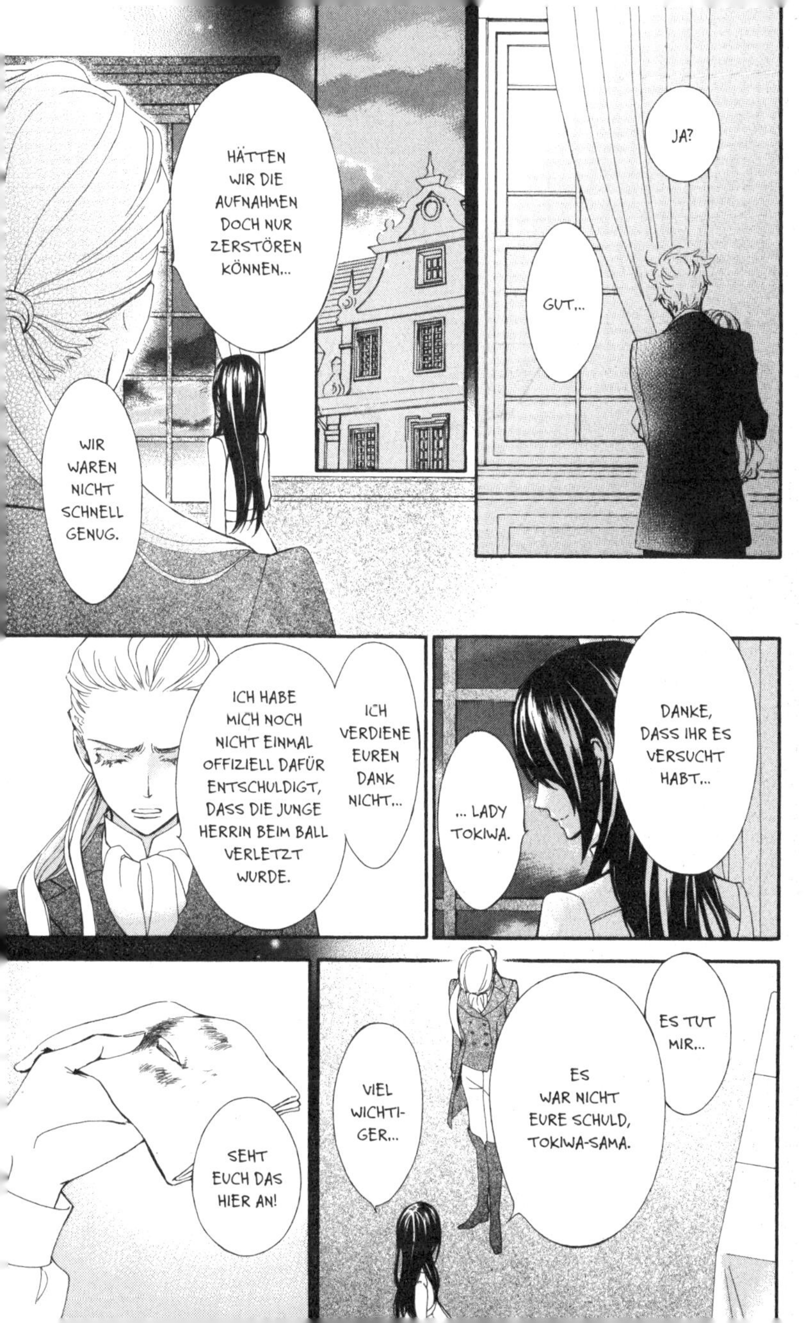
JA?
GUT...
HÄTTEN WIR DIE AUFNAHMEN DOCH NUR ZERSTÖREN KÖNNEN...
WIR WAREN NICHT SCHNELL GENUG.
DANKE, DASS IHR ES VERSUCHT HABT...
... LADY TOKIWA.
ICH VERDIENE EUREN DANK NICHT...
ICH HABE MICH NOCH NICHT EINMAL OFFIZIELL DAFÜR ENTSCHULDIGT, DASS DIE JUNGE HERRIN BEIM BALL VERLETZT WURDE.
ES TUT MIR...
ES WAR NICHT EURE SCHULD, TOKIWA-SAMA.
VIEL WICHTIGER...
SEHT EUCH DAS HIER AN!

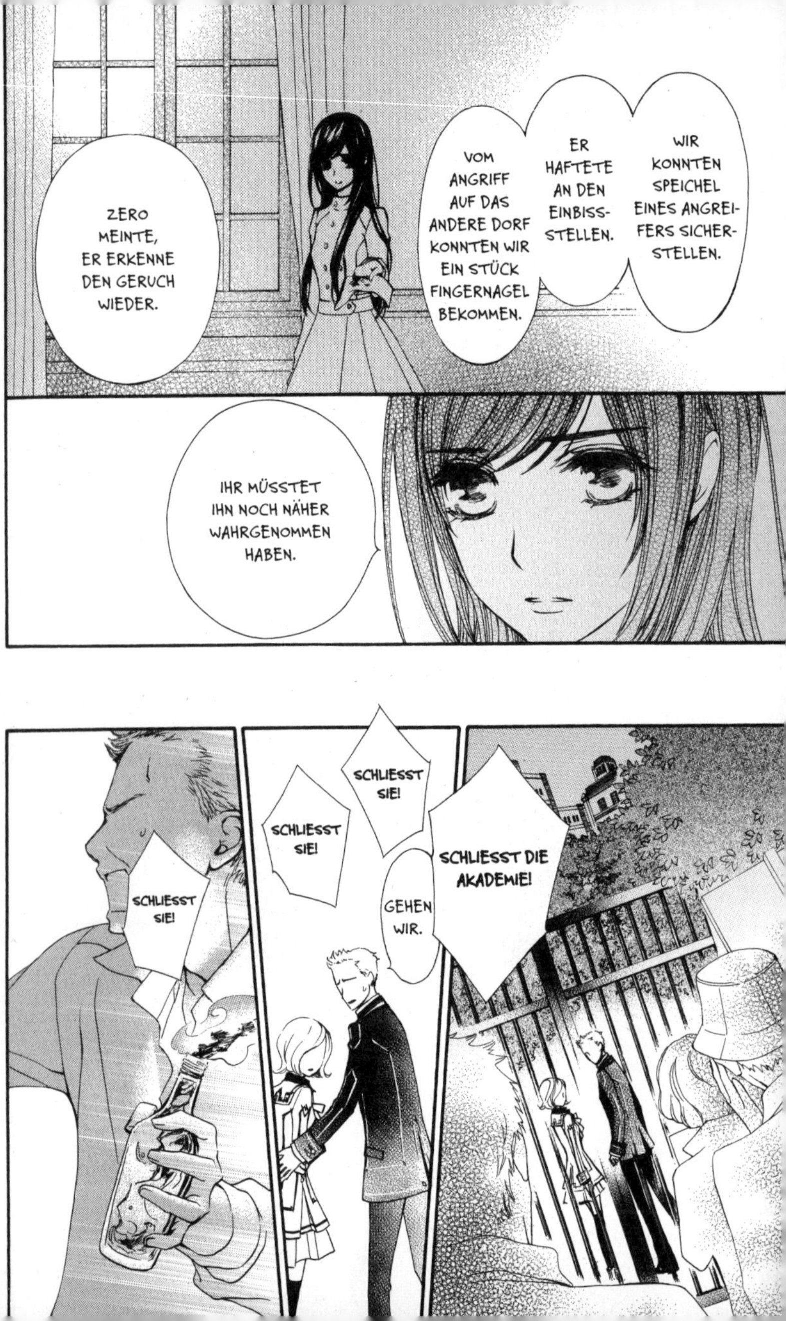
WIR KONNTEN SPEICHEL EINES ANGREIFERS SICHERSTELLEN.
ER HAFTETE AN DEN EINBISS-STELLEN.
VOM ANGRIFF AUF DAS ANDERE DORF KONNTEN WIR EIN STÜCK FINGERNAGEL BEKOMMEN.
ZERO MEINTE, ER ERKENNE DEN GERUCH WIEDER.
IHR MÜSSTET IHN NOCH NÄHER WAHRGENOMMEN HABEN.
SCHLIESST DIE AKADEMIE!
GEHEN WIR.
SCHLIESST SIE!
SCHLIESST SIE!
SCHLIESST SIE!

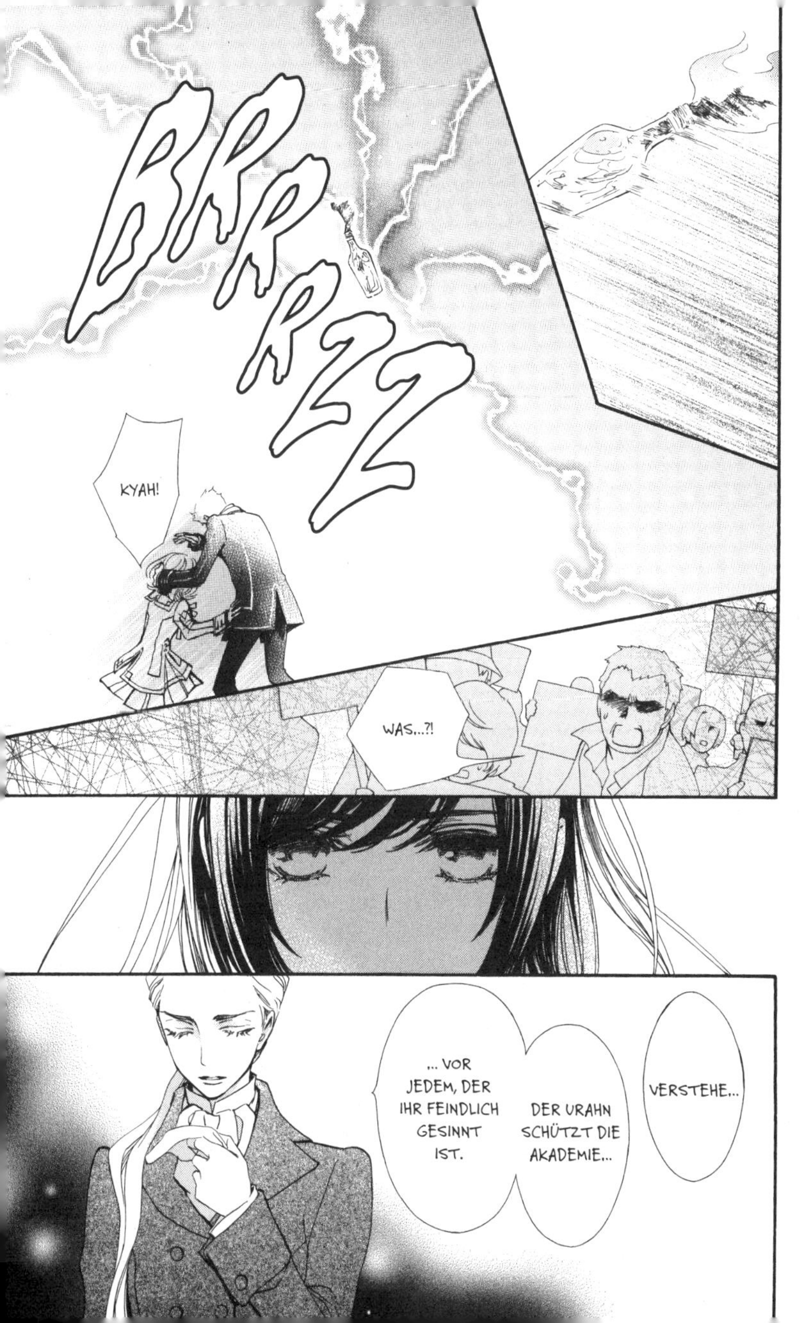
BRRRZZ
KYAH!
WAS...?!
VERSTEHE...
DER URAHN SCHÜTZT DIE AKADEMIE...
... VOR JEDEM, DER IHR FEINDLICH GESINNT IST.

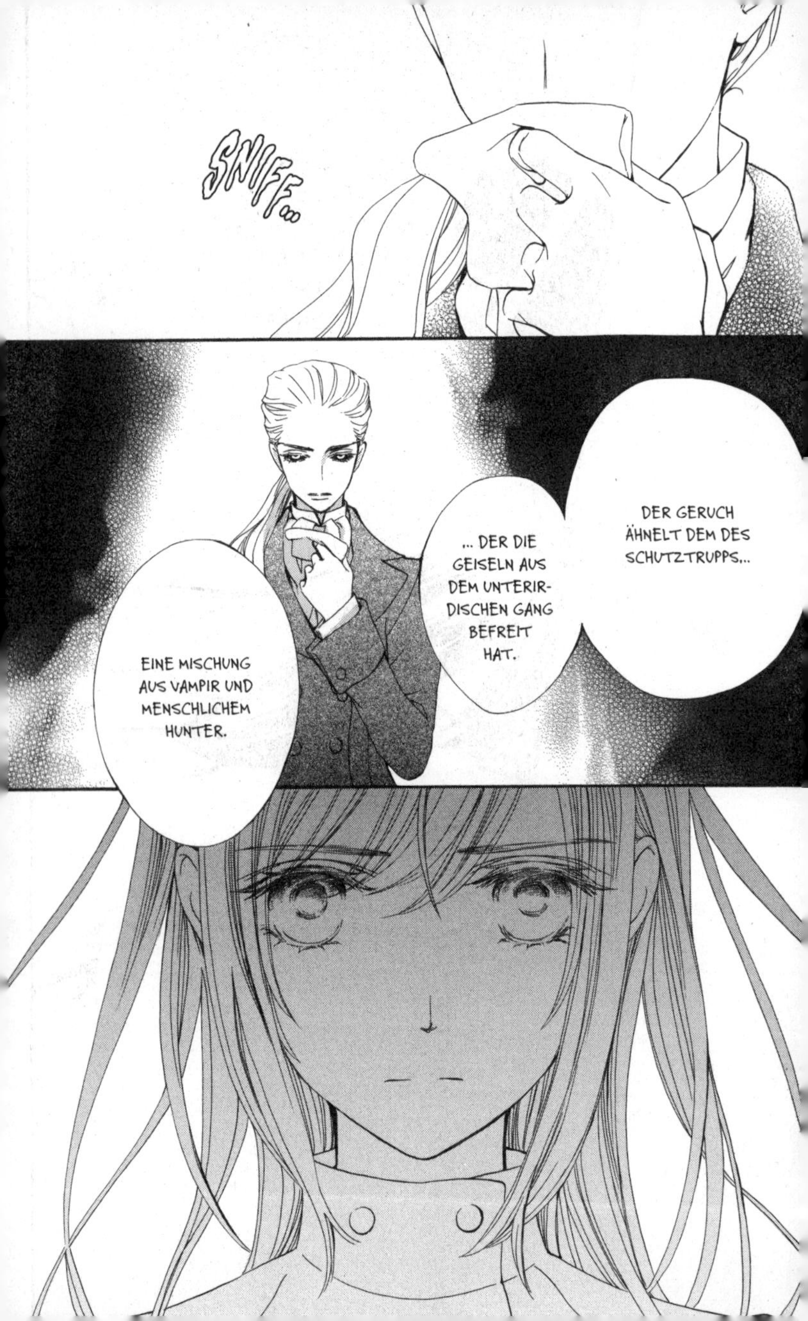
SNIFF...
DER GERUCH ÄHNELT DEM DES SCHUTZTRUPPS...
... DER DIE GEISELN AUS DEM UNTERIRDISCHEN GANG BEFREIT HAT.
EINE MISCHUNG AUS VAMPIR UND MENSCHLICHEM HUNTER.

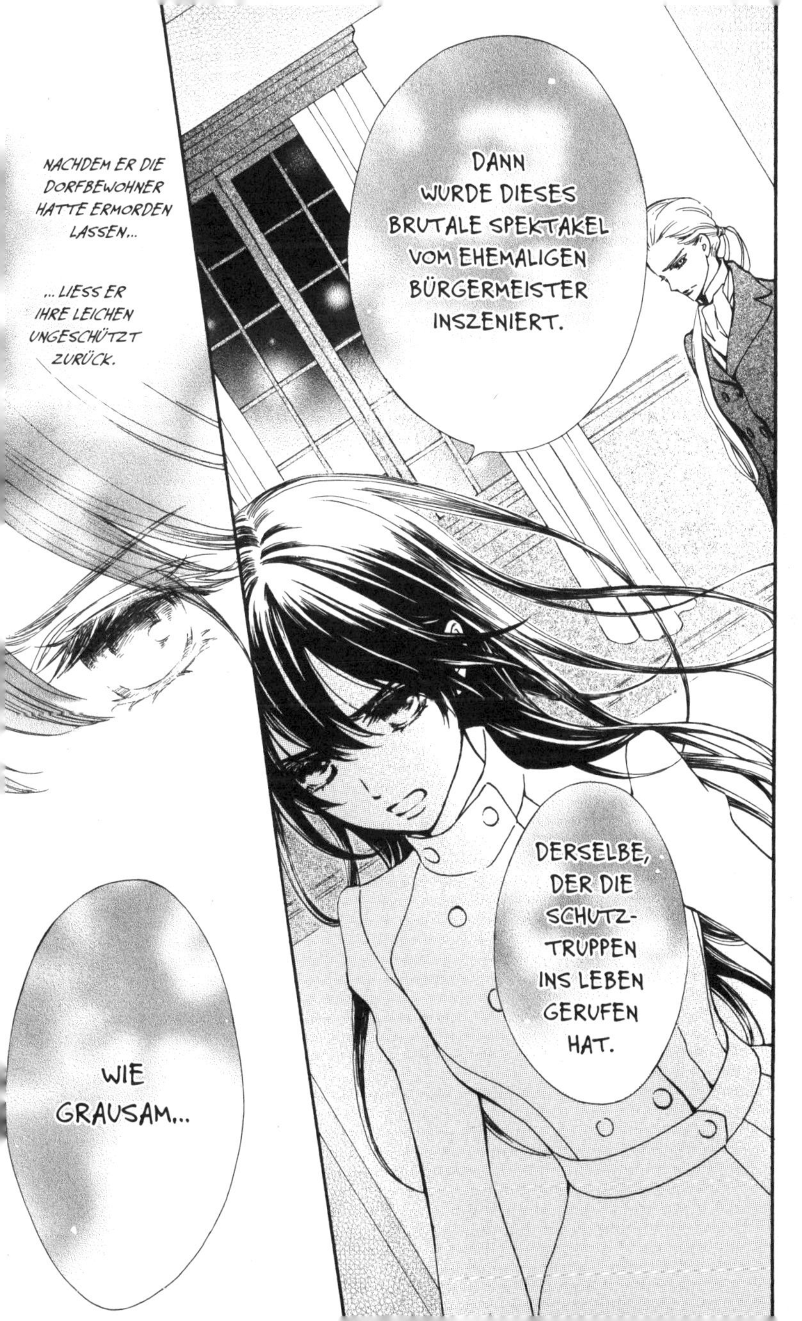
DANN WURDE DIESES BRUTALE SPEKTAKEL VOM EHEMALIGEN BÜRGERMEISTER INSZENIERT.
DERSELBE, DER DIE SCHUTZ-TRUPPEN INS LEBEN GERUFEN HAT.
NACHDEM ER DIE DORFBEWOHNER HATTE ERMORDEN LASSEN...
... LIESS ER IHRE LEICHEN UNGESCHÜTZT ZURÜCK.
WIE GRAUSAM...

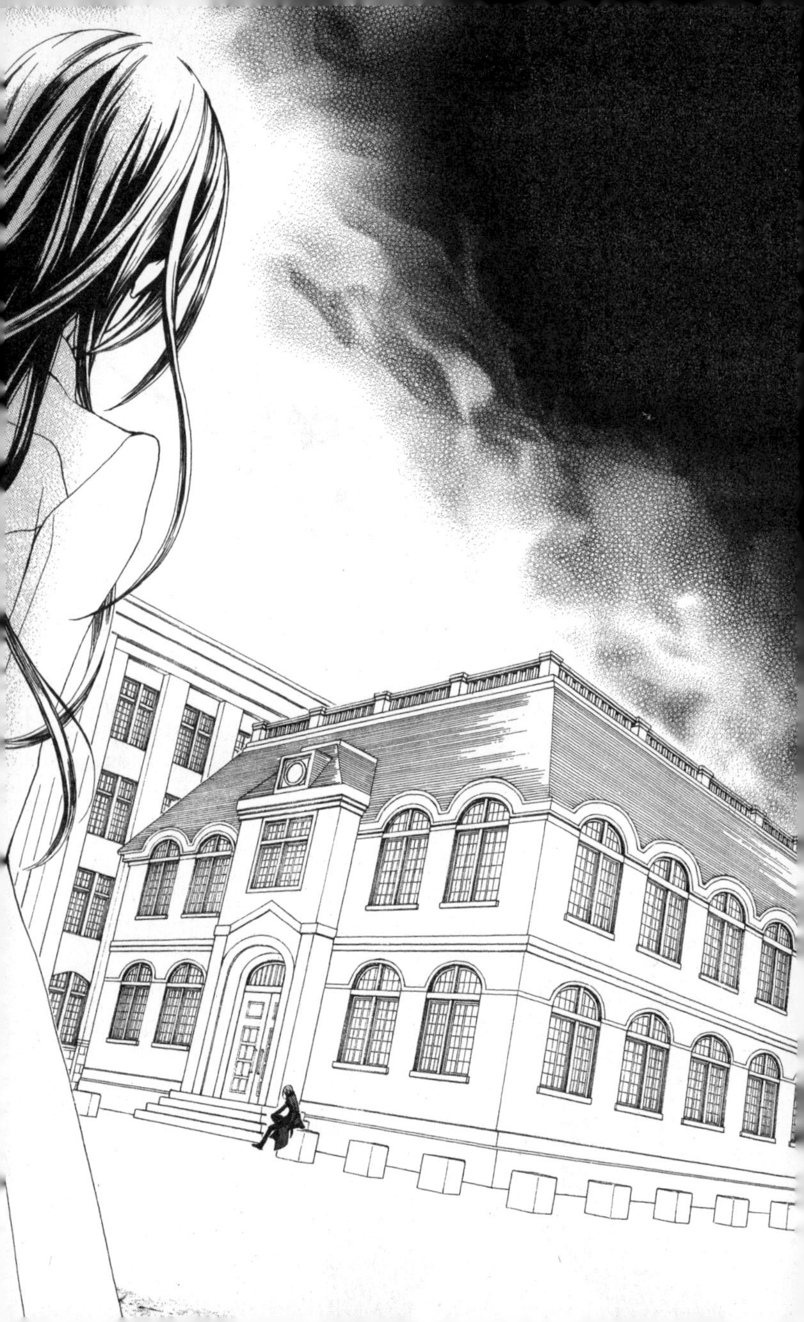

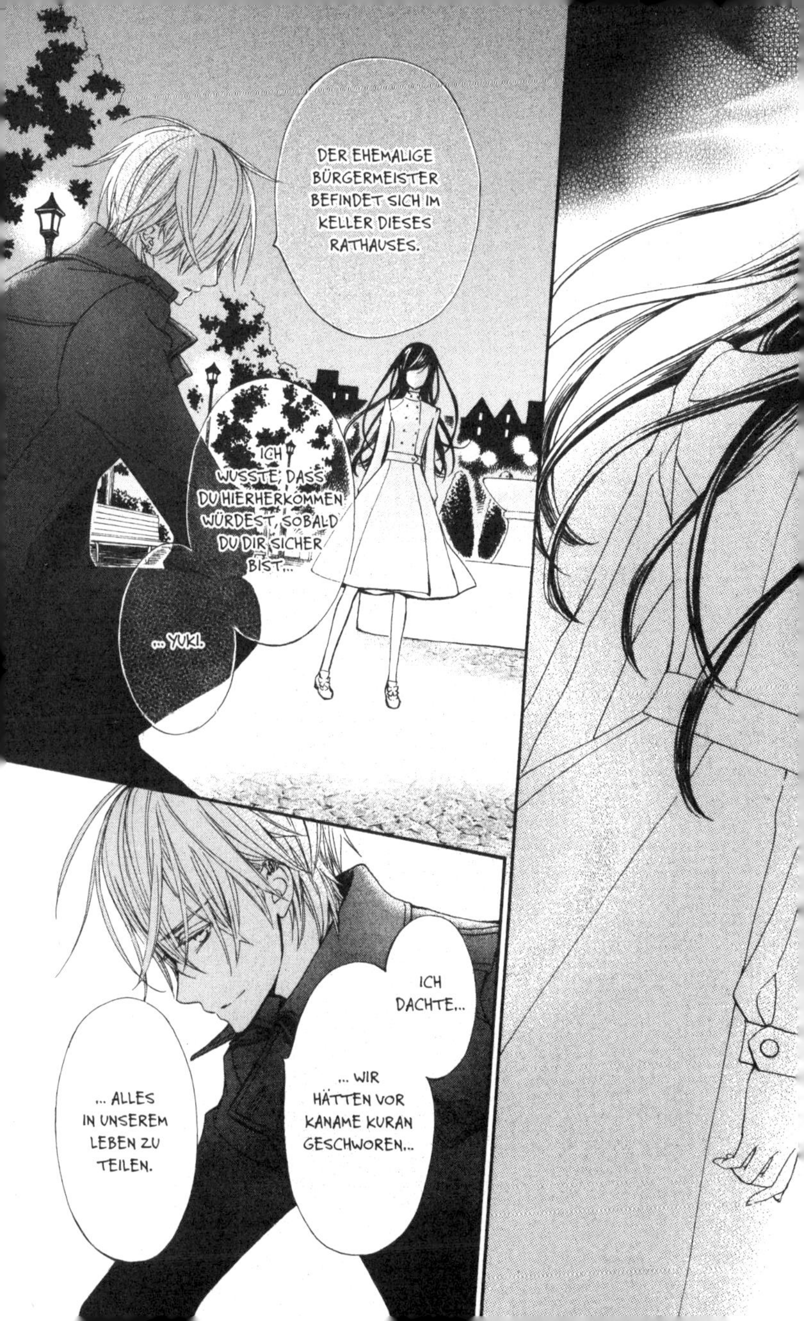
DER EHEMALIGE BÜRGERMEISTER BEFINDET SICH IM KELLER DIESES RATHAUSES.
ICH WUSSTE, DASS DU HIERHERKOMMEN WÜRDEST, SOBALD DU DIR SICHER BIST...
... YUKI.
ICH DACHTE...
... WIR HÄTTEN VOR KANAME KURAN GESCHWOREN...
... ALLES IN UNSEREM LEBEN ZU TEILEN.

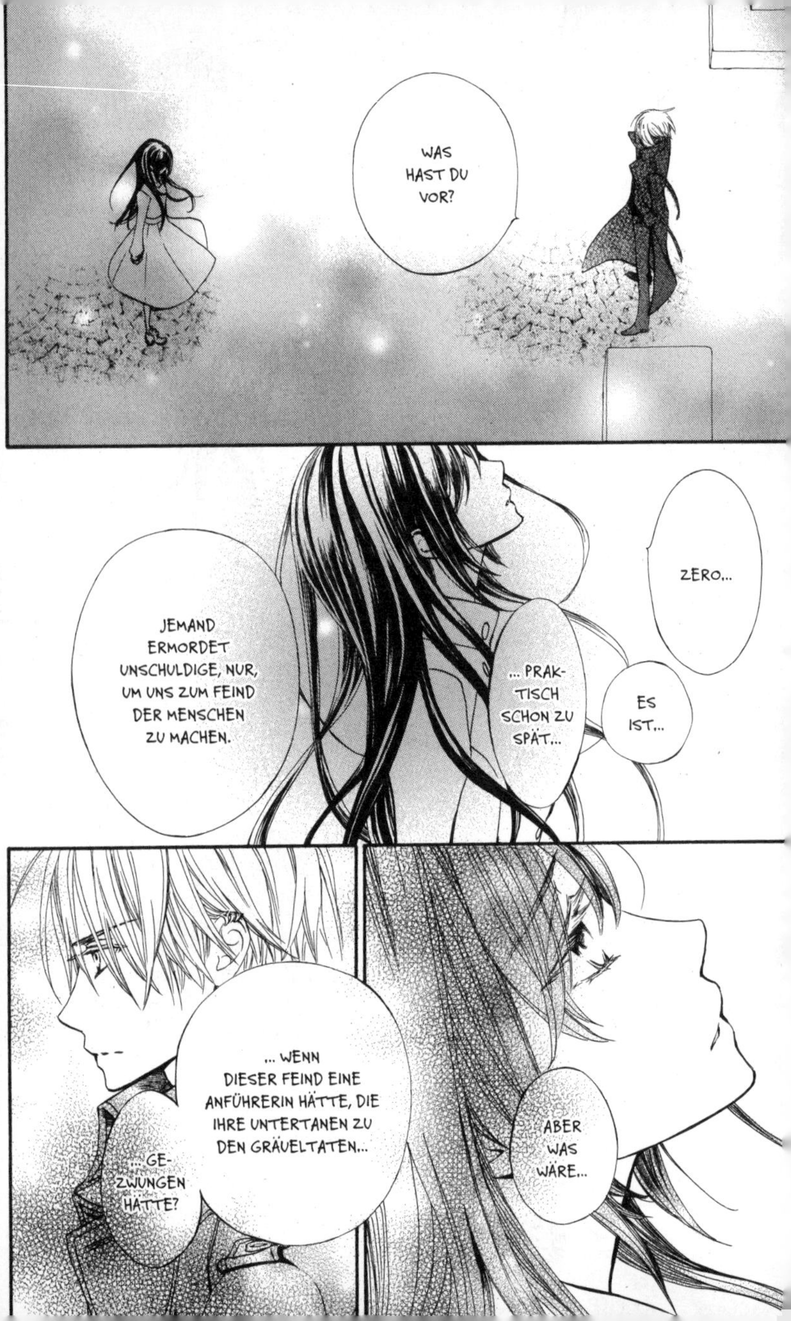
WAS HAST DU VOR?
ZERO...
ES IST...
... PRAKTISCH SCHON ZU SPÄT...
JEMAND ERMORDET UNSCHULDIGE, NUR, UM UNS ZUM FEIND DER MENSCHEN ZU MACHEN.
ABER WAS WÄRE...
... WENN DIESER FEIND EINE ANFÜHRERIN HÄTTE, DIE IHRE UNTERTANEN ZU DEN GRÄUELTATEN...
... GEZWUNGEN HÄTTE?

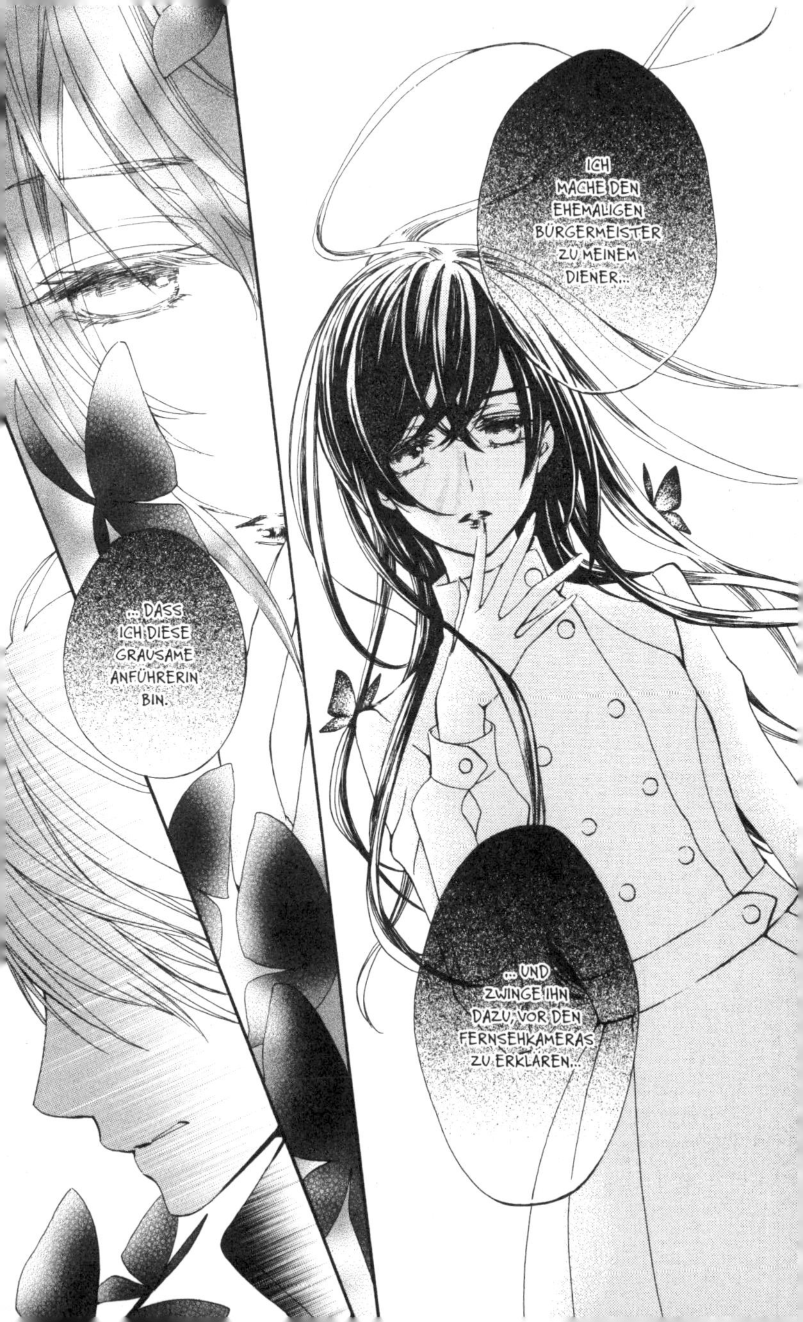
ICH MACHE DEN EHEMALIGEN BÜRGERMEISTER ZU MEINEM DIENER...
...UND ZWINGE IHN DAZU, VOR DEN FERNSEHKAMERAS ZU ERKLÄREN...
...DASS ICH DIESE GRAUSAME ANFÜHRERIN BIN.

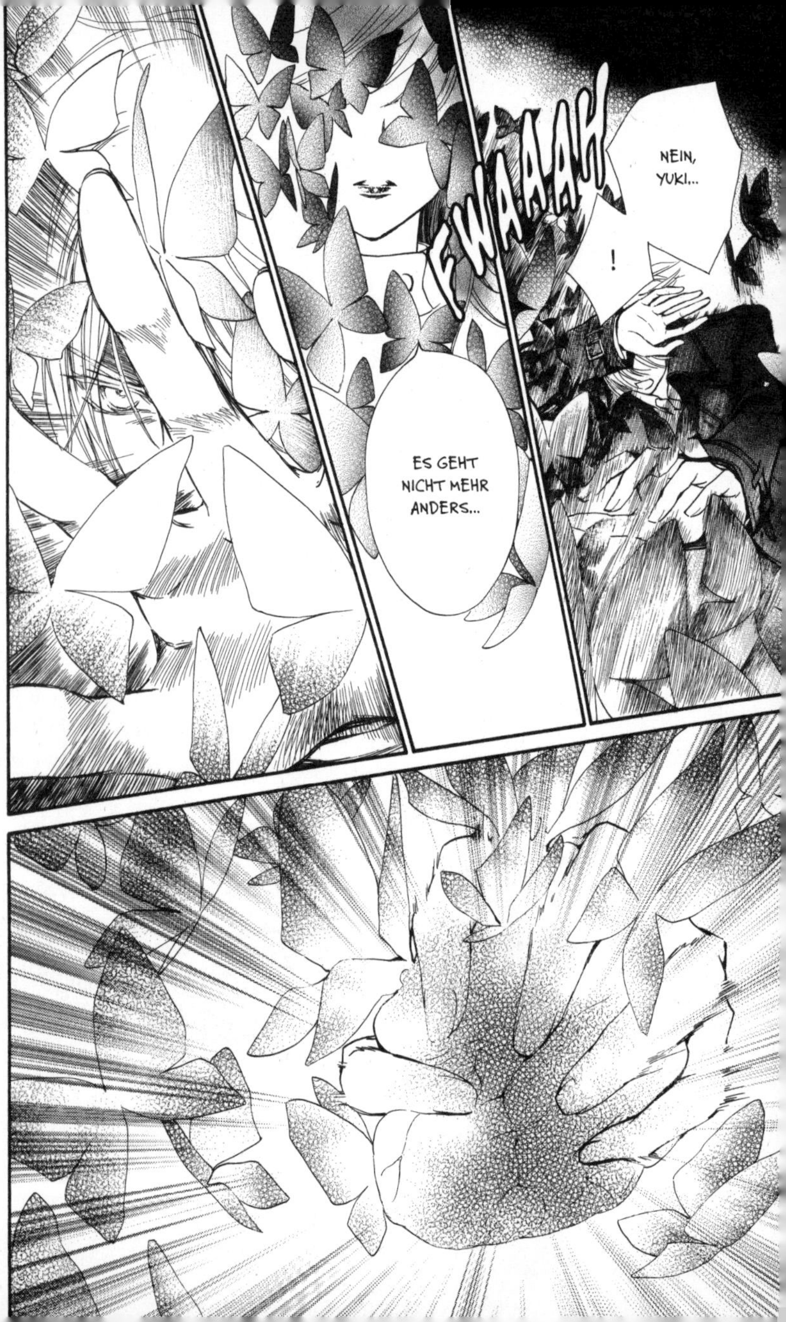
NEIN, YUKI...
!
FWAAAH
ES GEHT NICHT MEHR ANDERS...

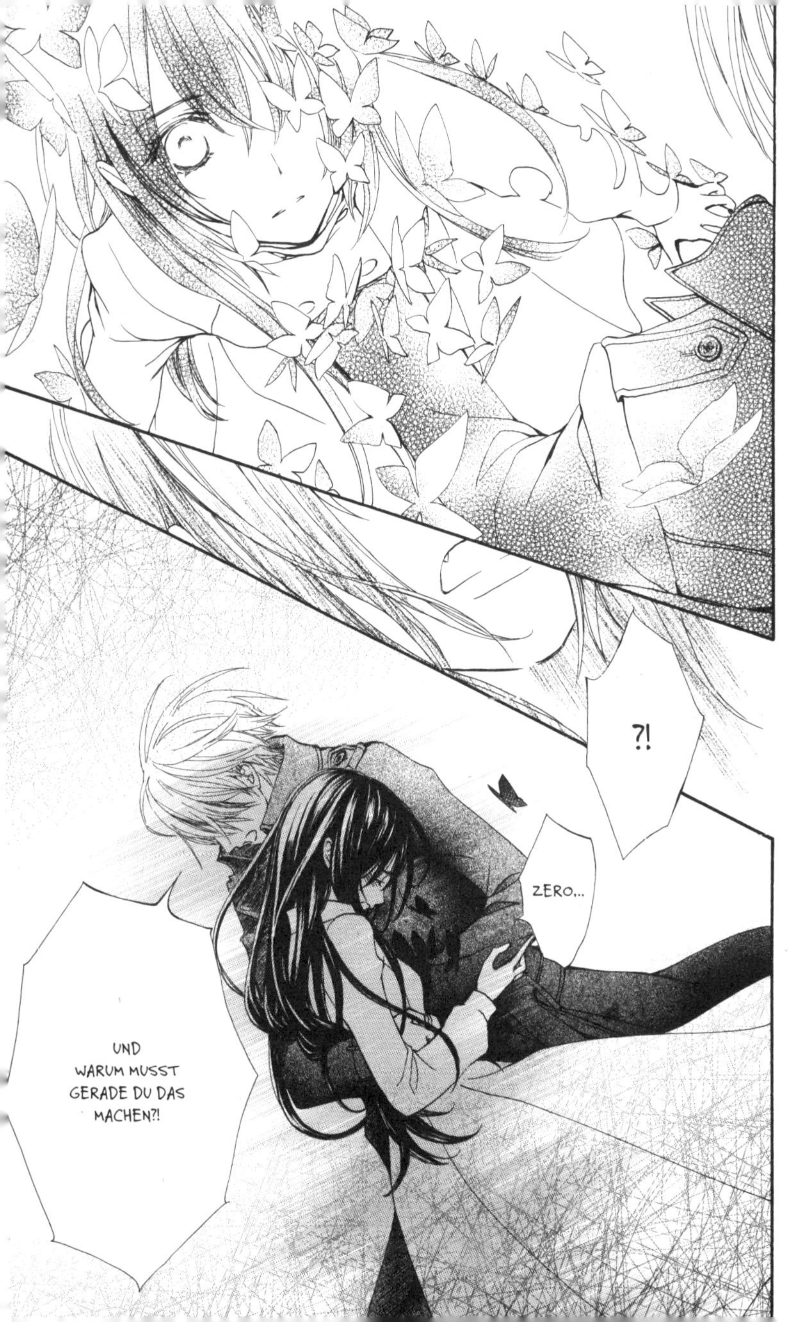
?!
ZERO...
UND WARUM MUSST GERADE DU DAS MACHEN?!

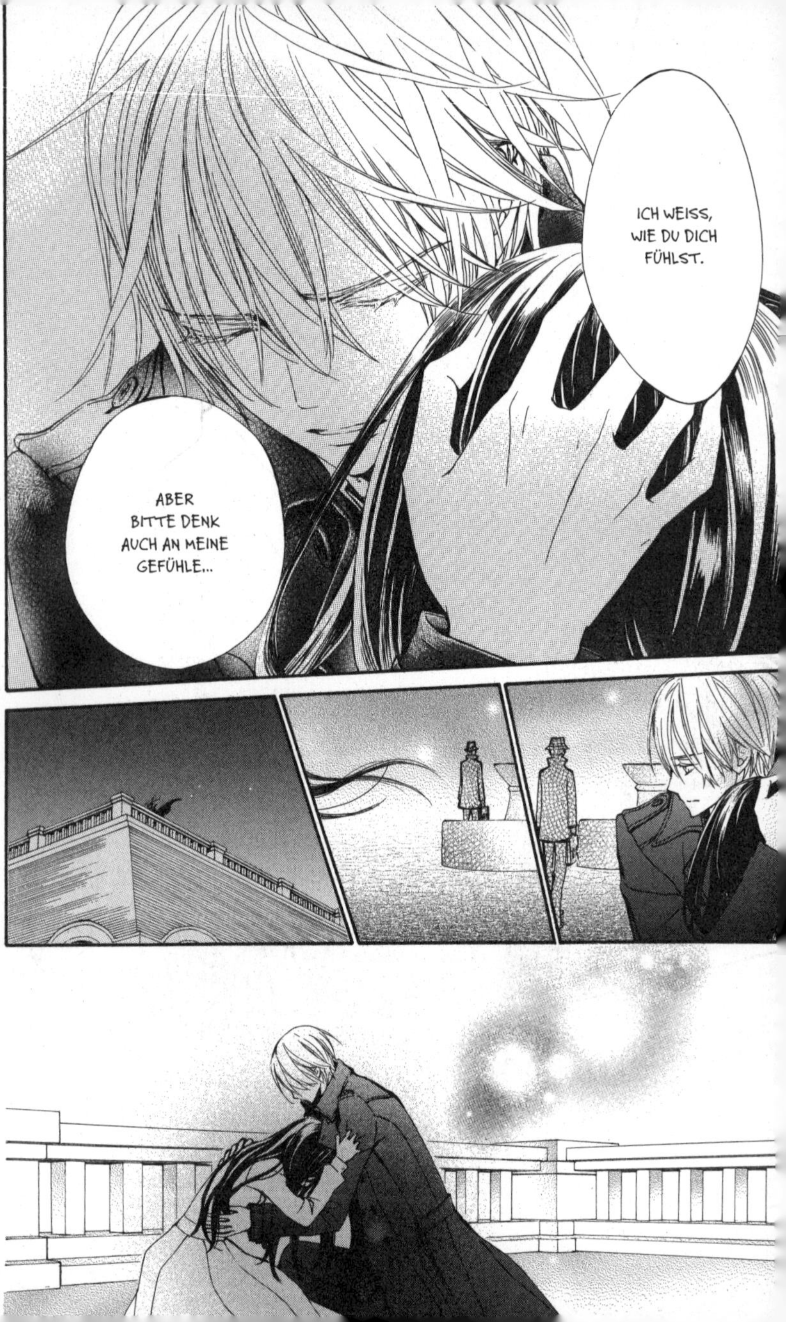
ICH WEISS, WIE DU DICH FÜHLST.
ABER BITTE DENK AUCH AN MEINE GEFÜHLE...

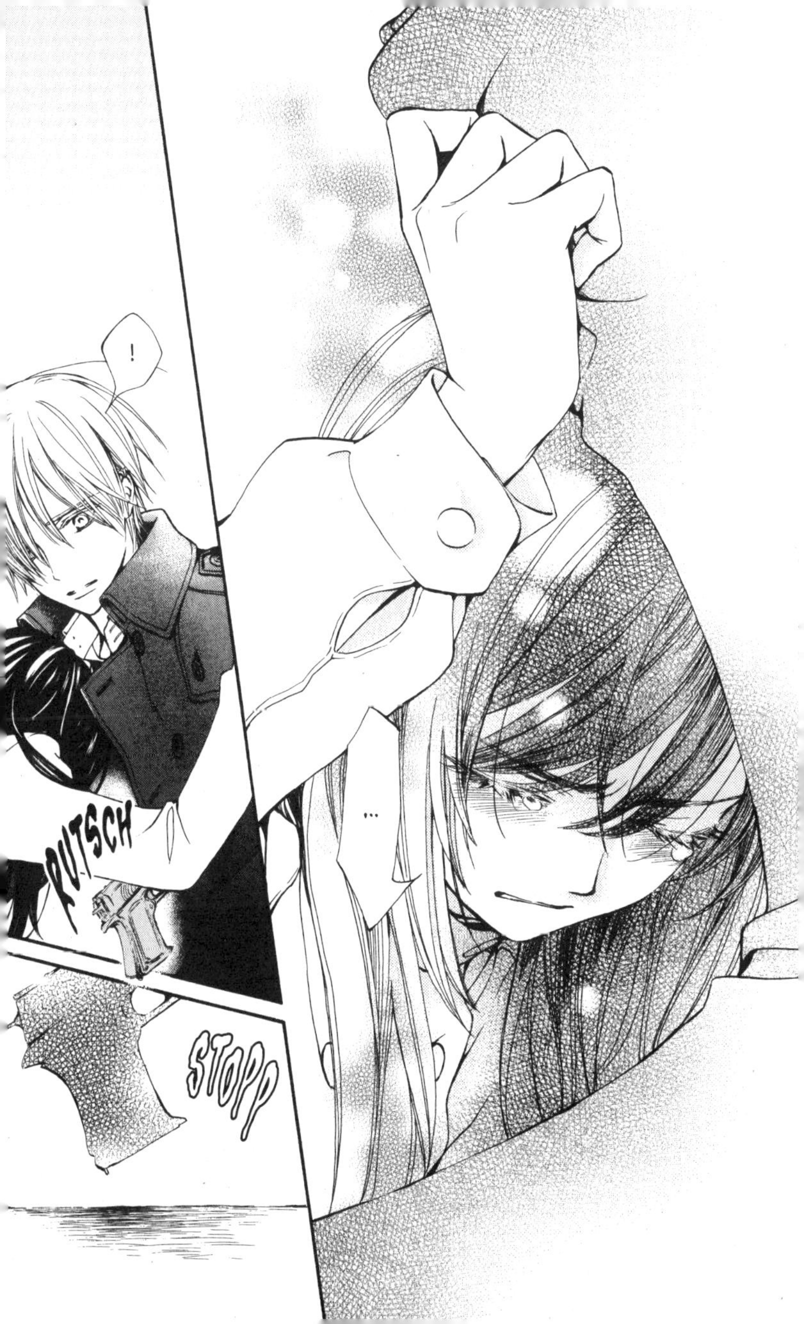

...
!
PUTSCH
STOPP

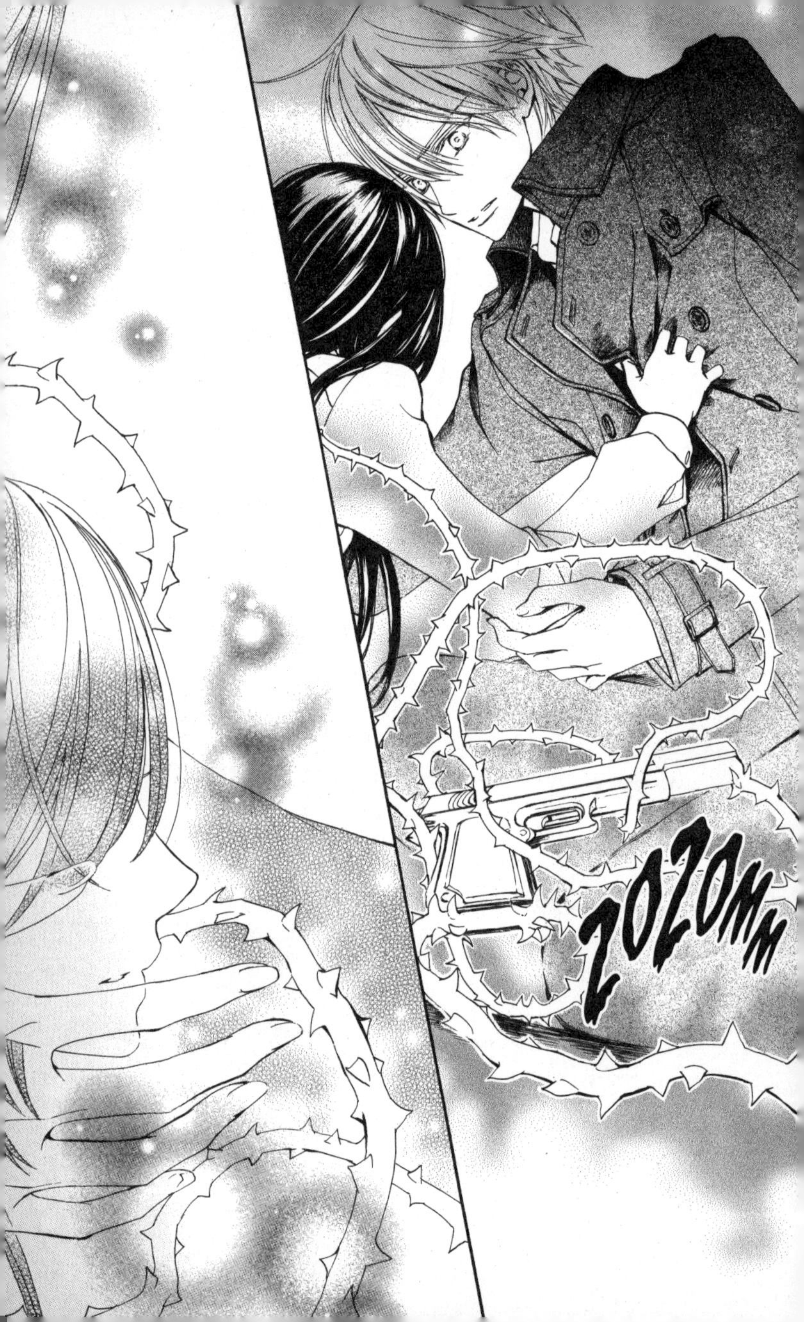
ZOZOMM

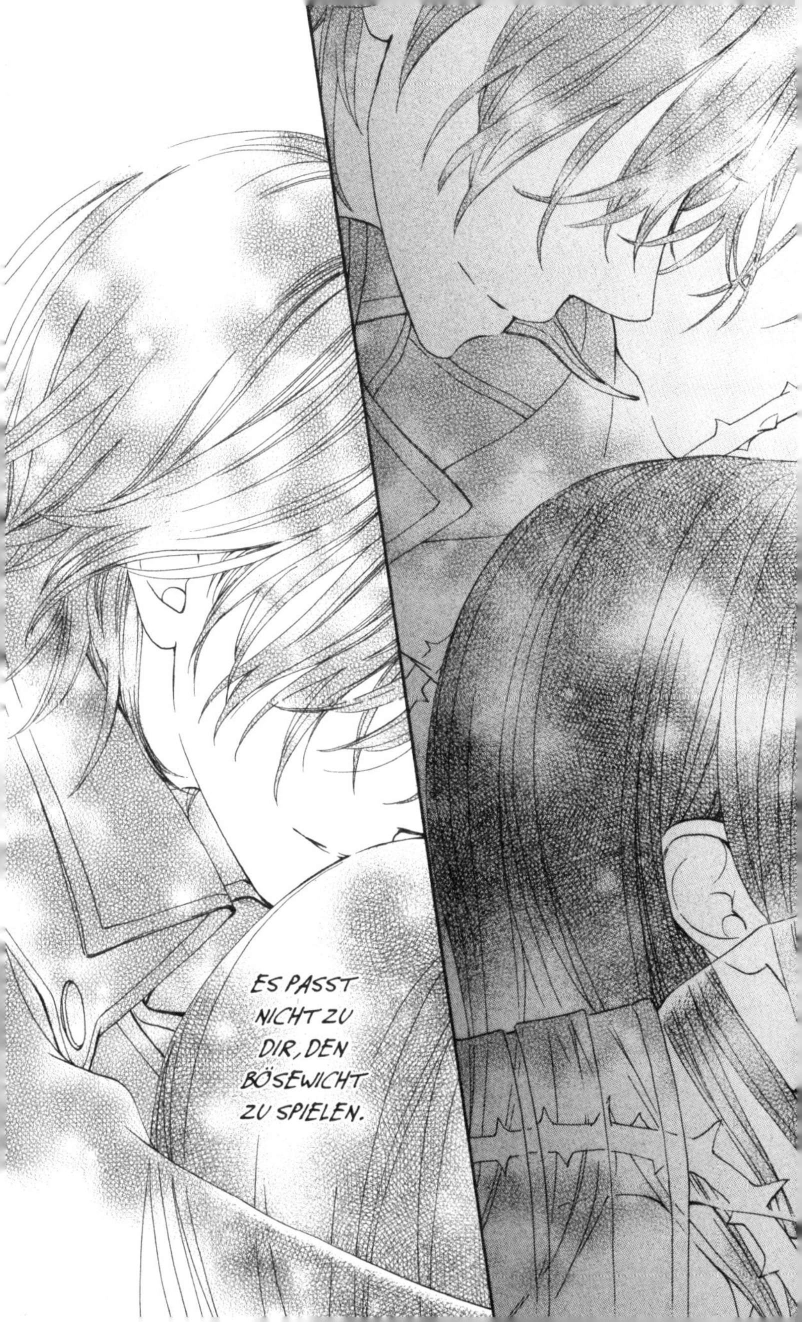
ES PASST NICHT ZU DIR, DEN BÖSEWICHT ZU SPIELEN.

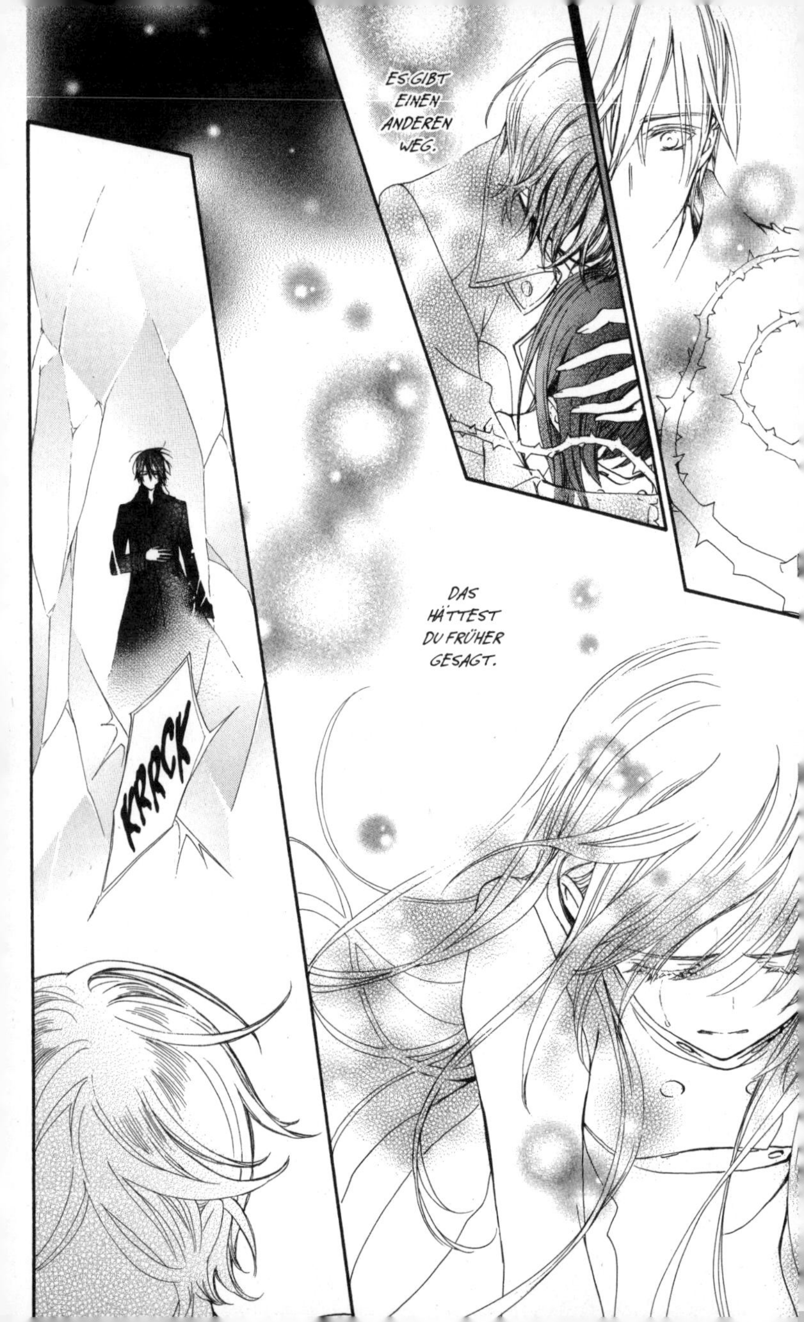
ES GIBT EINEN ANDEREN WEG.
KRRCK
DAS HÄTTEST DU FRÜHER GESAGT.

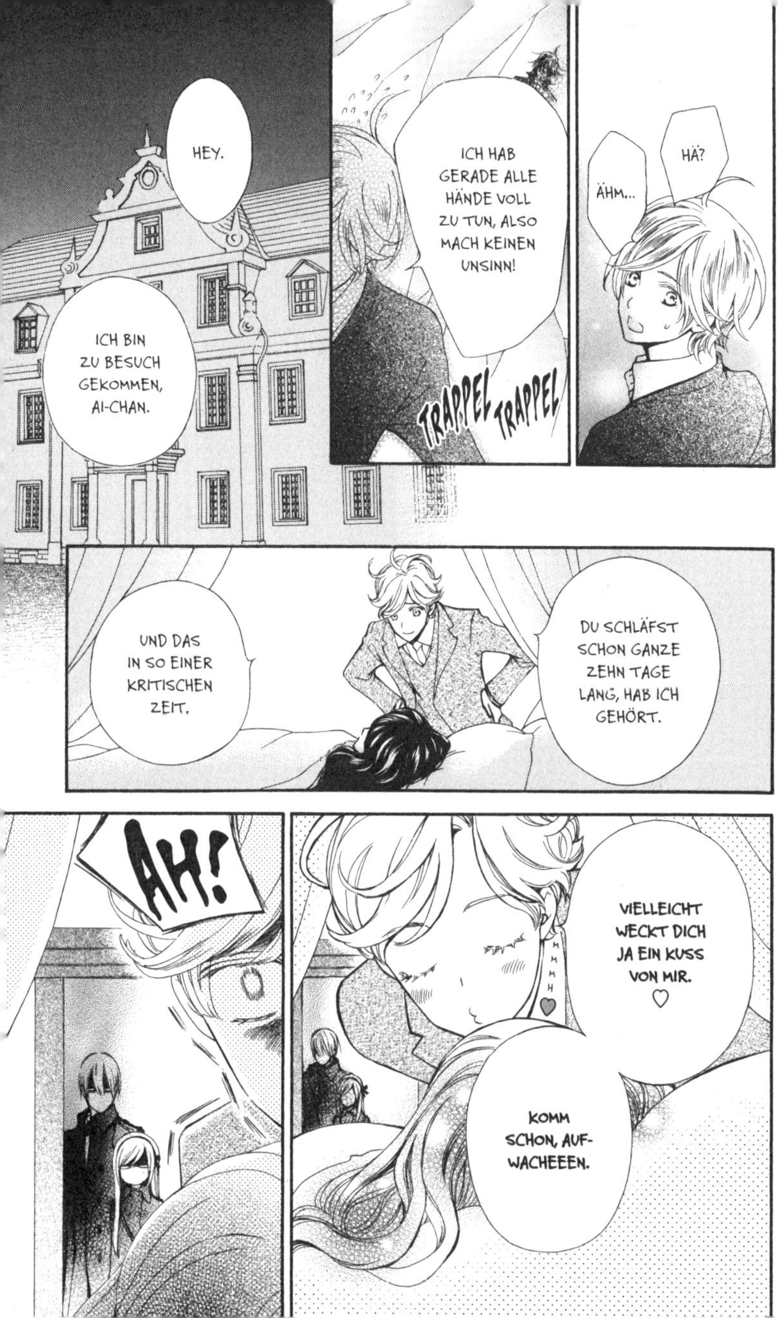
HÄ?
ÄHM…
ICH HAB GERADE ALLE HÄNDE VOLL ZU TUN, ALSO MACH KEINEN UNSINN!
TRAPPEL TRAPPEL
HEY.
ICH BIN ZU BESUCH GEKOMMEN, AI-CHAN.
DU SCHLÄFST SCHON GANZE ZEHN TAGE LANG, HAB ICH GEHÖRT.
UND DAS IN SO EINER KRITISCHEN ZEIT.
VIELLEICHT WECKT DICH JA EIN KUSS VON MIR. ♡
MMMH
KOMM SCHON, AUF-WACHEEEN.
AH!

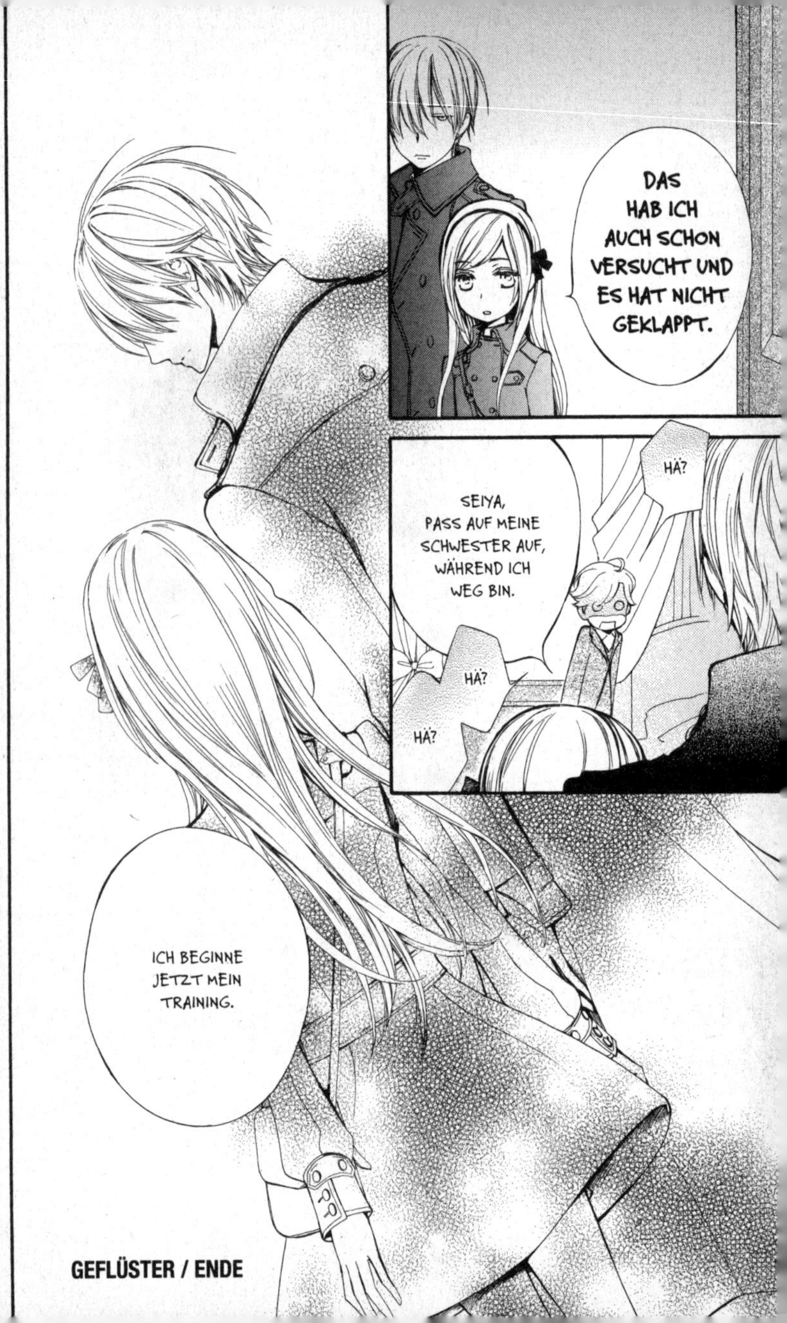
DAS HAB ICH AUCH SCHON VERSUCHT UND ES HAT NICHT GEKLAPPT.
HÄ?
SEIYA, PASS AUF MEINE SCHWESTER AUF, WÄHREND ICH WEG BIN.
HÄ?
HÄ?
ICH BEGINNE JETZT MEIN TRAINING.
GEFLÜSTER / ENDE

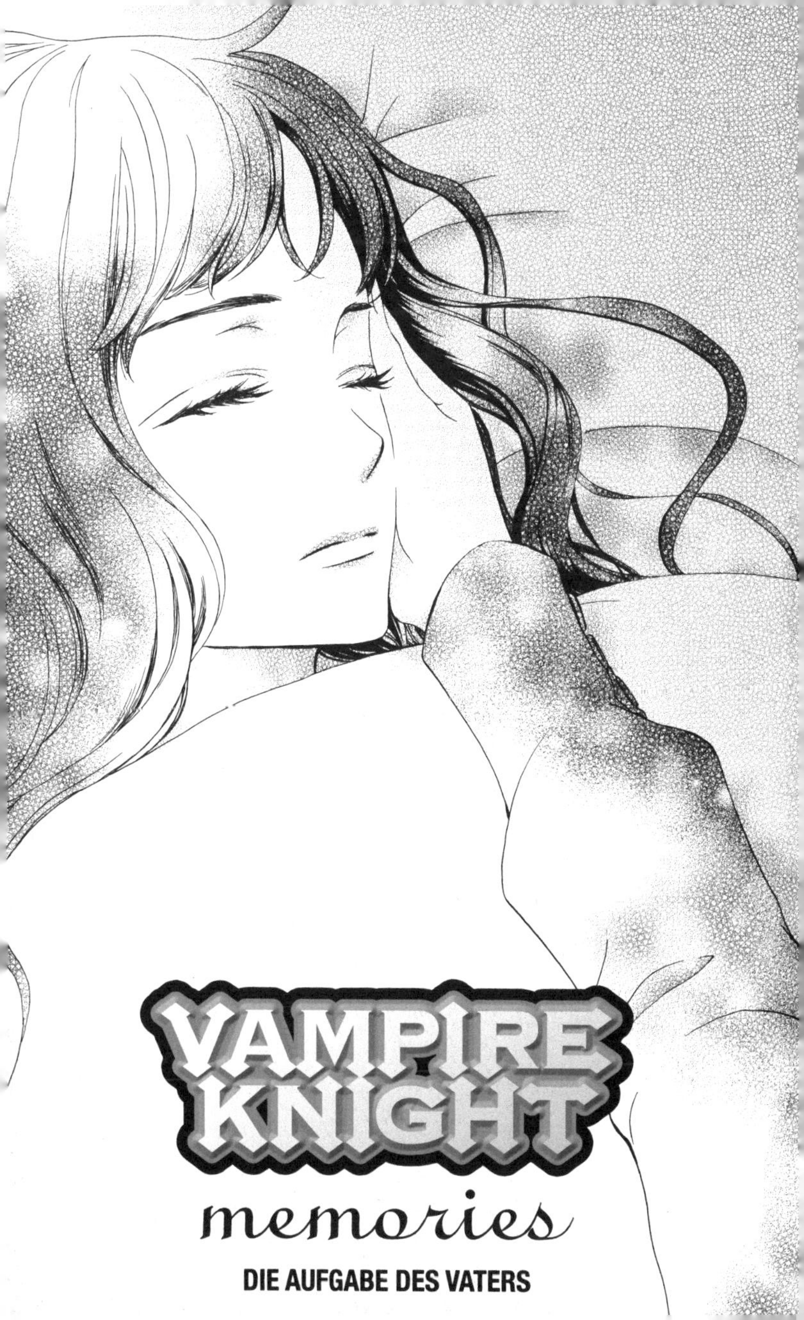
VAMPIRE KNIGHT
memories
DIE AUFGABE DES VATERS

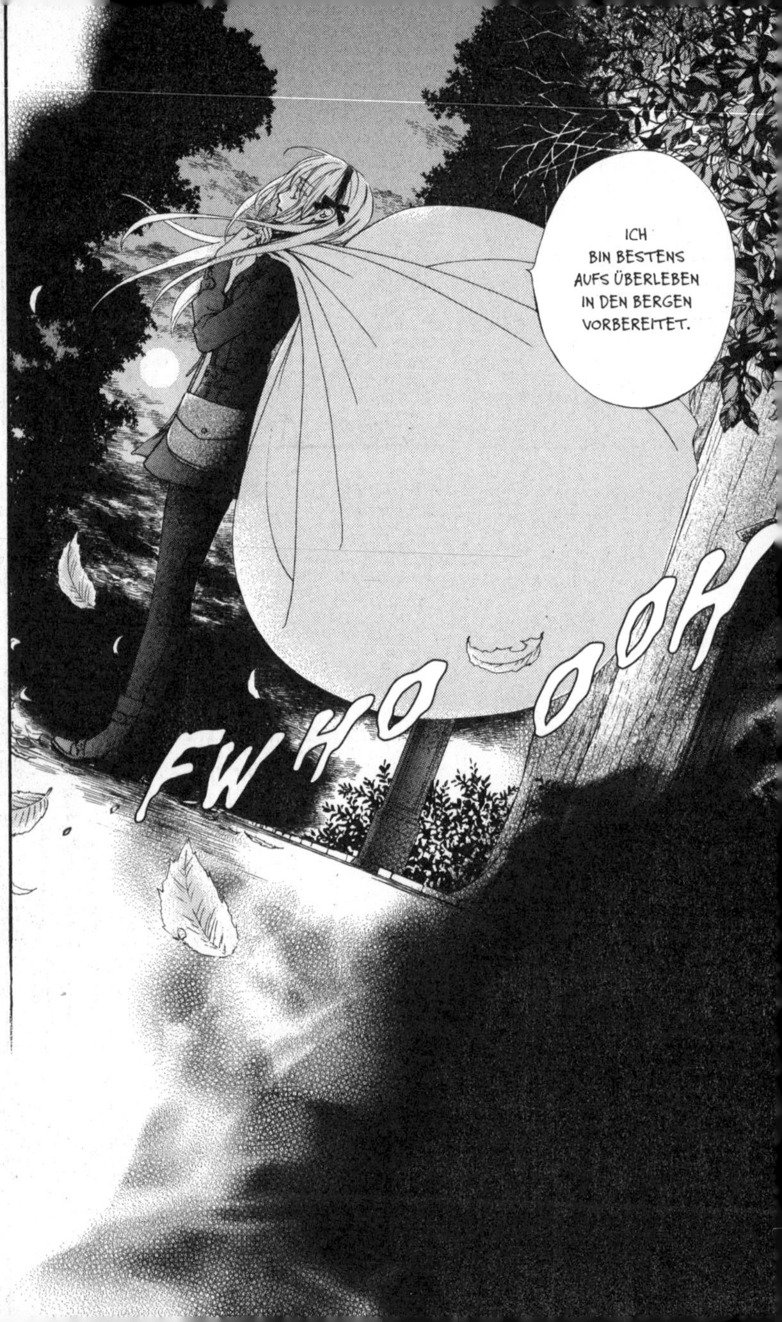
ICH BIN BESTENS AUFS ÜBERLEBEN IN DEN BERGEN VORBEREITET.
FWHOOOH

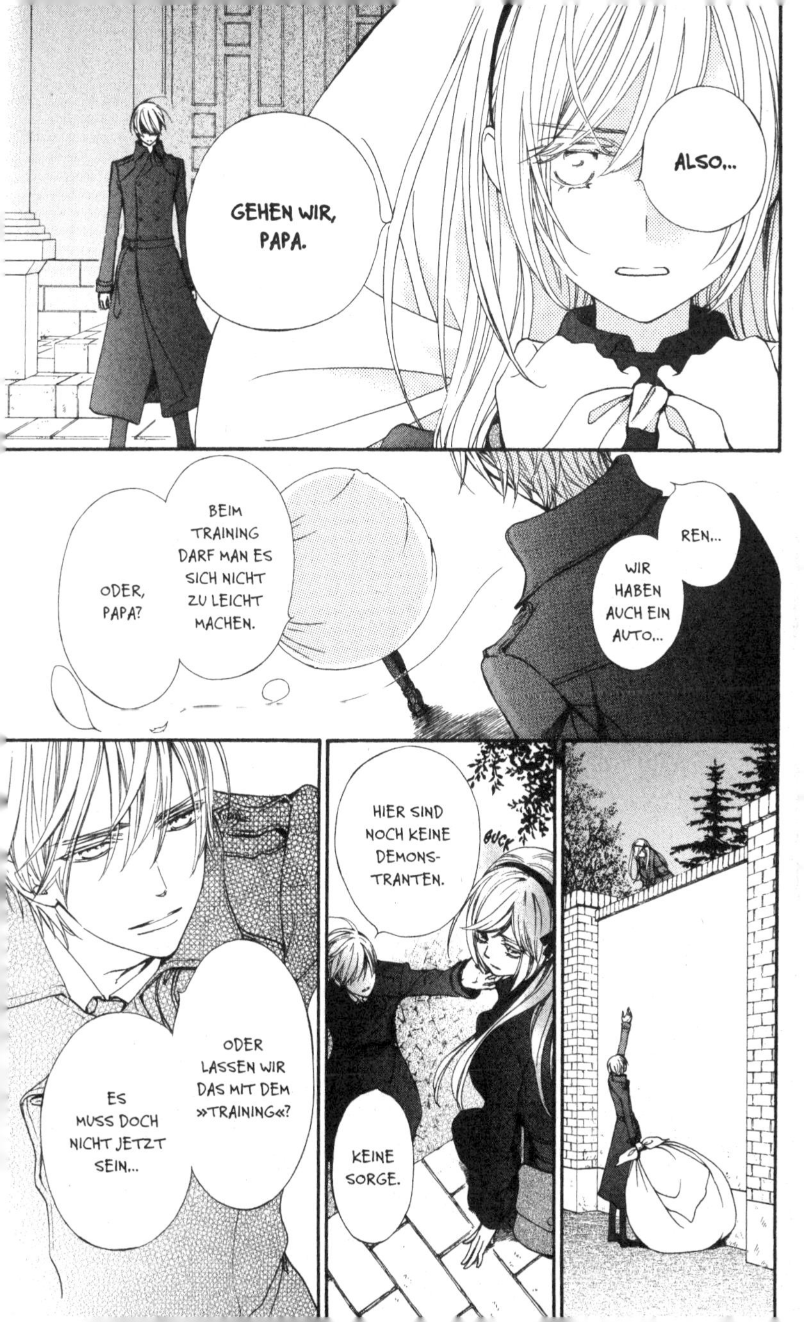
ALSO...
GEHEN WIR, PAPA.
REN...
WIR HABEN AUCH EIN AUTO...
BEIM TRAINING DARF MAN ES SICH NICHT ZU LEICHT MACHEN.
ODER, PAPA?
HIER SIND NOCH KEINE DEMONS-TRANTEN.
GUCK
KEINE SORGE.
ODER LASSEN WIR DAS MIT DEM »TRAINING«?
ES MUSS DOCH NICHT JETZT SEIN...

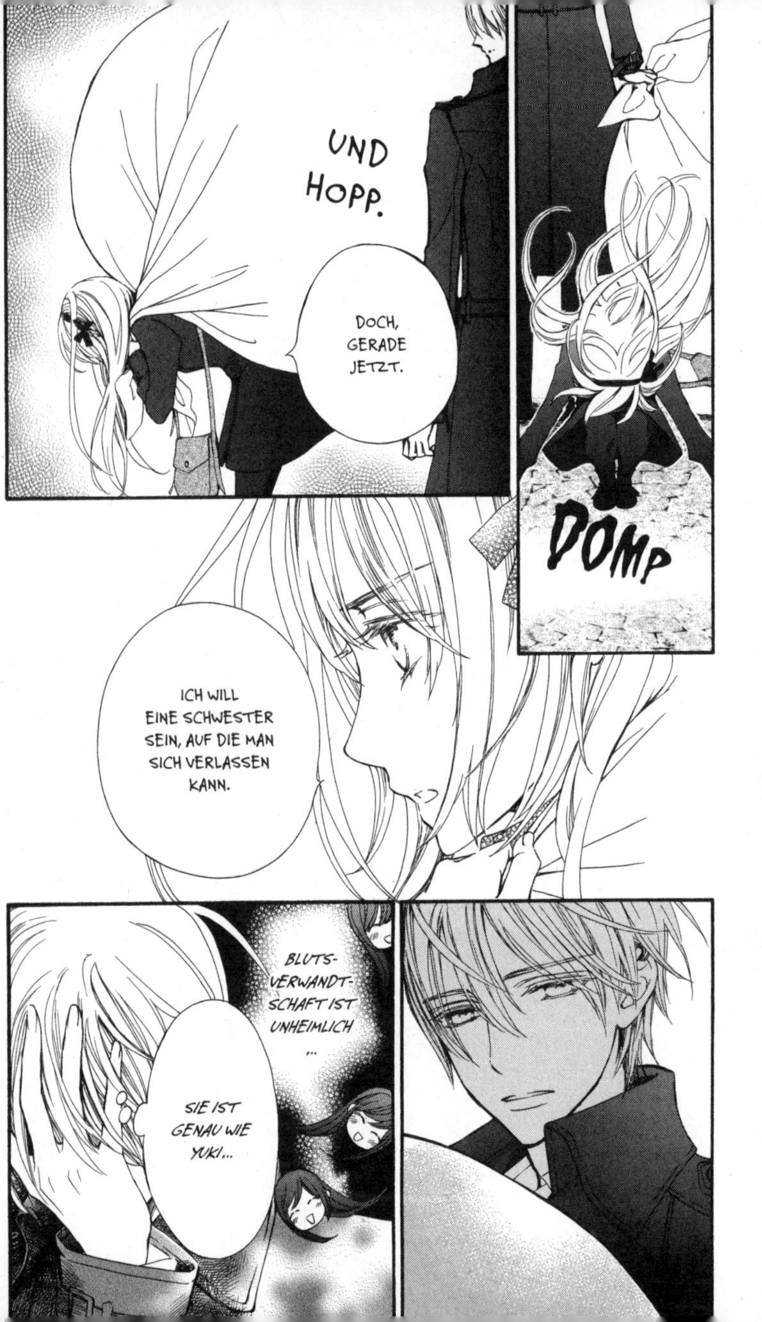
UND HOPP.
DOCH, GERADE JETZT.
DOMP
ICH WILL EINE SCHWESTER SEIN, AUF DIE MAN SICH VERLASSEN KANN.
BLUTS-VERWANDT-SCHAFT IST UNHEIMLICH ...
SIE IST GENAU WIE YUKI ...

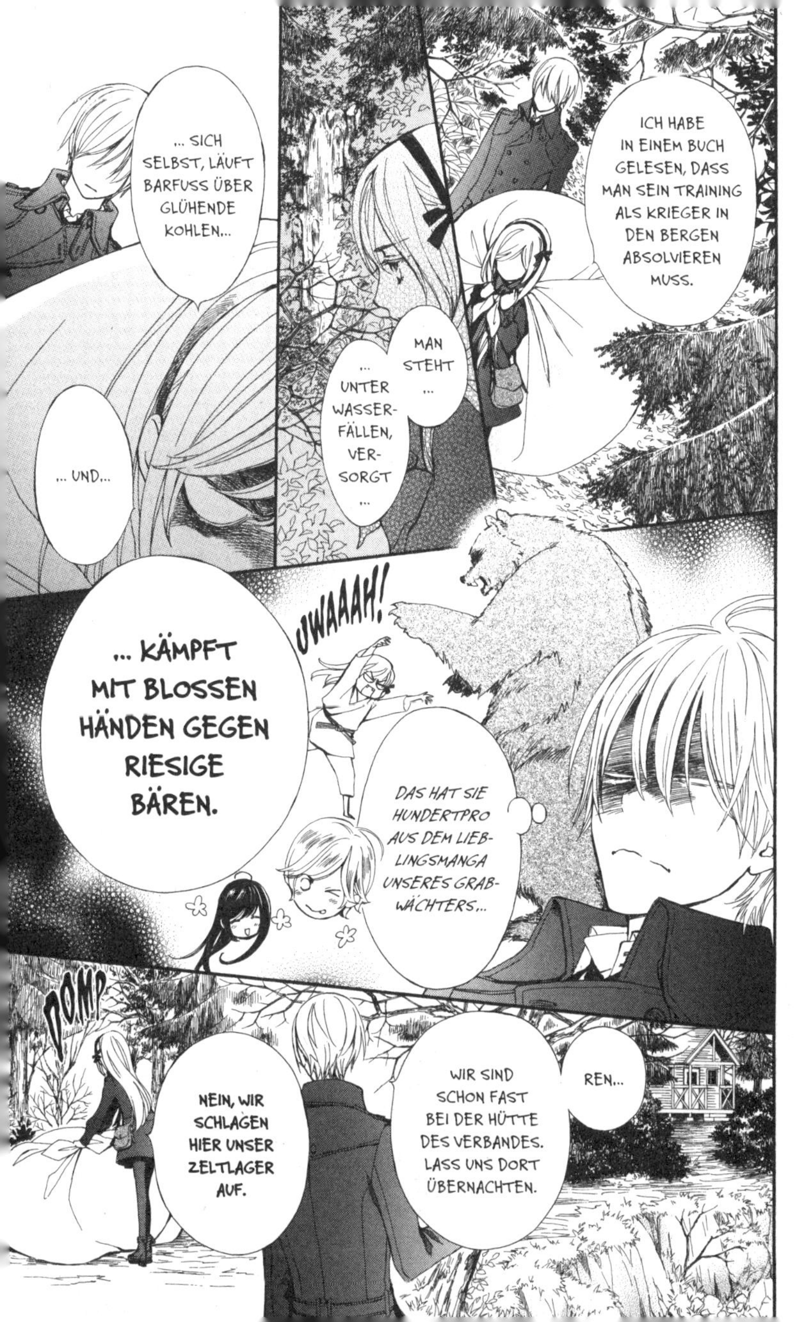
ICH HABE IN EINEM BUCH GELESEN, DASS MAN SEIN TRAINING ALS KRIEGER IN DEN BERGEN ABSOLVIEREN MUSS.
MAN STEHT ...
... UNTER WASSER-FÄLLEN, VER-SORGT ...
... SICH SELBST, LÄUFT BARFUSS ÜBER GLÜHENDE KOHLEN...
... UND...
... KÄMPFT MIT BLOSSEN HÄNDEN GEGEN RIESIGE BÄREN.
UWAAAH!
DAS HAT SIE HUNDERTPRO AUS DEM LIEB-LINGSMANGA UNSERES GRAB-WÄCHTERS...
REN...
WIR SIND SCHON FAST BEI DER HÜTTE DES VERBANDES. LASS UNS DORT ÜBERNACHTEN.
NEIN, WIR SCHLAGEN HIER UNSER ZELTLAGER AUF.
DOMP

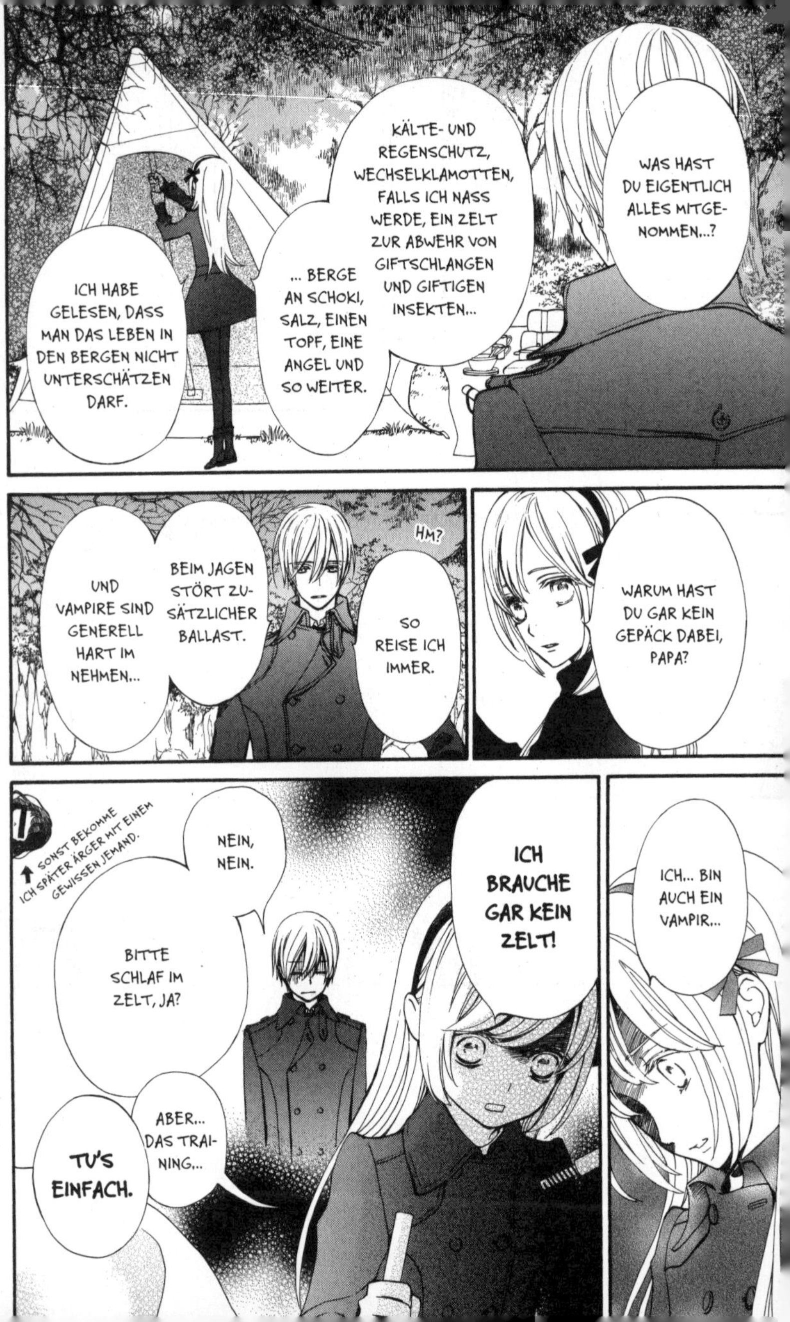
WAS HAST DU EIGENTLICH ALLES MITGENOMMEN...?
KÄLTE- UND REGENSCHUTZ, WECHSELKLAMOTTEN, FALLS ICH NASS WERDE, EIN ZELT ZUR ABWEHR VON GIFTSCHLANGEN UND GIFTIGEN INSEKTEN...
... BERGE AN SCHOKI, SALZ, EINEN TOPF, EINE ANGEL UND SO WEITER.
ICH HABE GELESEN, DASS MAN DAS LEBEN IN DEN BERGEN NICHT UNTERSCHÄTZEN DARF.
WARUM HAST DU GAR KEIN GEPÄCK DABEI, PAPA?
HM?
SO REISE ICH IMMER.
BEIM JAGEN STÖRT ZUSÄTZLICHER BALLAST.
UND VAMPIRE SIND GENERELL HART IM NEHMEN...
ICH... BIN AUCH EIN VAMPIR...
ICH BRAUCHE GAR KEIN ZELT!
NEIN, NEIN.
BITTE SCHLAF IM ZELT, JA?
ABER... DAS TRAINING...
TU'S EINFACH.
SONST BEKOMME ICH SPÄTER ÄRGER MIT EINEM GEWISSEN JEMAND.

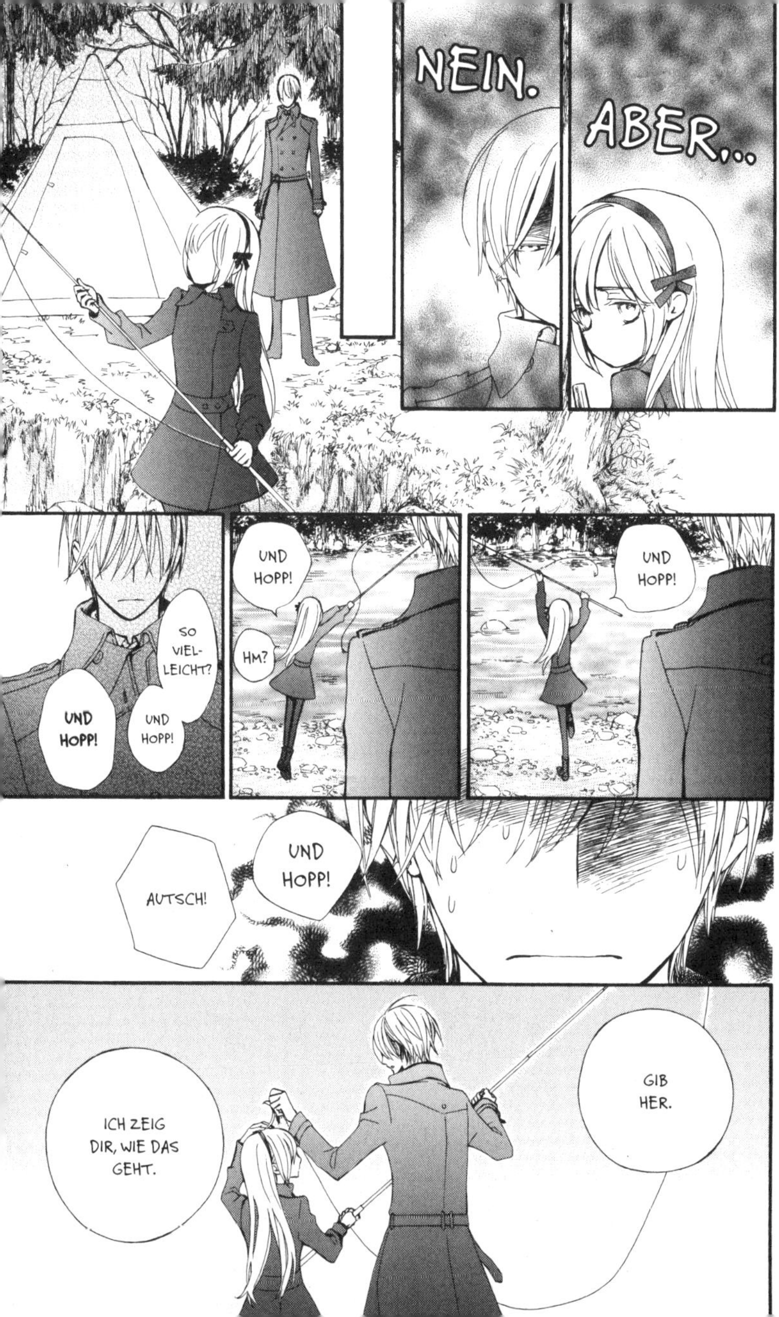
NEIN.
ABER...
SO VIEL-LEICHT?
UND HOPP!
UND HOPP!
UND HOPP!
HM?
UND HOPP!
UND HOPP!
AUTSCH!
GIB HER.
ICH ZEIG DIR, WIE DAS GEHT.

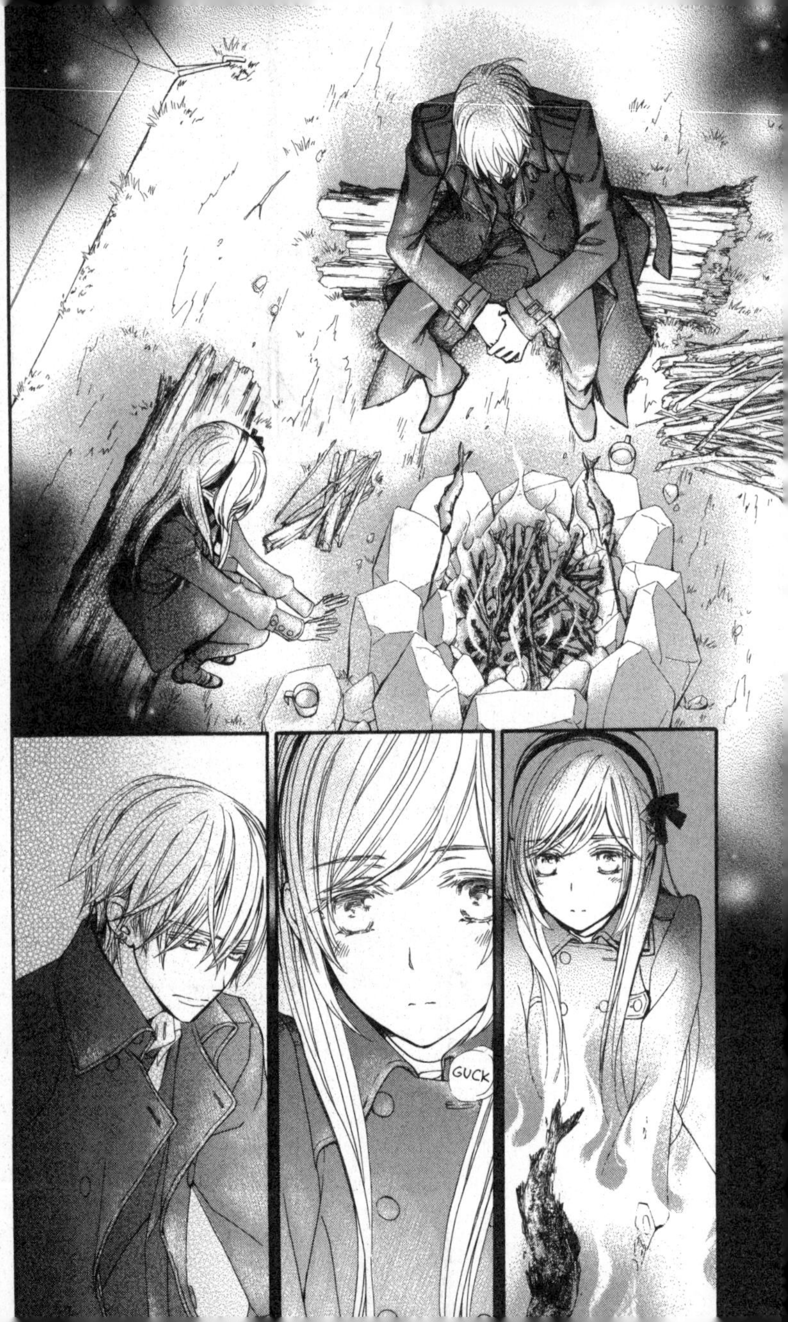
GUCK

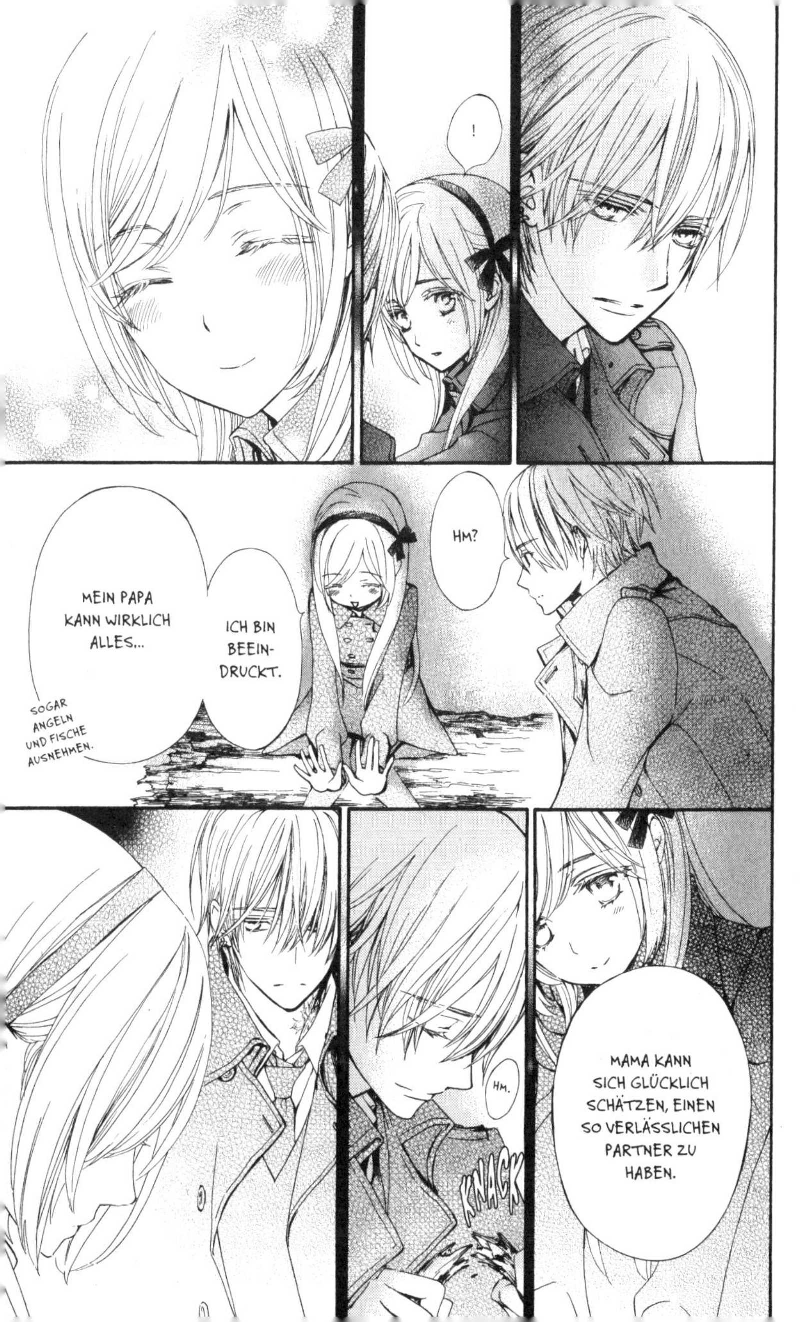
!
HM?
ICH BIN BEEIN-DRUCKT.
MEIN PAPA KANN WIRKLICH ALLES...
SOGAR ANGELN UND FISCHE AUSNEHMEN.
MAMA KANN SICH GLÜCKLICH SCHÄTZEN, EINEN SO VERLÄSSLICHEN PARTNER ZU HABEN.
HM.
KNACK

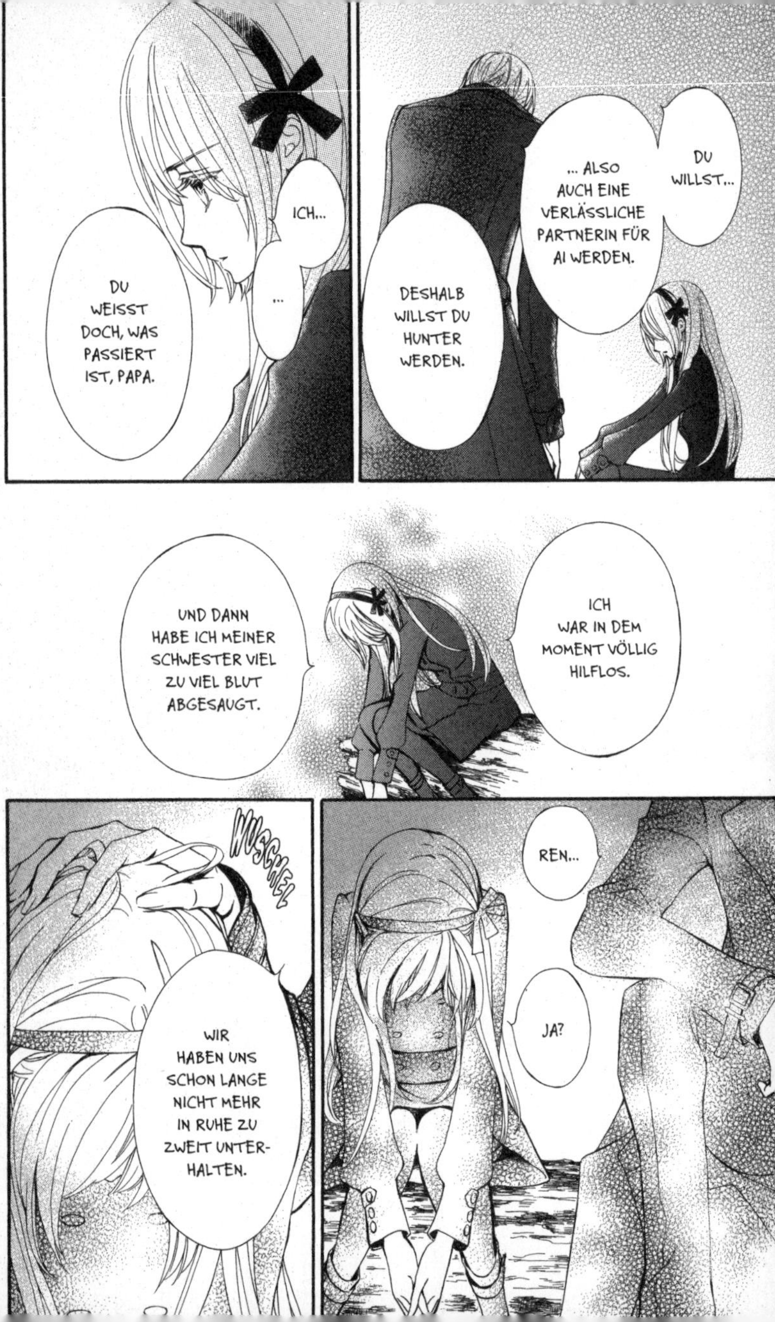
DU WILLST...
... ALSO AUCH EINE VERLÄSSLICHE PARTNERIN FÜR AI WERDEN.
DESHALB WILLST DU HUNTER WERDEN.
ICH...
...
DU WEISST DOCH, WAS PASSIERT IST, PAPA.
ICH WAR IN DEM MOMENT VÖLLIG HILFLOS.
UND DANN HABE ICH MEINER SCHWESTER VIEL ZU VIEL BLUT ABGESAUGT.
REN...
JA?
WUSCHEL
WIR HABEN UNS SCHON LANGE NICHT MEHR IN RUHE ZU ZWEIT UNTER-HALTEN.

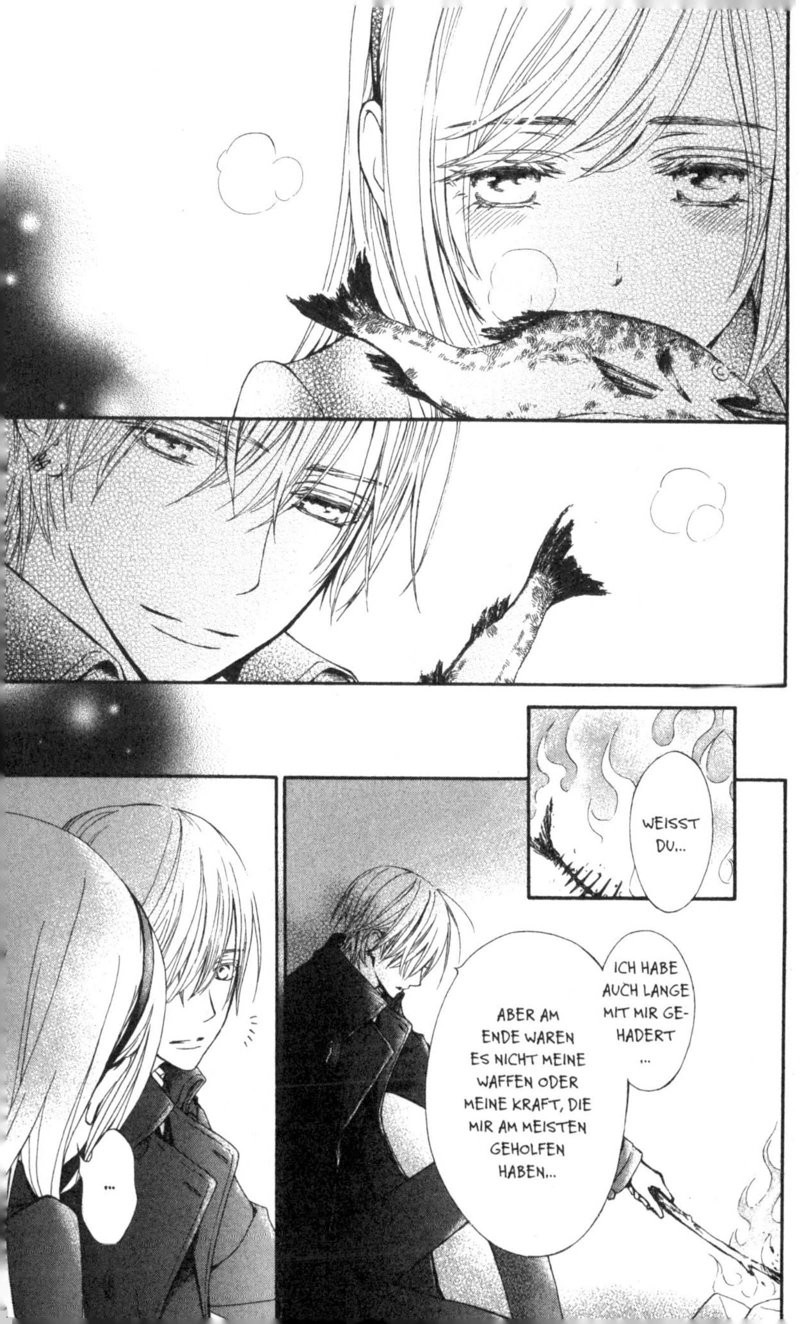
WEISST DU...
ICH HABE AUCH LANGE MIT MIR GE-HADERT ...
ABER AM ENDE WAREN ES NICHT MEINE WAFFEN ODER MEINE KRAFT, DIE MIR AM MEISTEN GEHOLFEN HABEN...
...

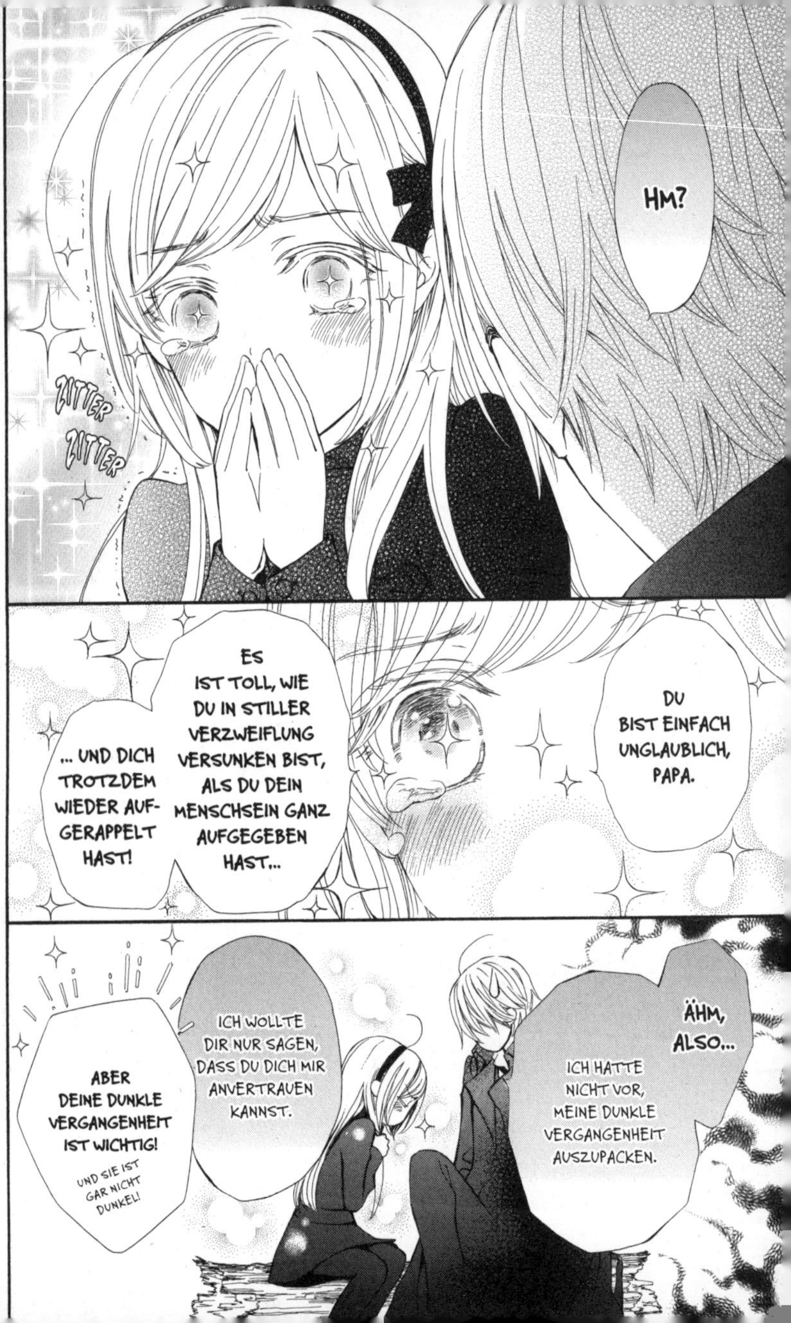
HM?
ZITTER ZITTER
DU BIST EINFACH UNGLAUBLICH, PAPA.
ES IST TOLL, WIE DU IN STILLER VERZWEIFLUNG VERSUNKEN BIST, ALS DU DEIN MENSCHSEIN GANZ AUFGEGEBEN HAST...
... UND DICH TROTZDEM WIEDER AUFGERAPPELT HAST!
ÄHM, ALSO...
ICH HATTE NICHT VOR, MEINE DUNKLE VERGANGENHEIT AUSZUPACKEN.
ICH WOLLTE DIR NUR SAGEN, DASS DU DICH MIR ANVERTRAUEN KANNST.
ABER DEINE DUNKLE VERGANGENHEIT IST WICHTIG!
UND SIE IST GAR NICHT DUNKEL!

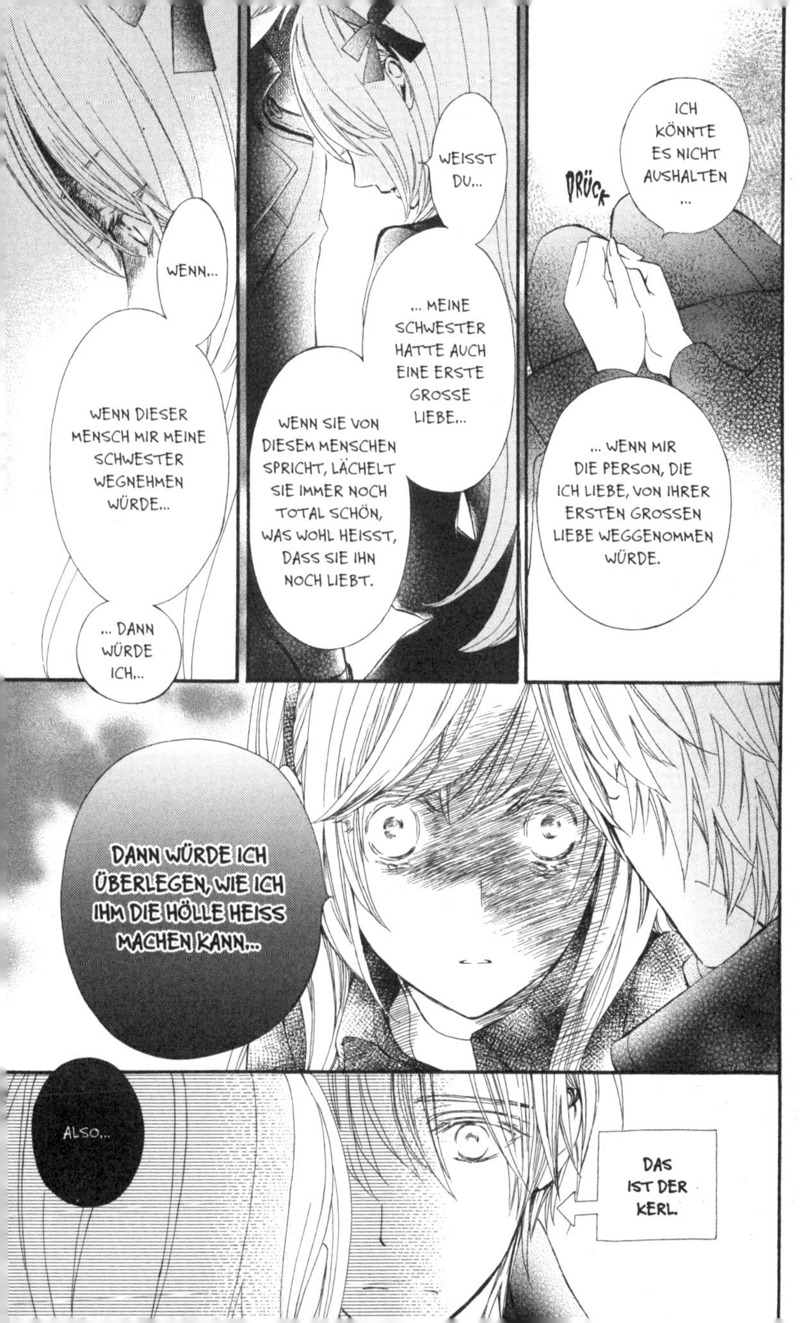
ICH KÖNNTE ES NICHT AUSHALTEN ...
DRÜCK
... WENN MIR DIE PERSON, DIE ICH LIEBE, VON IHRER ERSTEN GROSSEN LIEBE WEGGENOMMEN WÜRDE.
WEISST DU...
... MEINE SCHWESTER HATTE AUCH EINE ERSTE GROSSE LIEBE...
WENN SIE VON DIESEM MENSCHEN SPRICHT, LÄCHELT SIE IMMER NOCH TOTAL SCHÖN, WAS WOHL HEISST, DASS SIE IHN NOCH LIEBT.
WENN...
WENN DIESER MENSCH MIR MEINE SCHWESTER WEGNEHMEN WÜRDE...
... DANN WÜRDE ICH...
DANN WÜRDE ICH ÜBERLEGEN, WIE ICH IHM DIE HÖLLE HEISS MACHEN KANN...
DAS IST DER KERL.
ALSO...

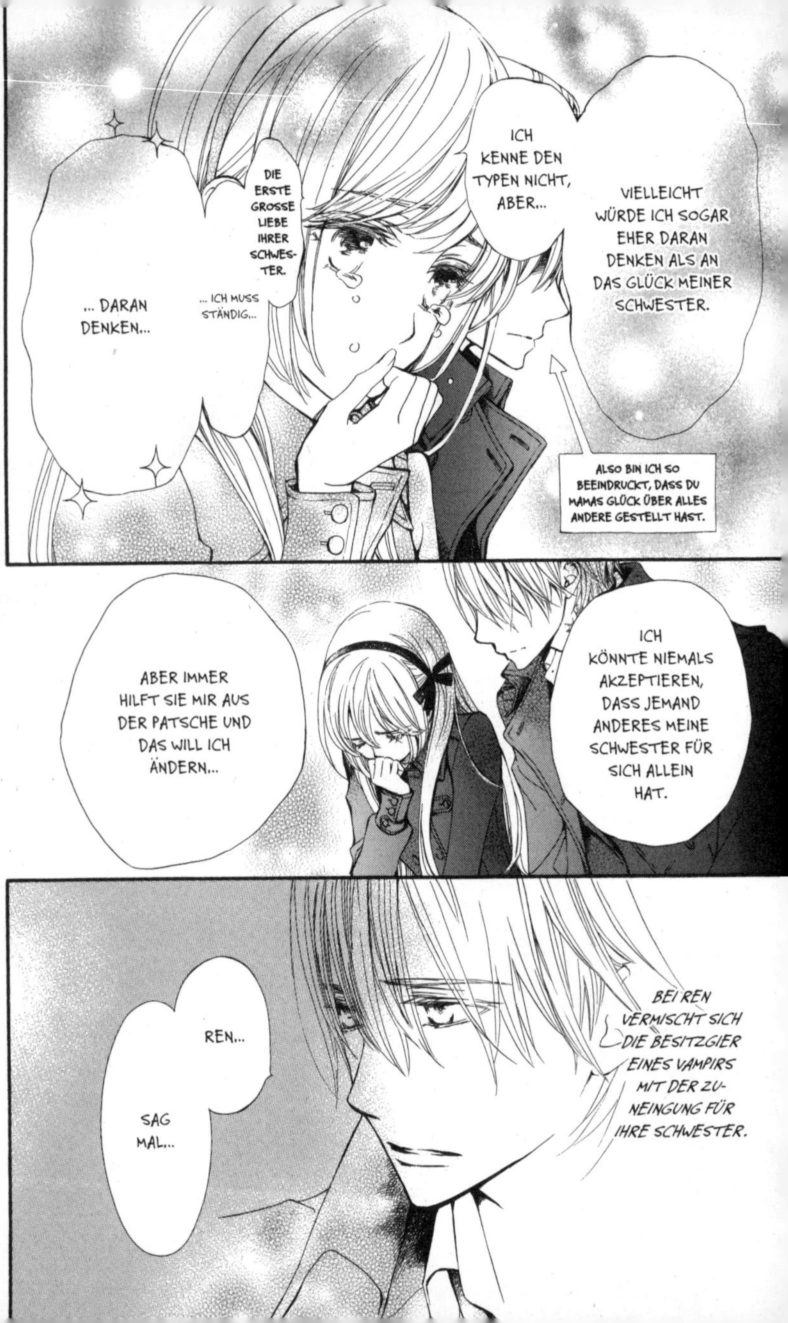
ICH KENNE DEN TYPEN NICHT, ABER...
VIELLEICHT WÜRDE ICH SOGAR EHER DARAN DENKEN ALS AN DAS GLÜCK MEINER SCHWESTER.
ALSO BIN ICH SO BEEINDRUCKT, DASS DU MAMAS GLÜCK ÜBER ALLES ANDERE GESTELLT HAST.
DIE ERSTE GROSSE LIEBE IHRER SCHWES-TER.
... ICH MUSS STÄNDIG...
... DARAN DENKEN...
ICH KÖNNTE NIEMALS AKZEPTIEREN, DASS JEMAND ANDERES MEINE SCHWESTER FÜR SICH ALLEIN HAT.
ABER IMMER HILFT SIE MIR AUS DER PATSCHE UND DAS WILL ICH ÄNDERN...
BEI REN VERMISCHT SICH DIE BESITZGIER EINES VAMPIRS MIT DER ZU-NEIGUNG FÜR IHRE SCHWESTER.
REN...
SAG MAL...

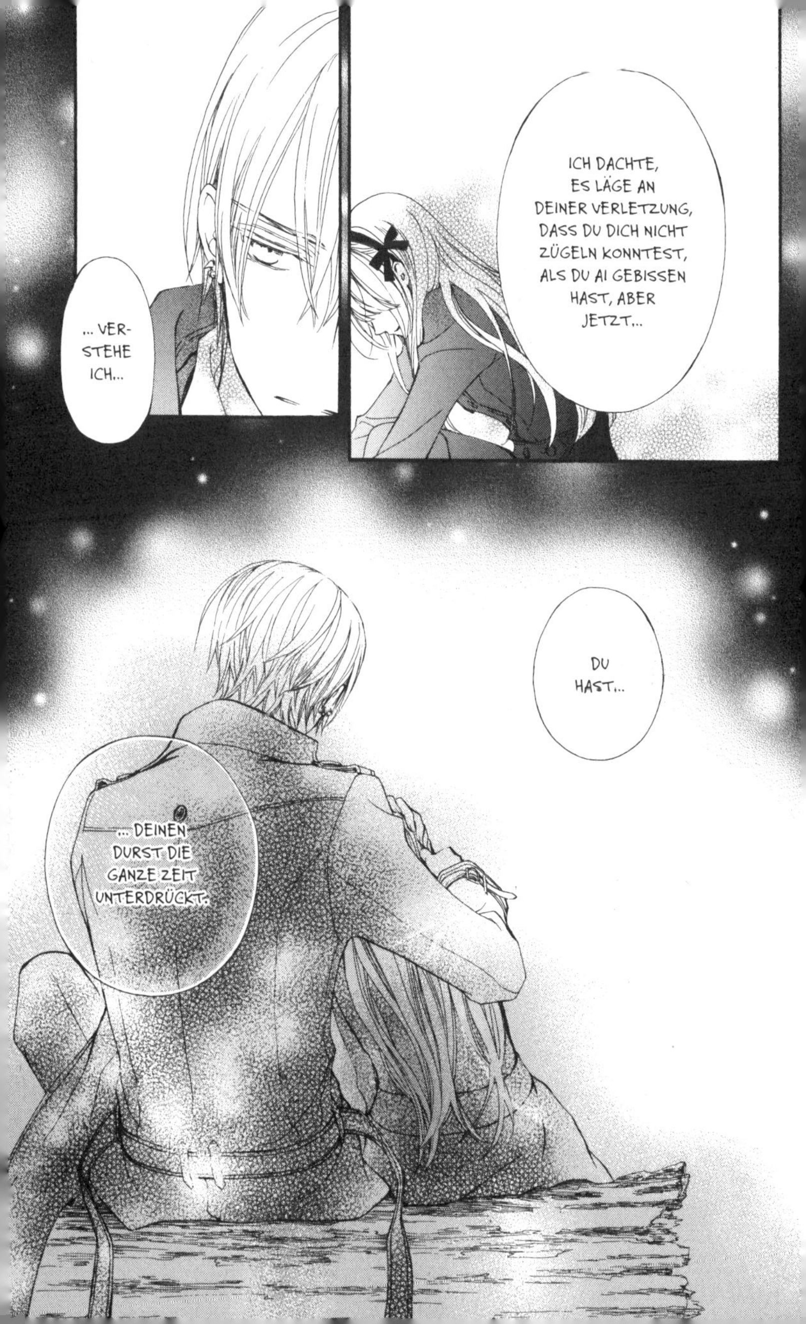
ICH DACHTE, ES LÄGE AN DEINER VERLETZUNG, DASS DU DICH NICHT ZÜGELN KONNTEST, ALS DU AI GEBISSEN HAST, ABER JETZT...
... VER-STEHE ICH...
DU HAST...
... DEINEN DURST DIE GANZE ZEIT UNTERDRÜCKT.

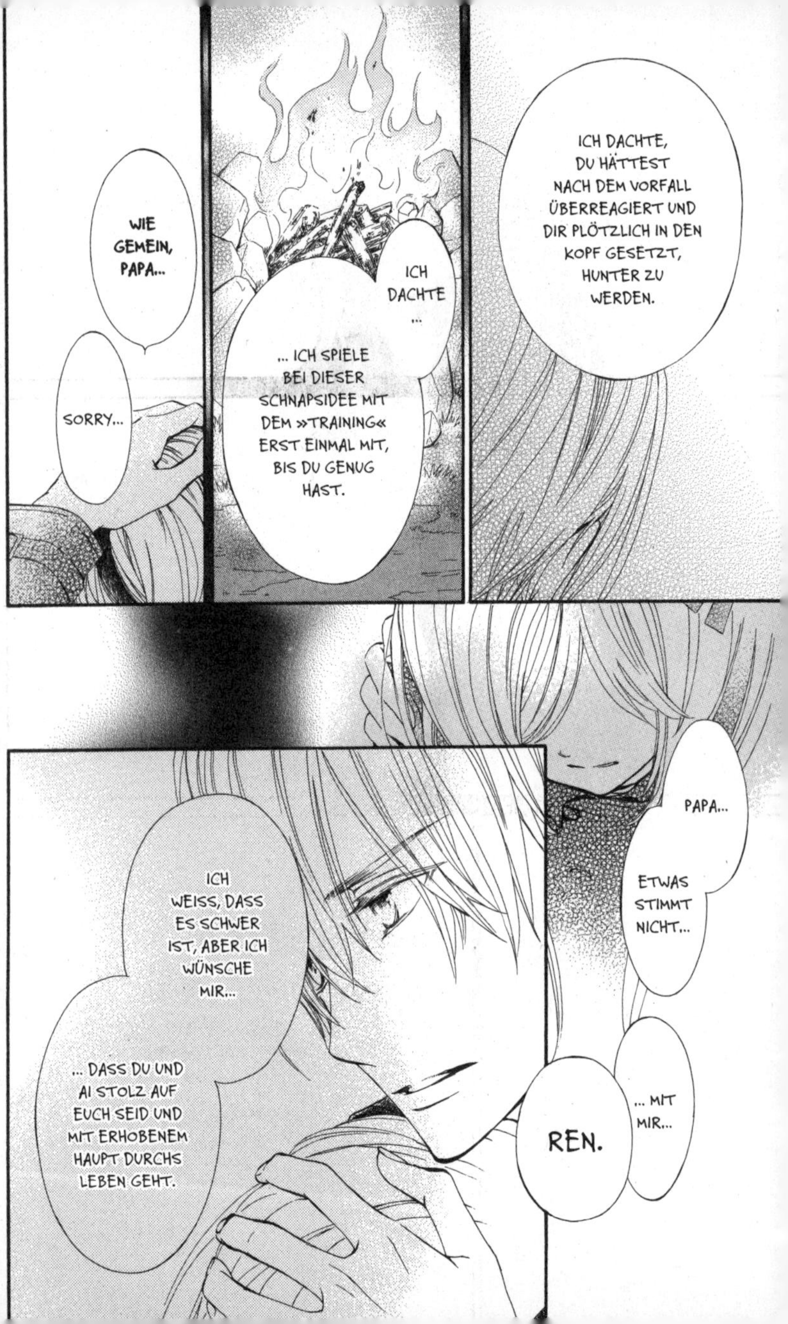
ICH DACHTE, DU HÄTTEST NACH DEM VORFALL ÜBERREAGIERT UND DIR PLÖTZLICH IN DEN KOPF GESETZT, HUNTER ZU WERDEN.
ICH DACHTE ...
... ICH SPIELE BEI DIESER SCHNAPSIDEE MIT DEM »TRAINING« ERST EINMAL MIT, BIS DU GENUG HAST.
WIE GEMEIN, PAPA...
SORRY...
PAPA...
ETWAS STIMMT NICHT...
... MIT MIR...
REN.
ICH WEISS, DASS ES SCHWER IST, ABER ICH WÜNSCHE MIR...
... DASS DU UND AI STOLZ AUF EUCH SEID UND MIT ERHOBENEM HAUPT DURCHS LEBEN GEHT.

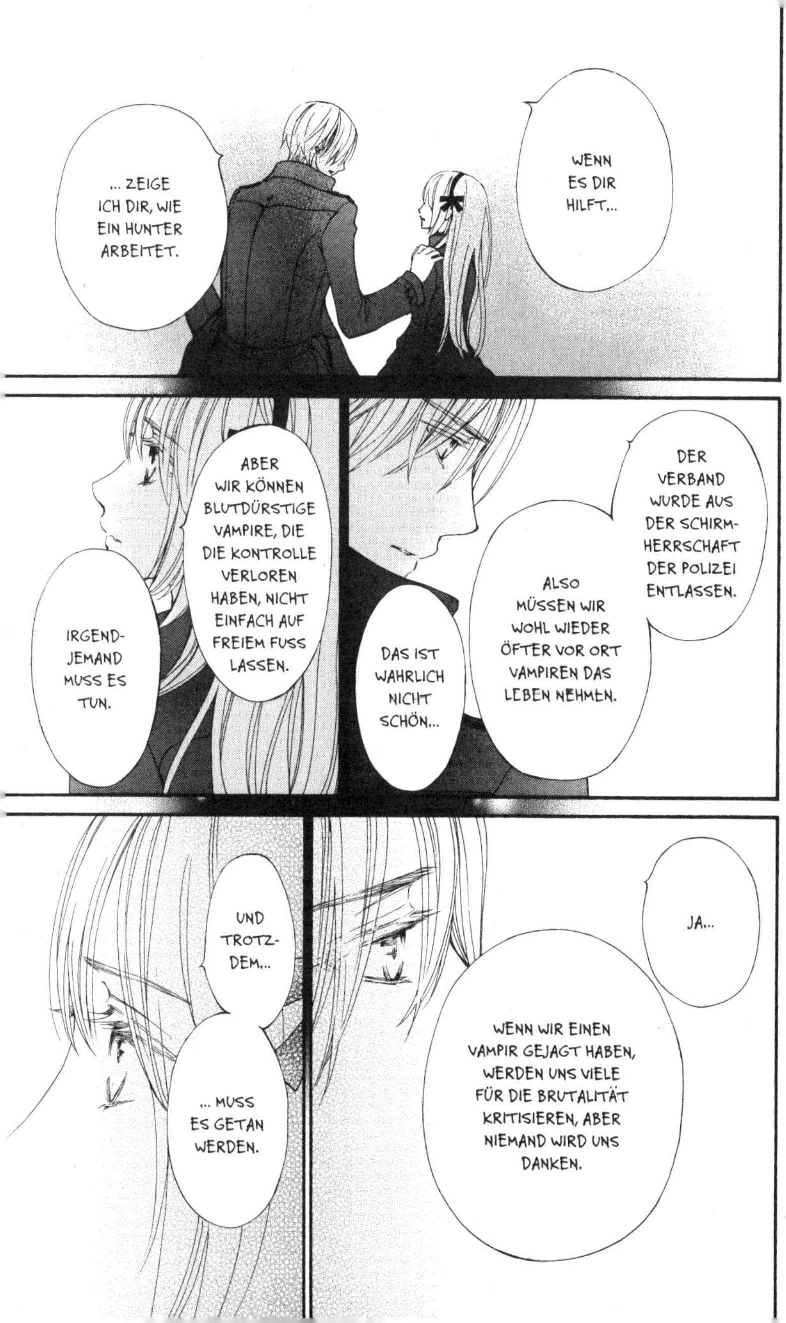
WENN ES DIR HILFT...
... ZEIGE ICH DIR, WIE EIN HUNTER ARBEITET.
DER VERBAND WURDE AUS DER SCHIRM-HERRSCHAFT DER POLIZEI ENTLASSEN.
ALSO MÜSSEN WIR WOHL WIEDER ÖFTER VOR ORT VAMPIREN DAS LEBEN NEHMEN.
DAS IST WAHRLICH NICHT SCHÖN...
ABER WIR KÖNNEN BLUTDÜRSTIGE VAMPIRE, DIE DIE KONTROLLE VERLOREN HABEN, NICHT EINFACH AUF FREIEM FUSS LASSEN.
IRGEND-JEMAND MUSS ES TUN.
JA...
WENN WIR EINEN VAMPIR GEJAGT HABEN, WERDEN UNS VIELE FÜR DIE BRUTALITÄT KRITISIEREN, ABER NIEMAND WIRD UNS DANKEN.
UND TROTZ-DEM...
... MUSS ES GETAN WERDEN.

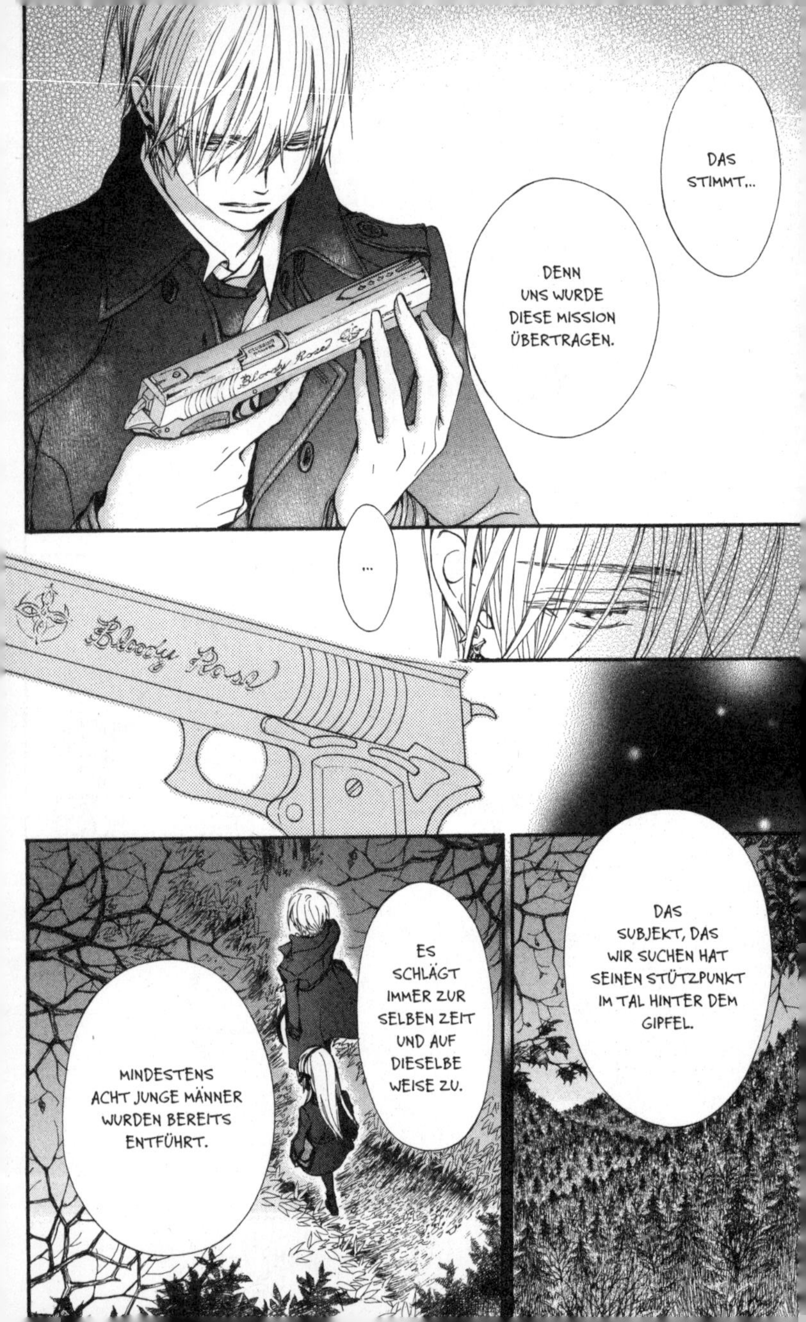
DAS STIMMT,..
DENN UNS WURDE DIESE MISSION ÜBERTRAGEN.
Bloody Rose
...
DAS SUBJEKT, DAS WIR SUCHEN HAT SEINEN STÜTZPUNKT IM TAL HINTER DEM GIPFEL.
ES SCHLÄGT IMMER ZUR SELBEN ZEIT UND AUF DIESELBE WEISE ZU.
MINDESTENS ACHT JUNGE MÄNNER WURDEN BEREITS ENTFÜHRT.

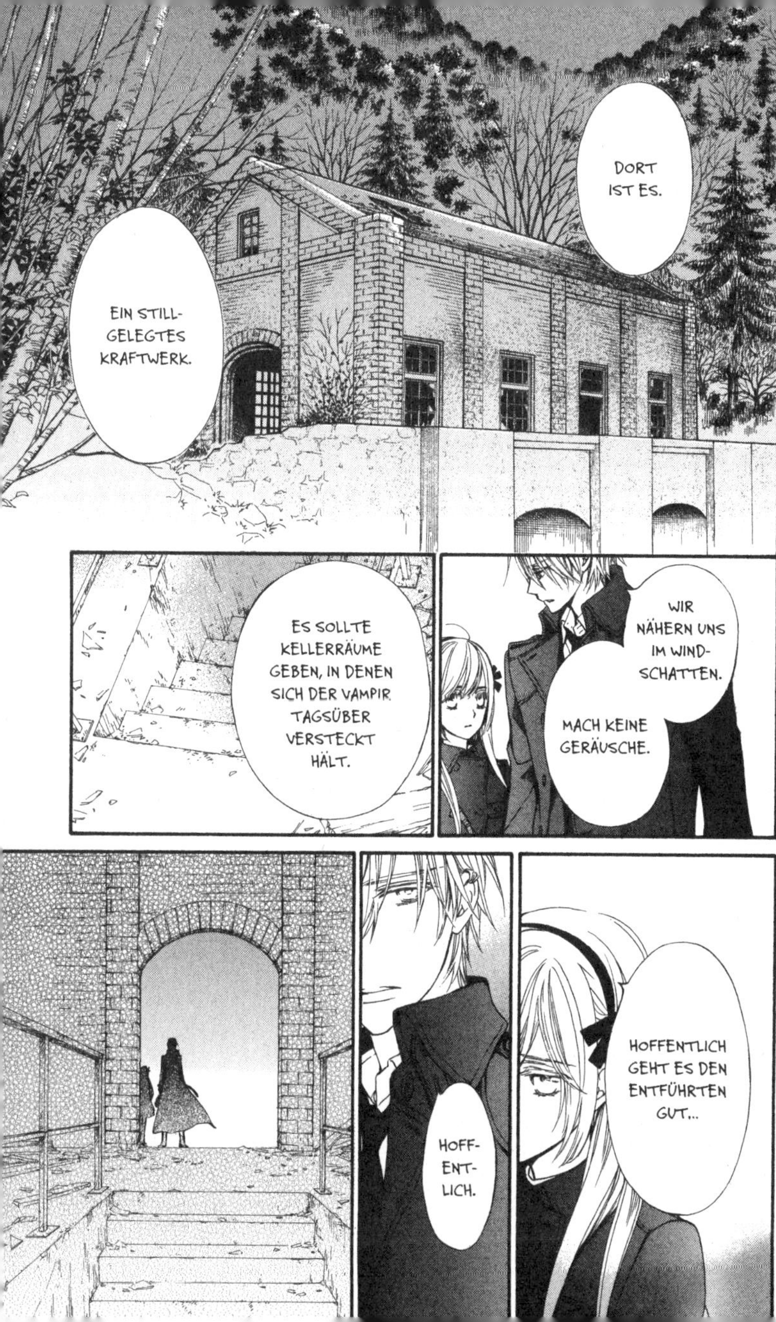
DORT IST ES.
EIN STILLGELEGTES KRAFTWERK.
WIR NÄHERN UNS IM WINDSCHATTEN.
MACH KEINE GERÄUSCHE.
ES SOLLTE KELLERRÄUME GEBEN, IN DENEN SICH DER VAMPIR TAGSÜBER VERSTECKT HÄLT.
HOFFENTLICH GEHT ES DEN ENTFÜHRTEN GUT...
HOFFENTLICH.

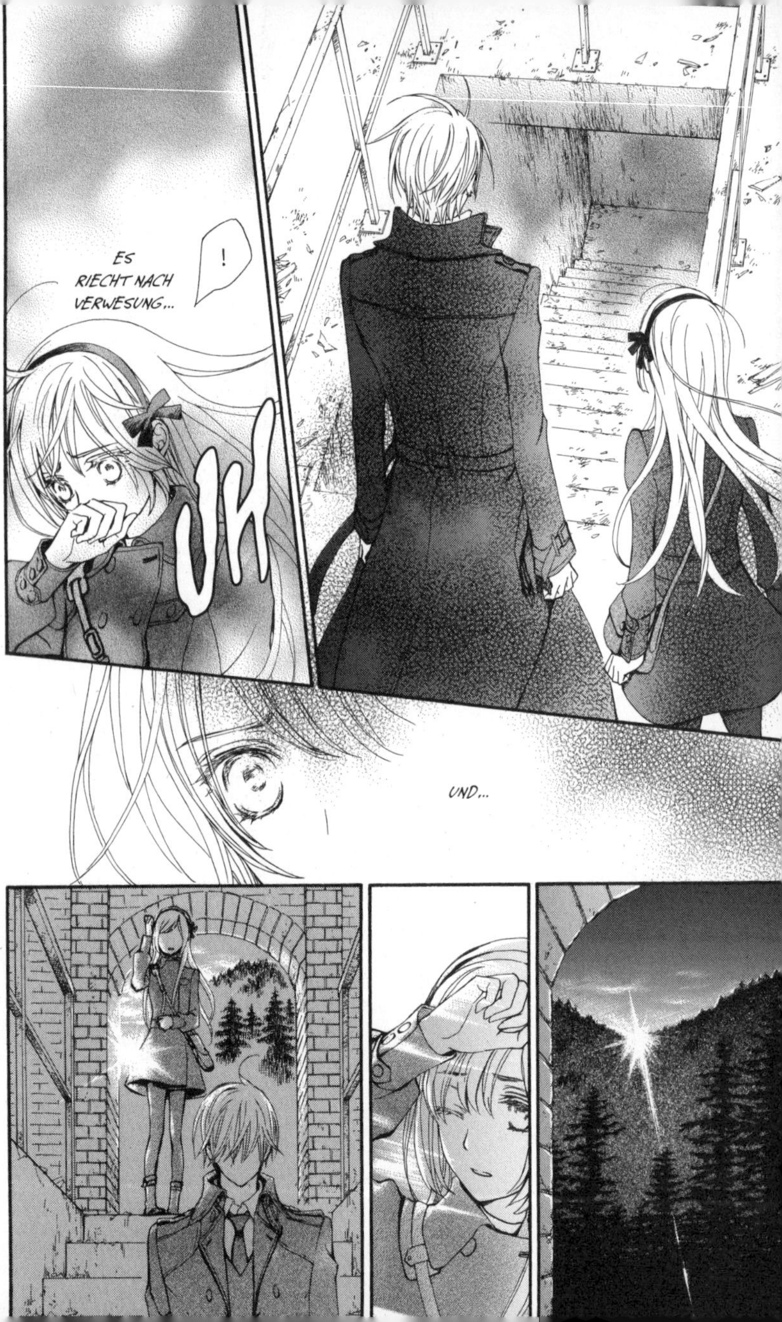

!
ES RIECHT NACH VERWESUNG...
UH
UND...

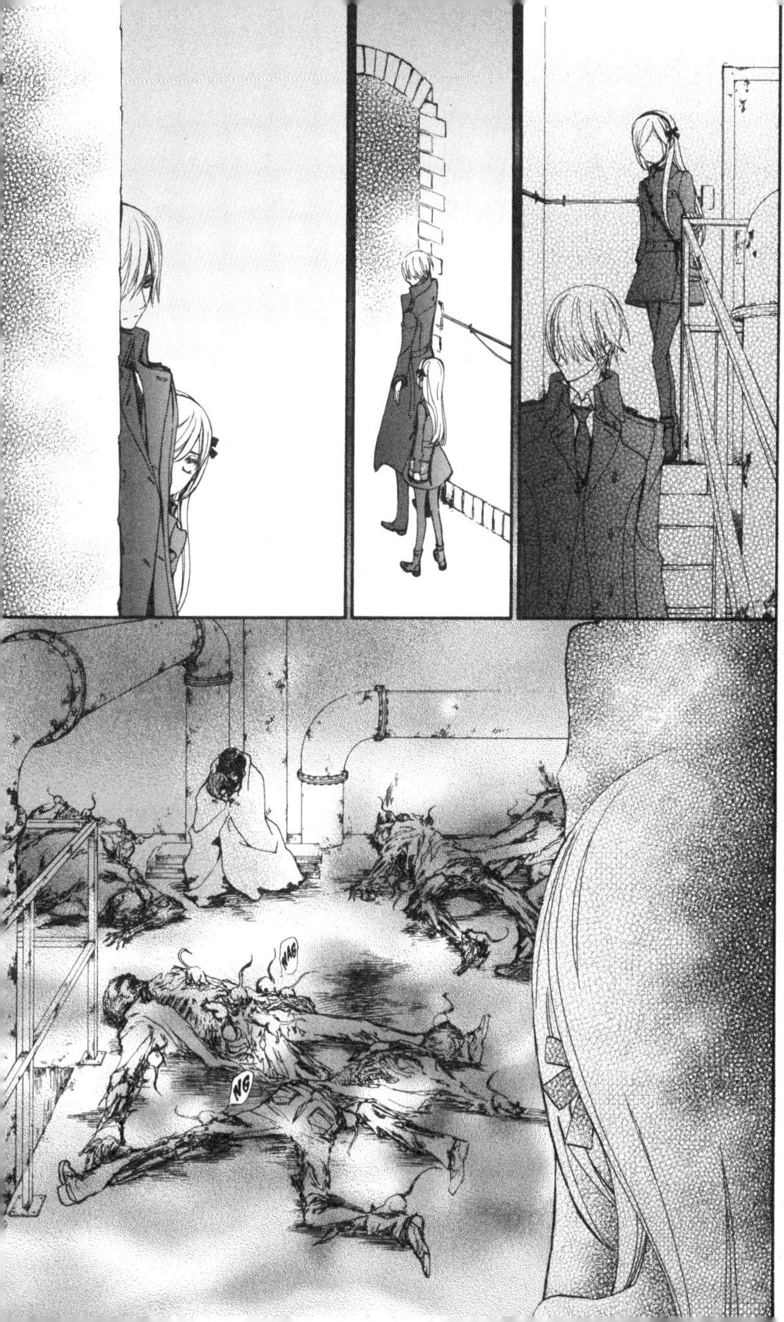
NAG
NG

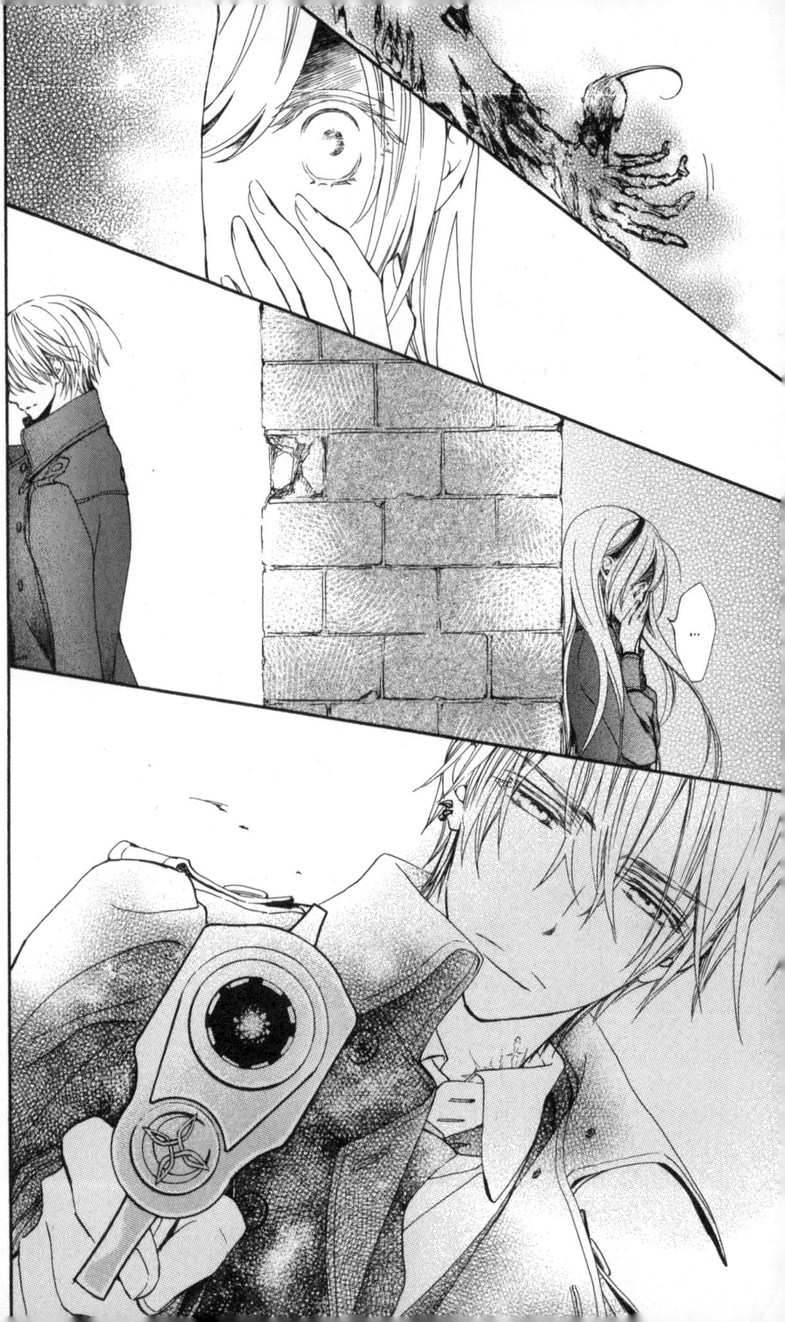

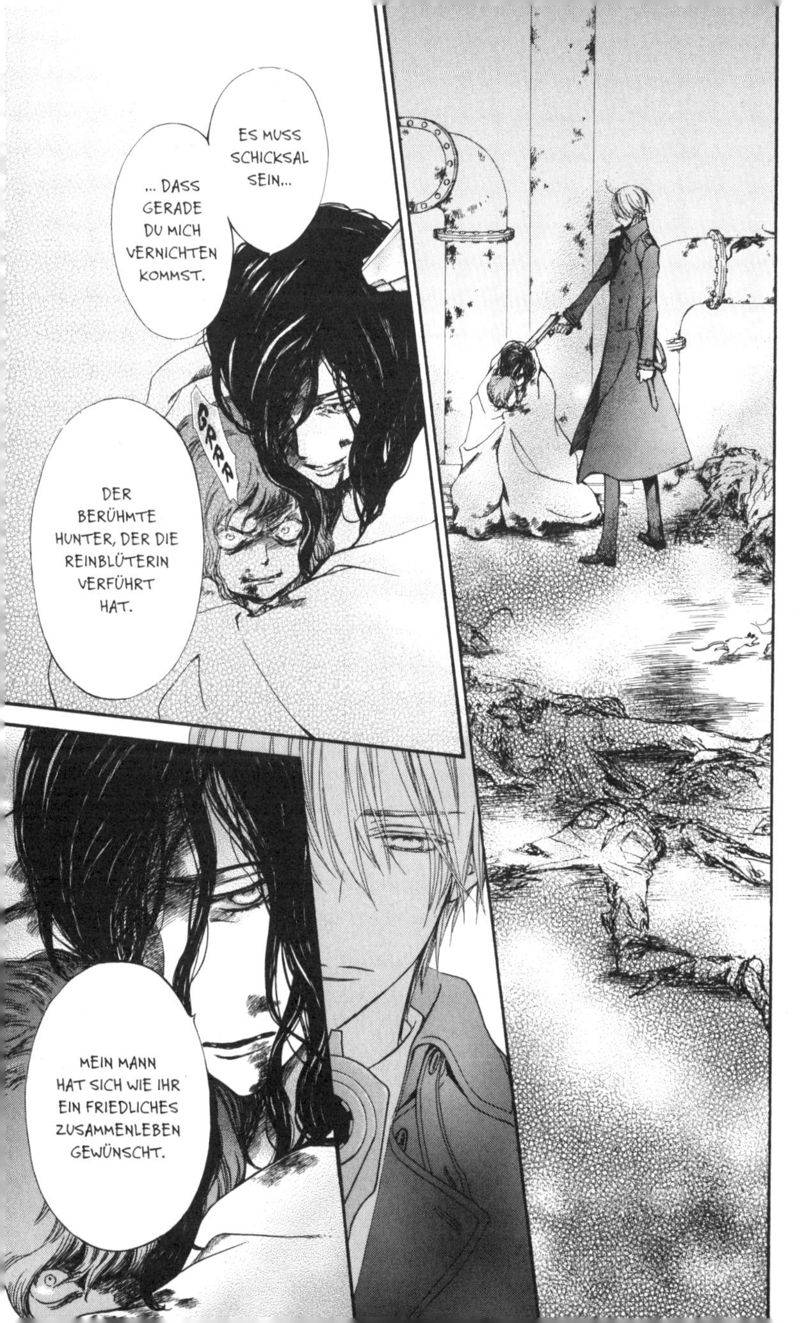
ES MUSS SCHICKSAL SEIN...
... DASS GERADE DU MICH VERNICHTEN KOMMST.
GRRR
DER BERÜHMTE HUNTER, DER DIE REINBLÜTERIN VERFÜHRT HAT.
MEIN MANN HAT SICH WIE IHR EIN FRIEDLICHES ZUSAMMENLEBEN GEWÜNSCHT.

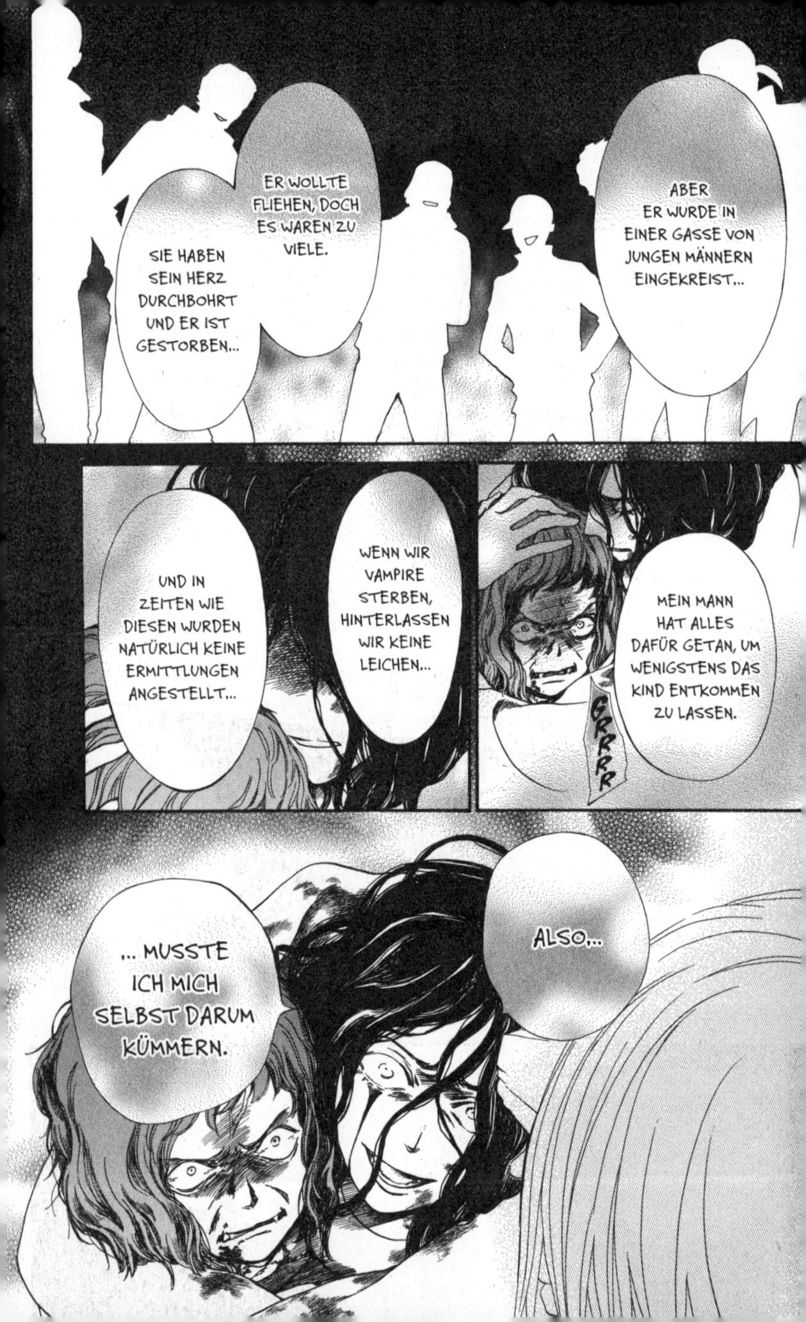
ABER ER WURDE IN EINER GASSE VON JUNGEN MÄNNERN EINGEKREIST...
ER WOLLTE FLIEHEN, DOCH ES WAREN ZU VIELE.
SIE HABEN SEIN HERZ DURCHBOHRT UND ER IST GESTORBEN...
MEIN MANN HAT ALLES DAFÜR GETAN, UM WENIGSTENS DAS KIND ENTKOMMEN ZU LASSEN.
GRRRR
WENN WIR VAMPIRE STERBEN, HINTERLASSEN WIR KEINE LEICHEN...
UND IN ZEITEN WIE DIESEN WURDEN NATÜRLICH KEINE ERMITTLUNGEN ANGESTELLT...
ALSO...
... MUSSTE ICH MICH SELBST DARUM KÜMMERN.

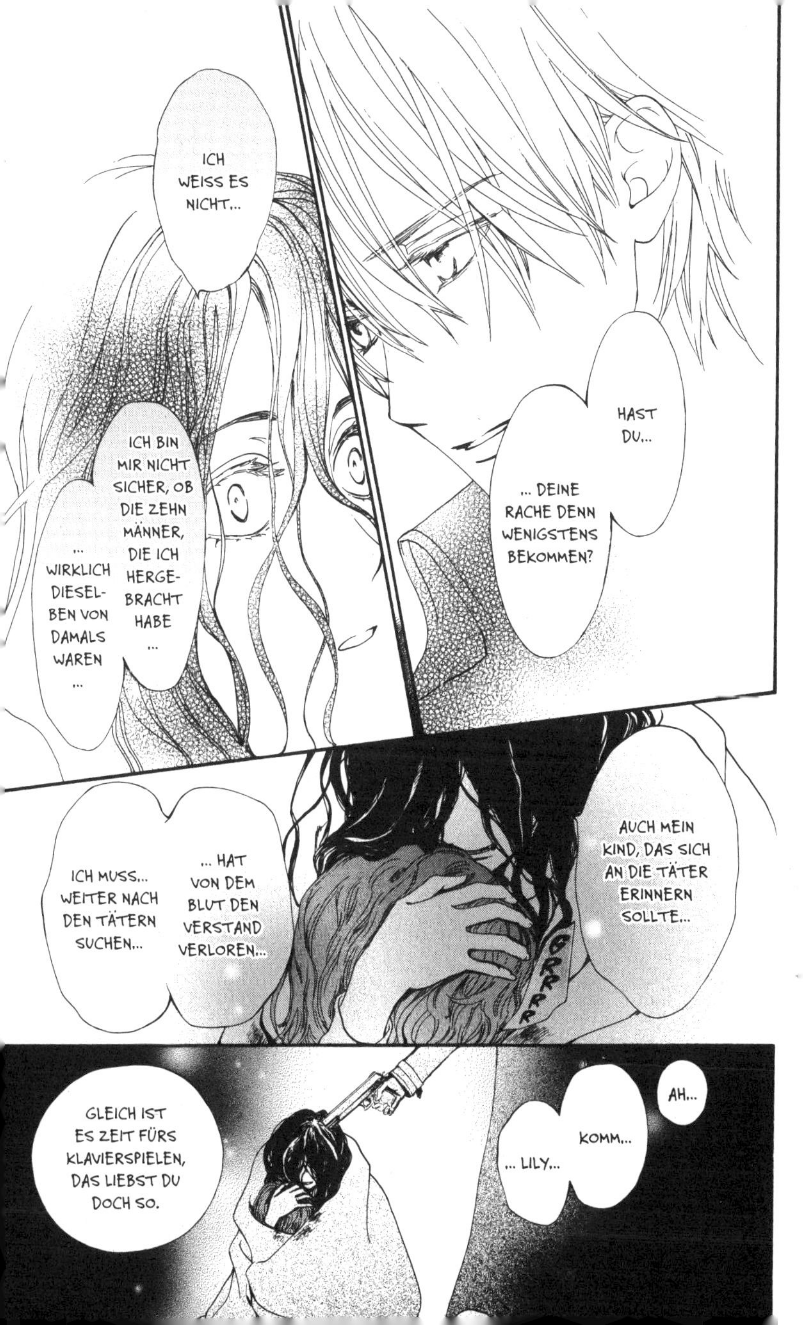
HAST DU...
... DEINE RACHE DENN WENIGSTENS BEKOMMEN?
ICH WEISS ES NICHT...
ICH BIN MIR NICHT SICHER, OB DIE ZEHN MÄNNER, DIE ICH HERGE-BRACHT HABE ...
... WIRKLICH DIESEL-BEN VON DAMALS WAREN ...
AUCH MEIN KIND, DAS SICH AN DIE TÄTER ERINNERN SOLLTE...
GRRRR
... HAT VON DEM BLUT DEN VERSTAND VERLOREN...
ICH MUSS... WEITER NACH DEN TÄTERN SUCHEN...
AH...
KOMM...
... LILY...
GLEICH IST ES ZEIT FÜRS KLAVIERSPIELEN, DAS LIEBST DU DOCH SO.

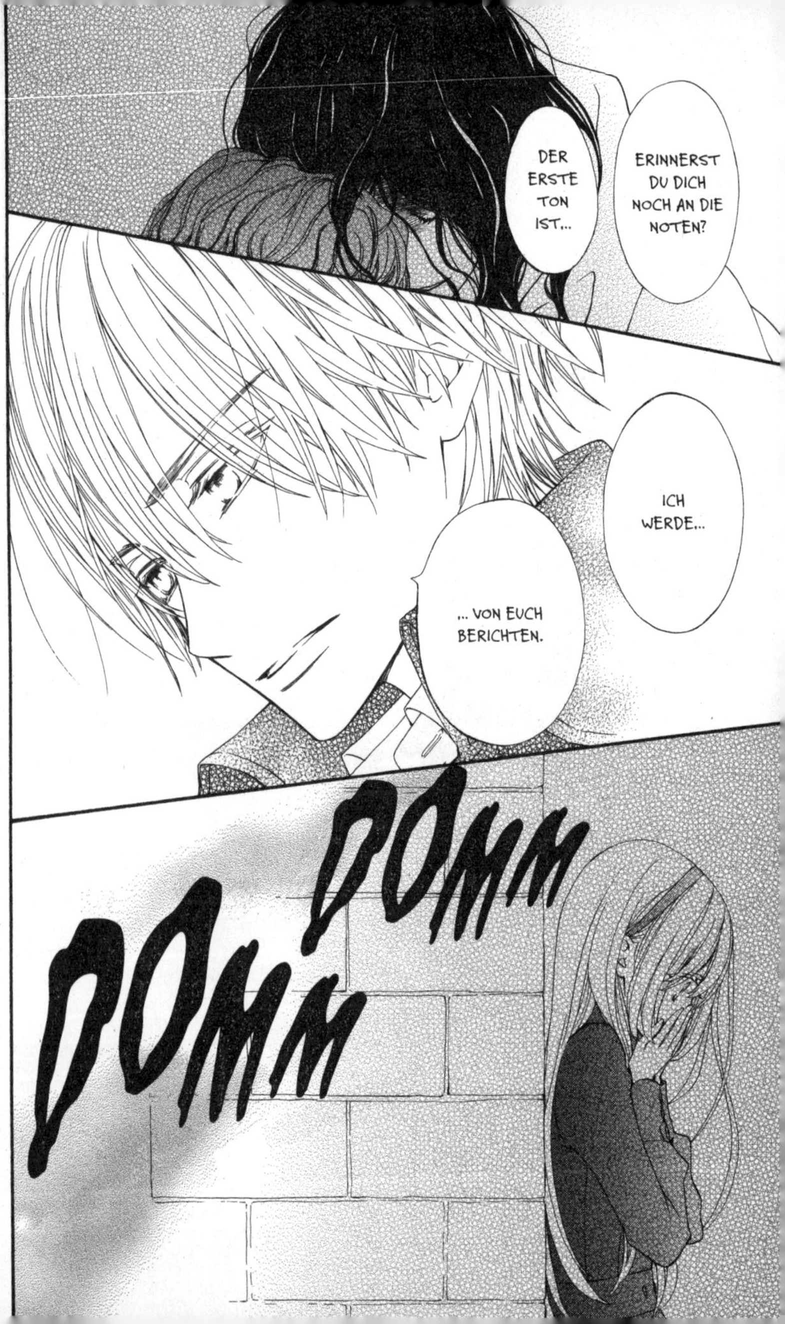
ERINNERST DU DICH NOCH AN DIE NOTEN?
DER ERSTE TON IST...
ICH WERDE...
... VON EUCH BERICHTEN.
DOMM
DOMM

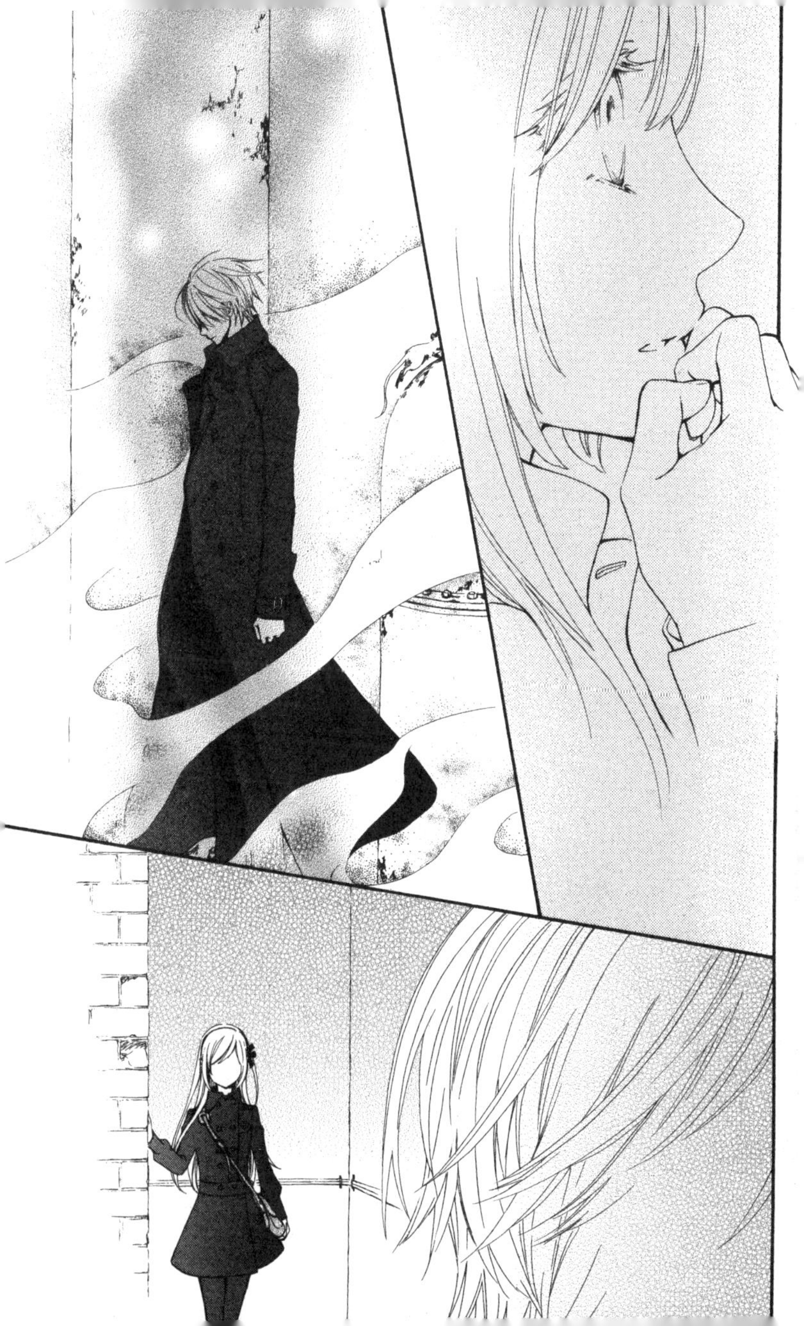

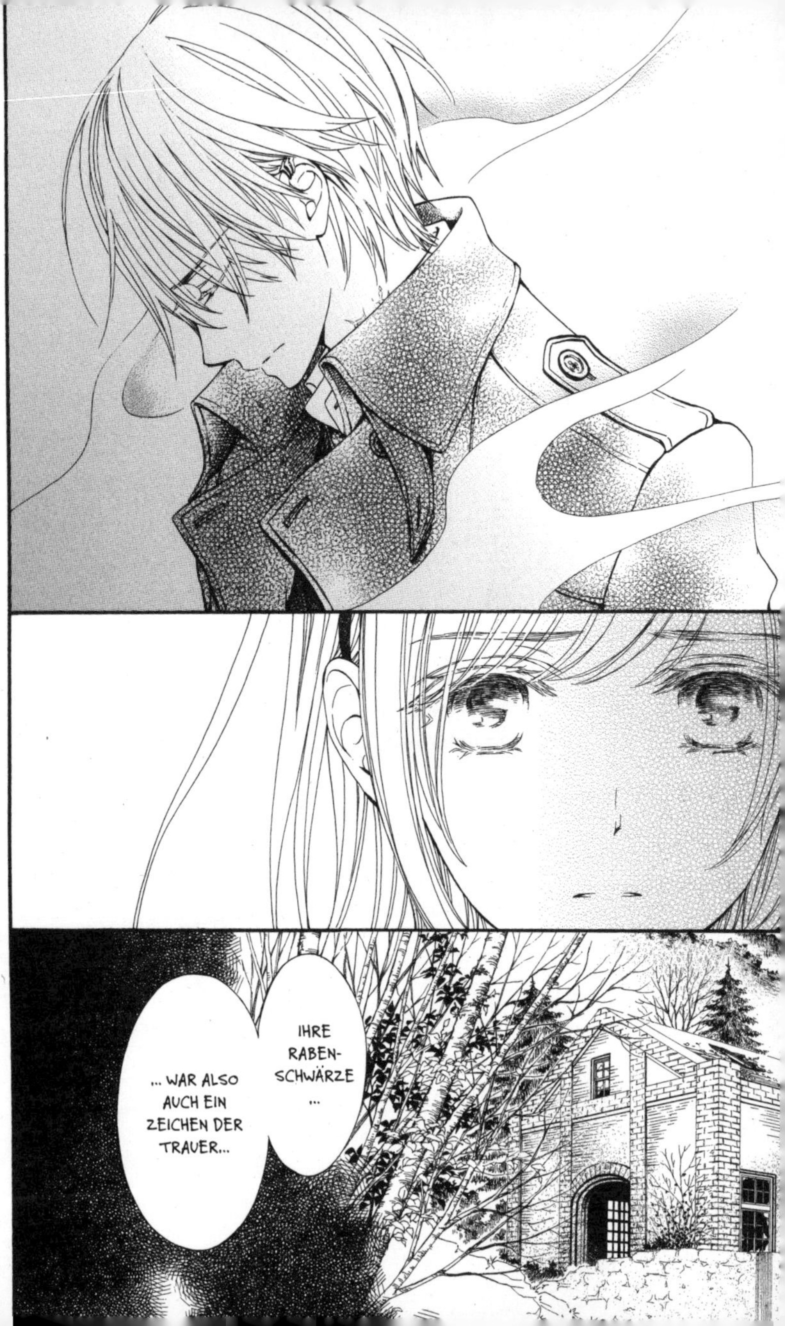
IHRE RABEN-SCHWÄRZE ...
... WAR ALSO AUCH EIN ZEICHEN DER TRAUER...

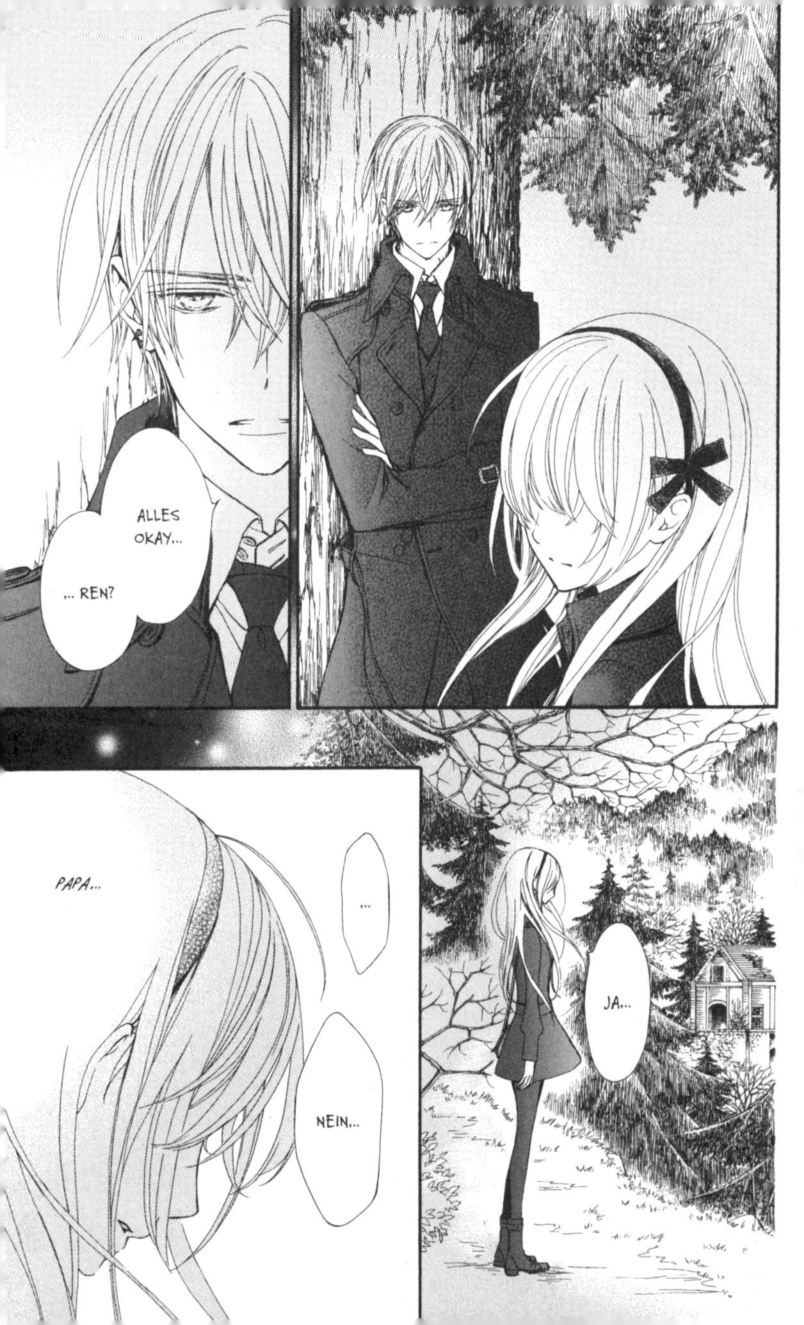
ALLES OKAY...
... REN?
JA...
...
NEIN...
PAPA...

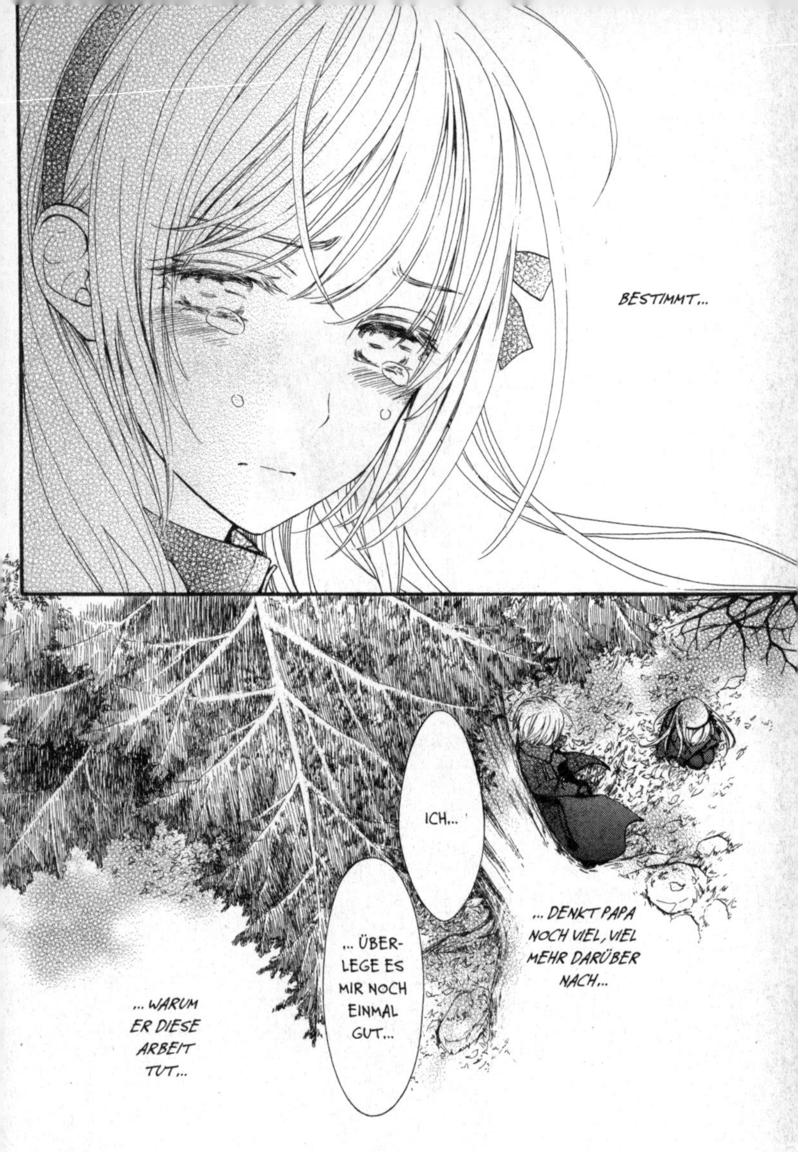

DIE AUFGABE DES VATERS / ENDE

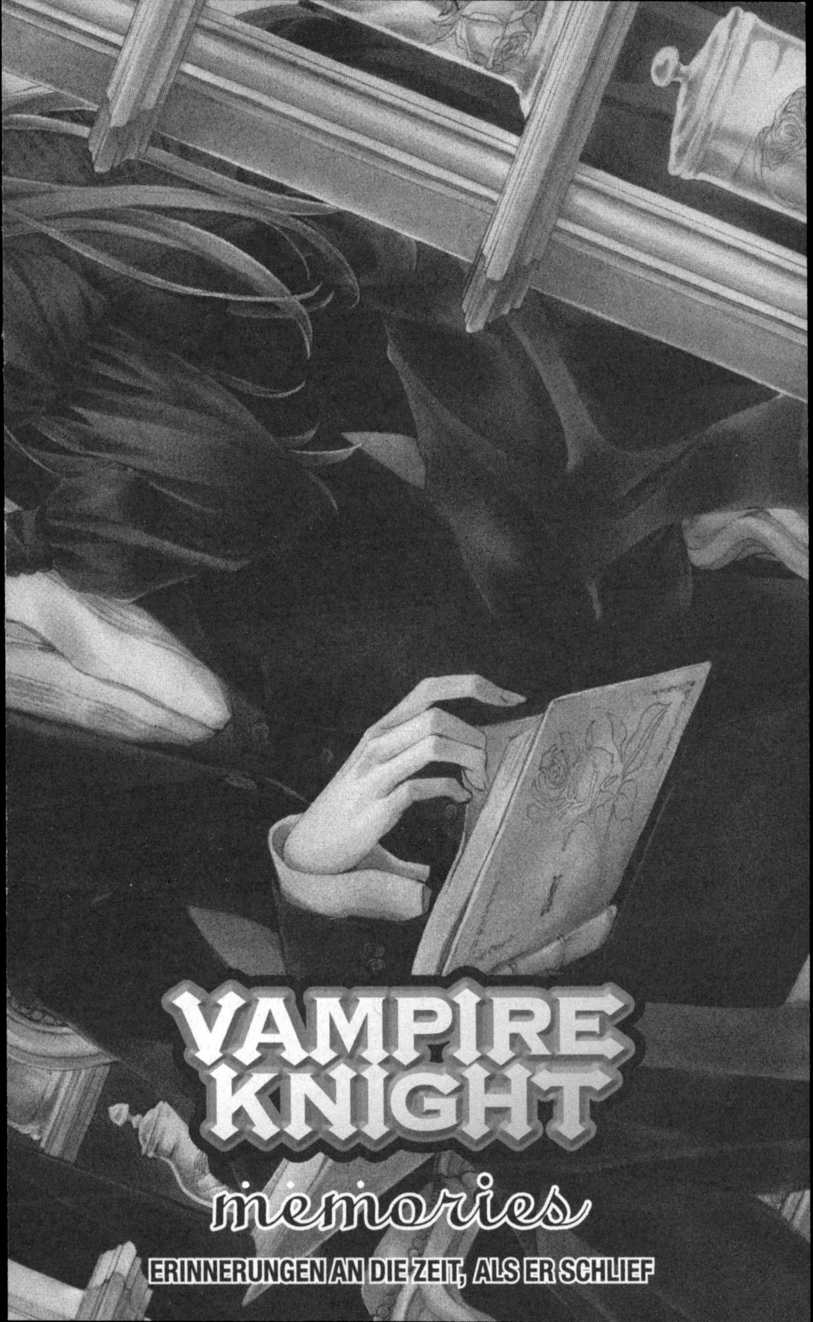
VAMPIRE KNIGHT
memories
ERINNERUNGEN AN DIE ZEIT, ALS ER SCHLIEF

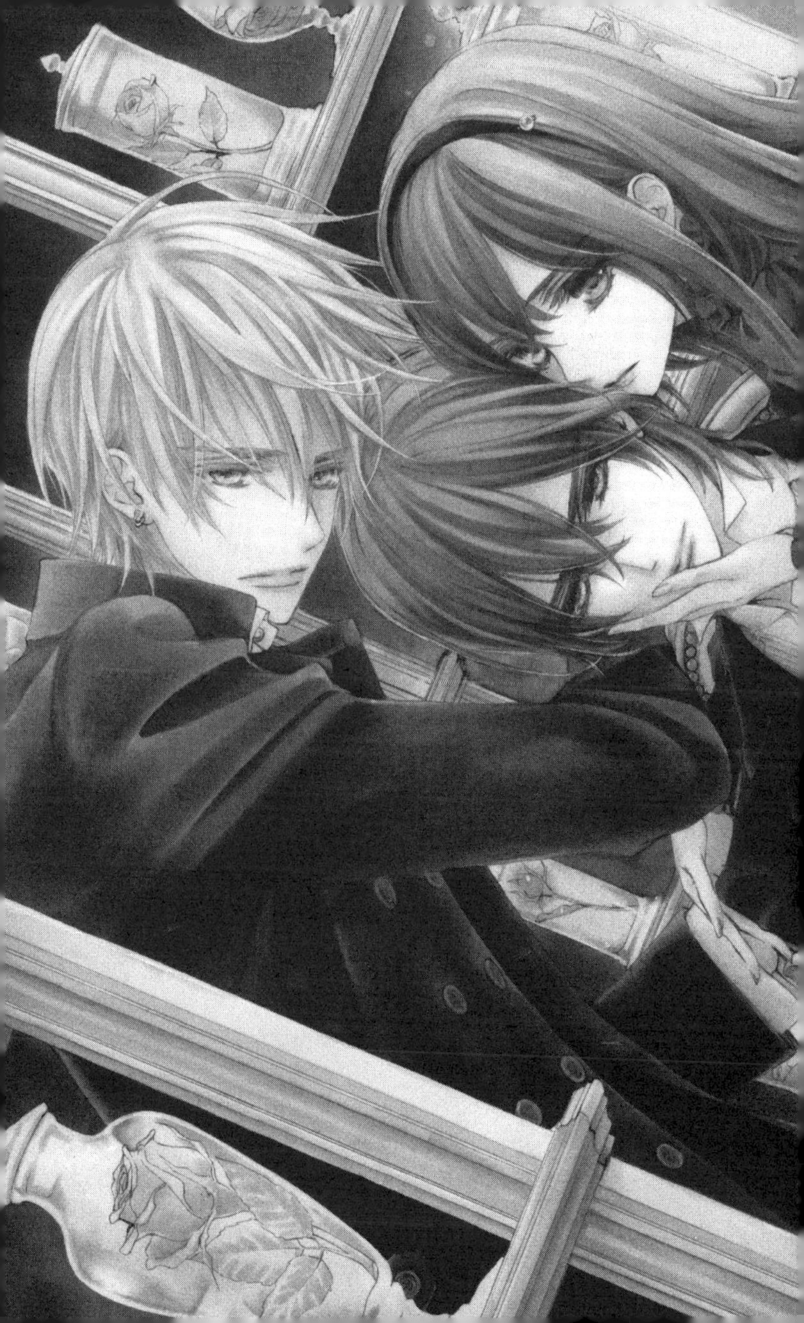

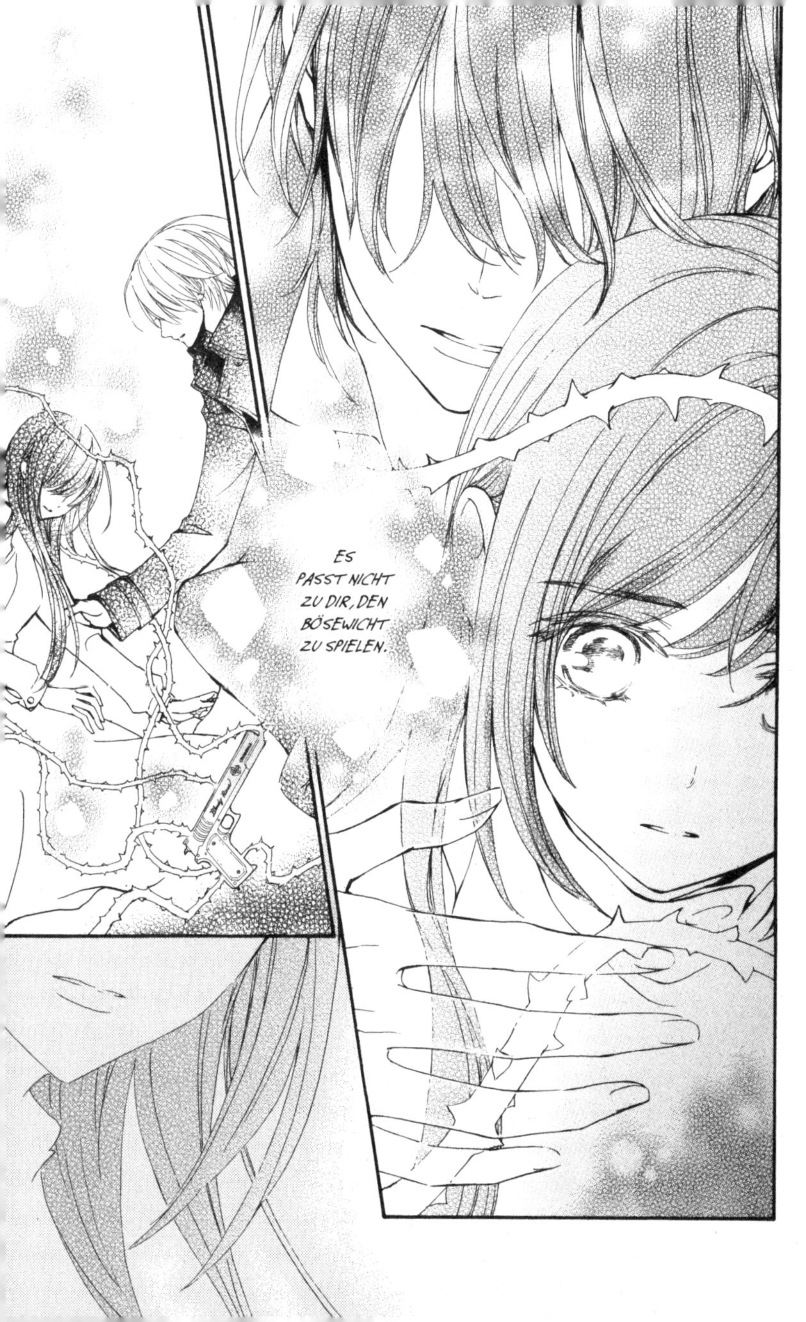
ES PASST NICHT ZU DIR, DEN BÖSEWICHT ZU SPIELEN.

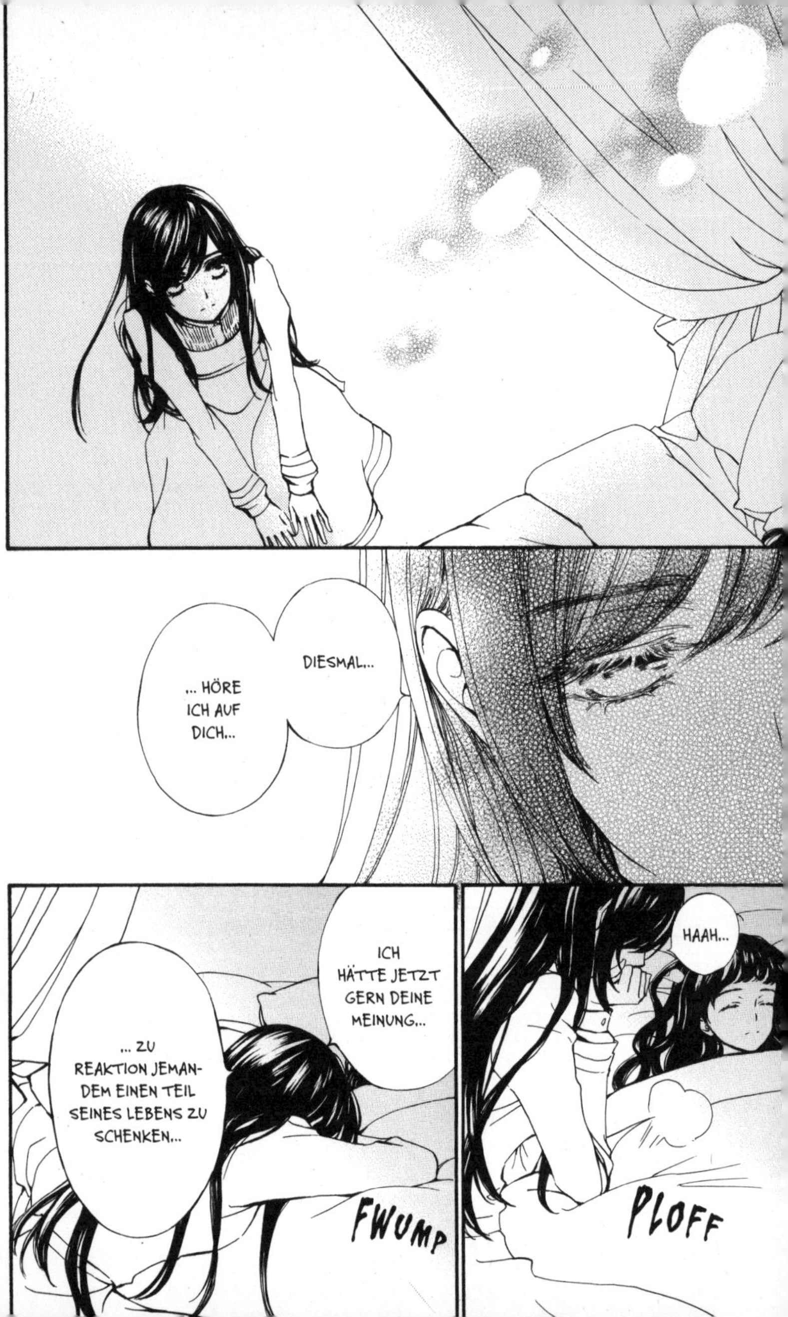
DIESMAL...
... HÖRE ICH AUF DICH...
HAAH...
PLOFF
ICH HÄTTE JETZT GERN DEINE MEINUNG...
... ZU REAKTION JEMANDEM EINEN TEIL SEINES LEBENS ZU SCHENKEN...
FWUMP

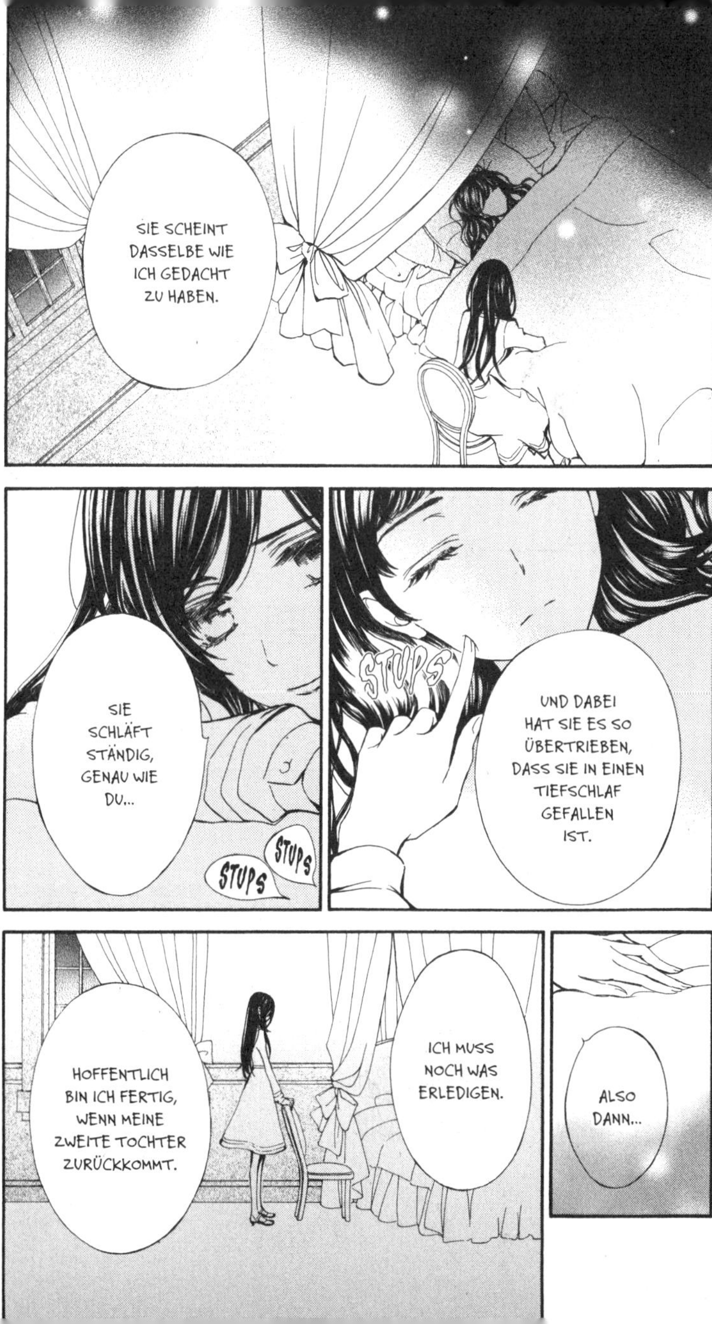

SIE SCHEINT DASSELBE WIE ICH GEDACHT ZU HABEN.
STUPS
UND DABEI HAT SIE ES SO ÜBERTRIEBEN, DASS SIE IN EINEN TIEFSCHLAF GEFALLEN IST.
SIE SCHLÄFT STÄNDIG, GENAU WIE DU...
STUPS
STUPS
ALSO DANN...
ICH MUSS NOCH WAS ERLEDIGEN.
HOFFENTLICH BIN ICH FERTIG, WENN MEINE ZWEITE TOCHTER ZURÜCKKOMMT.

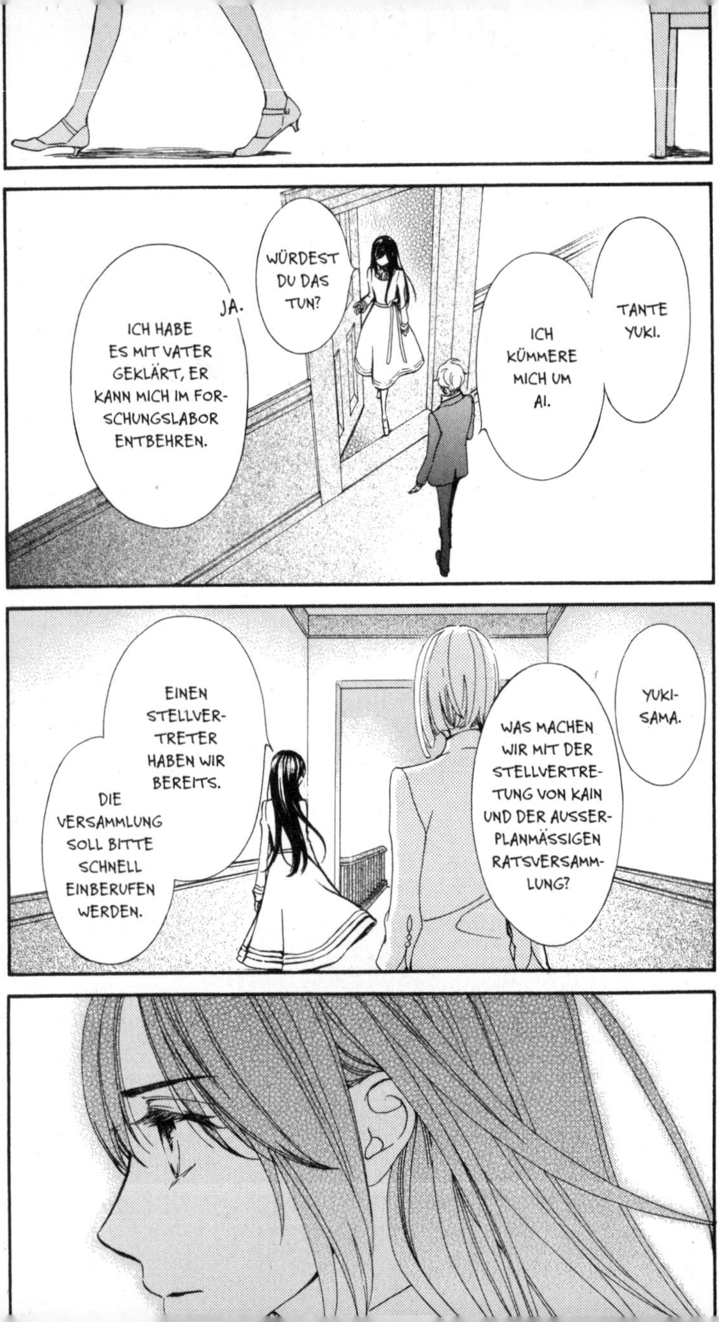
TANTE YUKI.
ICH KÜMMERE MICH UM AI.
WÜRDEST DU DAS TUN?
JA.
ICH HABE ES MIT VATER GEKLÄRT, ER KANN MICH IM FORSCHUNGSLABOR ENTBEHREN.
YUKI-SAMA.
WAS MACHEN WIR MIT DER STELLVERTRETUNG VON KAIN UND DER AUSSERPLANMÄSSIGEN RATSVERSAMMLUNG?
EINEN STELLVERTRETER HABEN WIR BEREITS.
DIE VERSAMMLUNG SOLL BITTE SCHNELL EINBERUFEN WERDEN.

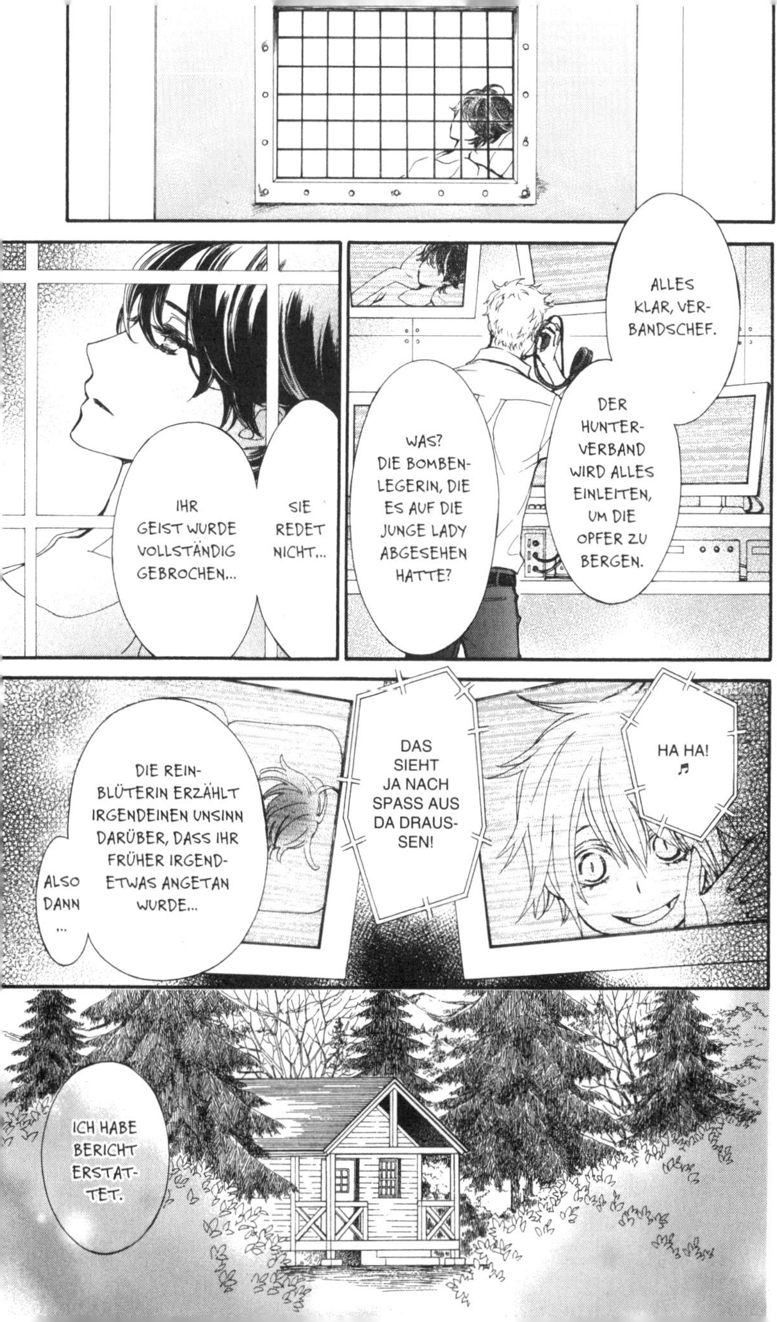
ALLES KLAR, VERBANDSCHEF.
DER HUNTERVERBAND WIRD ALLES EINLEITEN, UM DIE OPFER ZU BERGEN.
WAS? DIE BOMBENLEGERIN, DIE ES AUF DIE JUNGE LADY ABGESEHEN HATTE?
SIE REDET NICHT...
IHR GEIST WURDE VOLLSTÄNDIG GEBROCHEN...
HA HA! ♬
DAS SIEHT JA NACH SPASS AUS DA DRAUSSEN!
DIE REINBLÜTERIN ERZÄHLT IRGENDEINEN UNSINN DARÜBER, DASS IHR FRÜHER IRGENDETWAS ANGETAN WURDE...
ALSO DANN ...
ICH HABE BERICHT ERSTATTET.

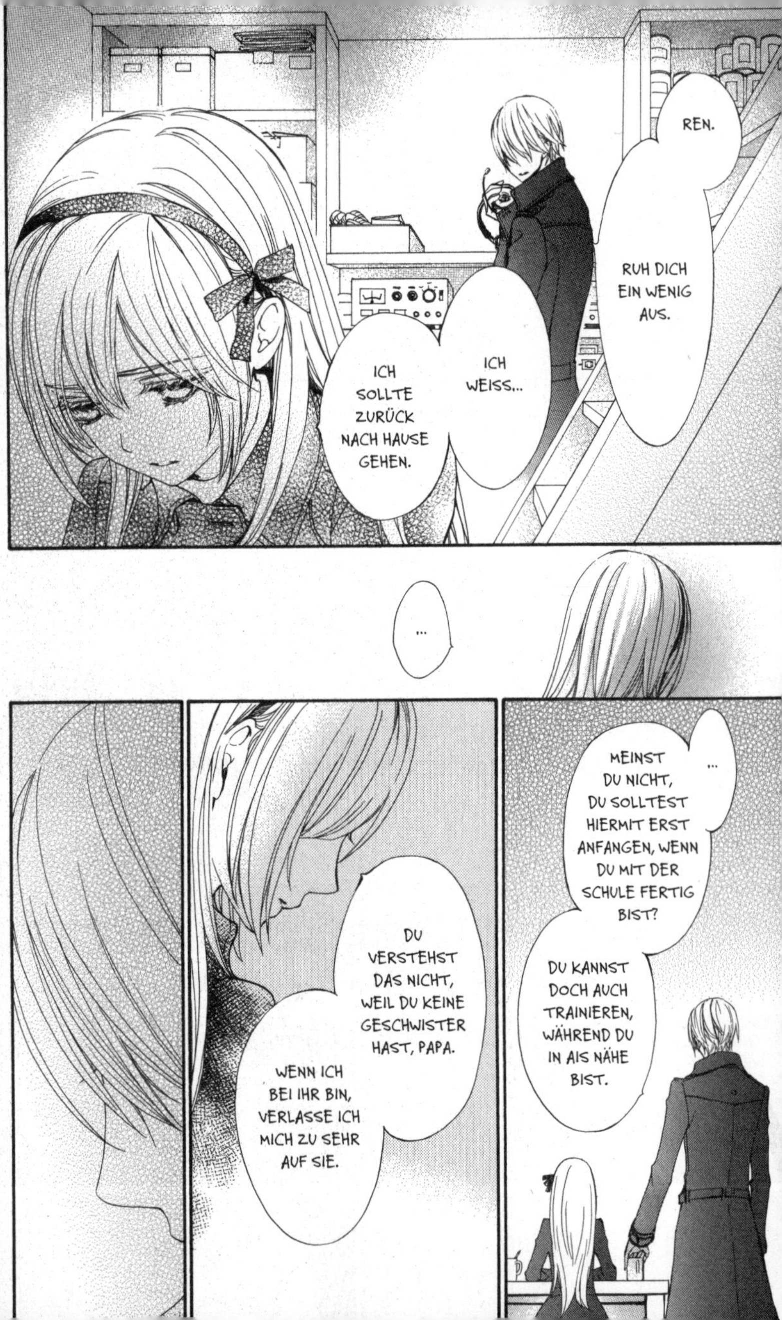

REN.
RUH DICH EIN WENIG AUS.
ICH WEISS...
ICH SOLLTE ZURÜCK NACH HAUSE GEHEN.
...
...
MEINST DU NICHT, DU SOLLTEST HIERMIT ERST ANFANGEN, WENN DU MIT DER SCHULE FERTIG BIST?
DU KANNST DOCH AUCH TRAINIEREN, WÄHREND DU IN AIS NÄHE BIST.
DU VERSTEHST DAS NICHT, WEIL DU KEINE GESCHWISTER HAST, PAPA.
WENN ICH BEI IHR BIN, VERLASSE ICH MICH ZU SEHR AUF SIE.

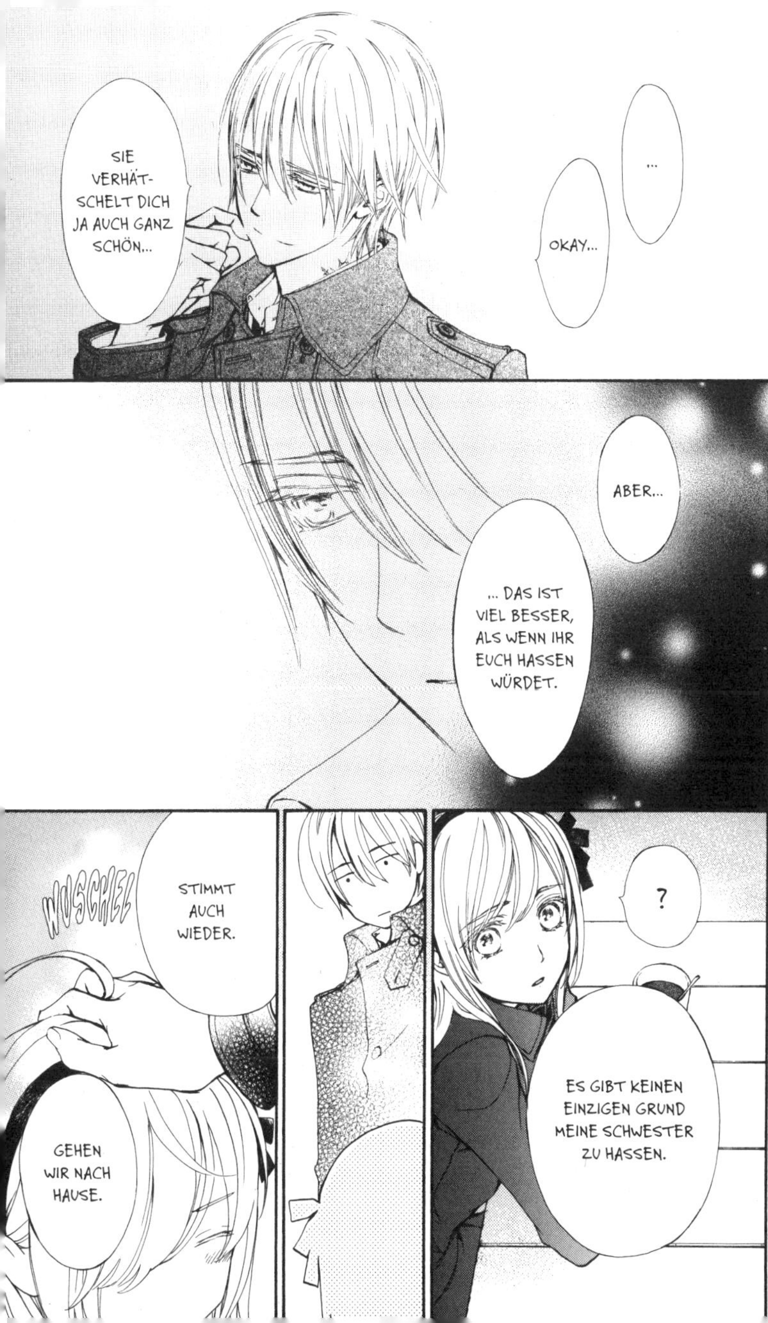
...
OKAY...
SIE VERHÄT-SCHELT DICH JA AUCH GANZ SCHÖN...
ABER...
... DAS IST VIEL BESSER, ALS WENN IHR EUCH HASSEN WÜRDET.
?
ES GIBT KEINEN EINZIGEN GRUND MEINE SCHWESTER ZU HASSEN.
WUSCHEL
STIMMT AUCH WIEDER.
GEHEN WIR NACH HAUSE.

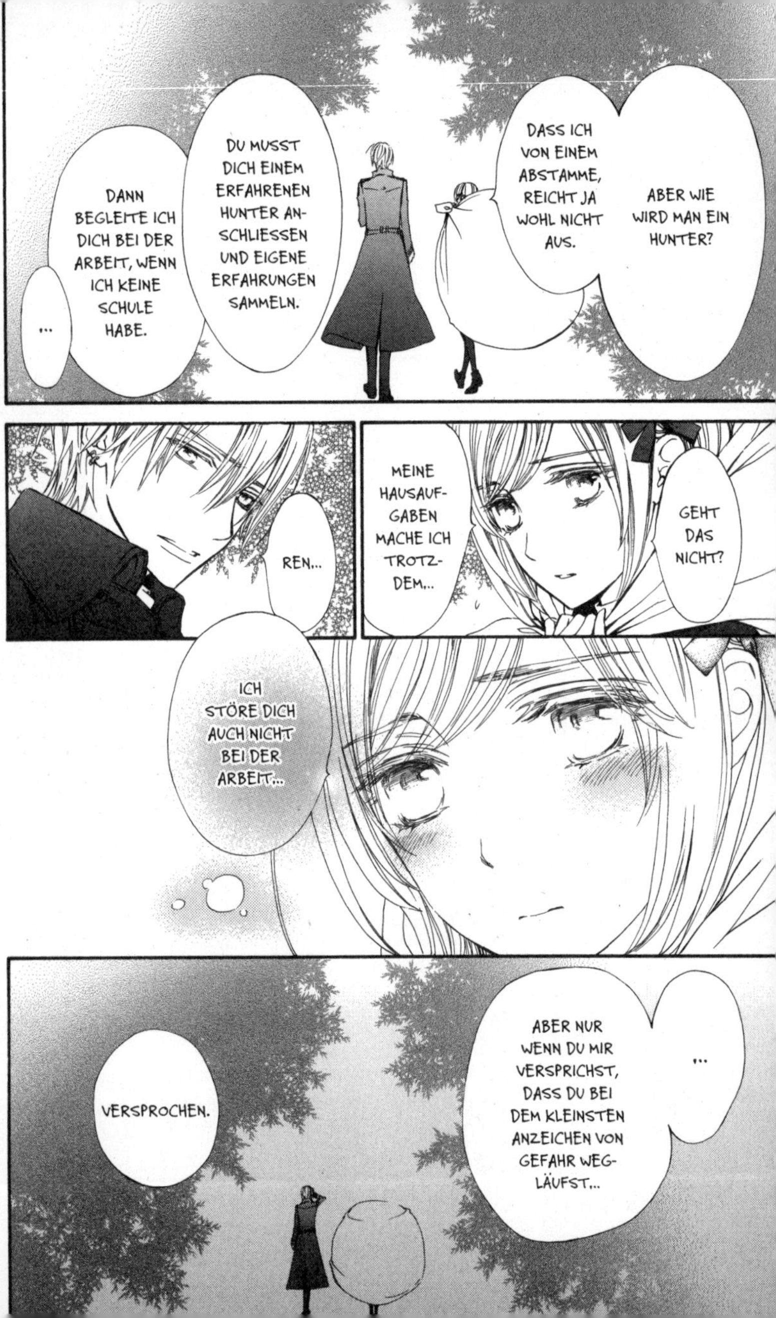
ABER WIE WIRD MAN EIN HUNTER?
DASS ICH VON EINEM ABSTAMME, REICHT JA WOHL NICHT AUS.
DU MUSST DICH EINEM ERFAHRENEN HUNTER ANSCHLIESSEN UND EIGENE ERFAHRUNGEN SAMMELN.
DANN BEGLEITE ICH DICH BEI DER ARBEIT, WENN ICH KEINE SCHULE HABE.
...
GEHT DAS NICHT?
MEINE HAUSAUFGABEN MACHE ICH TROTZDEM...
REN...
ICH STÖRE DICH AUCH NICHT BEI DER ARBEIT...
...
ABER NUR WENN DU MIR VERSPRICHST, DASS DU BEI DEM KLEINSTEN ANZEICHEN VON GEFAHR WEGLÄUFST...
VERSPROCHEN.

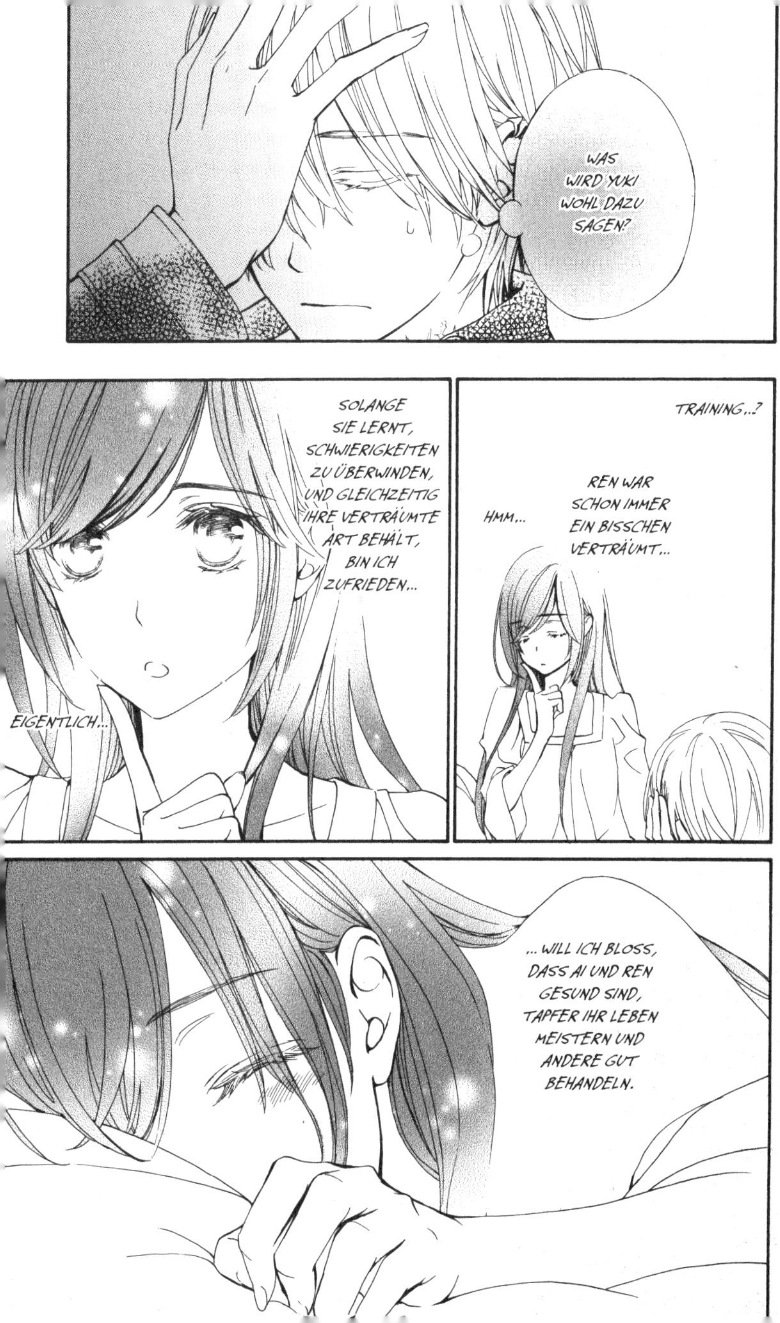
WAS WIRD YUKI WOHL DAZU SAGEN?
TRAINING...?
REN WAR SCHON IMMER EIN BISSCHEN VERTRÄUMT...
HMM...
SOLANGE SIE LERNT, SCHWIERIGKEITEN ZU ÜBERWINDEN, UND GLEICHZEITIG IHRE VERTRÄUMTE ART BEHÄLT, BIN ICH ZUFRIEDEN...
EIGENTLICH...
... WILL ICH BLOSS, DASS AI UND REN GESUND SIND, TAPFER IHR LEBEN MEISTERN UND ANDERE GUT BEHANDELN.

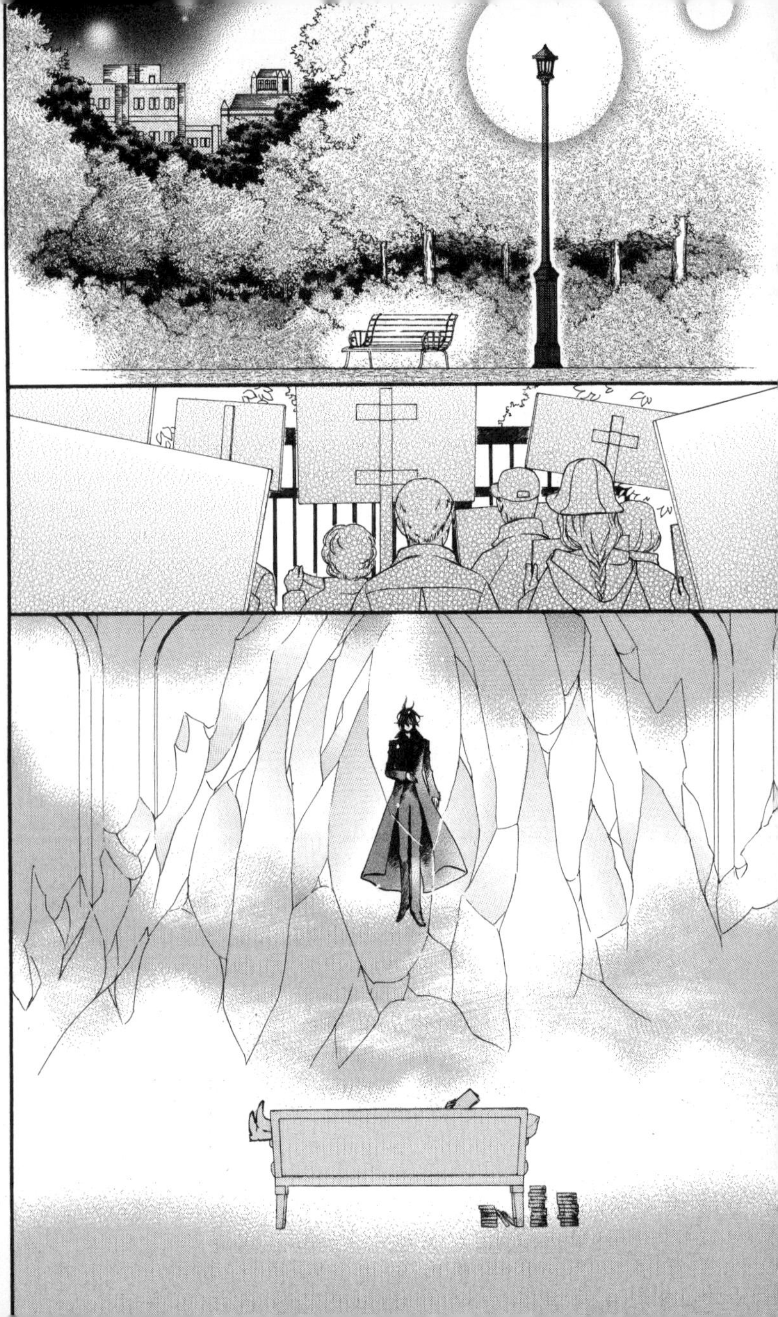

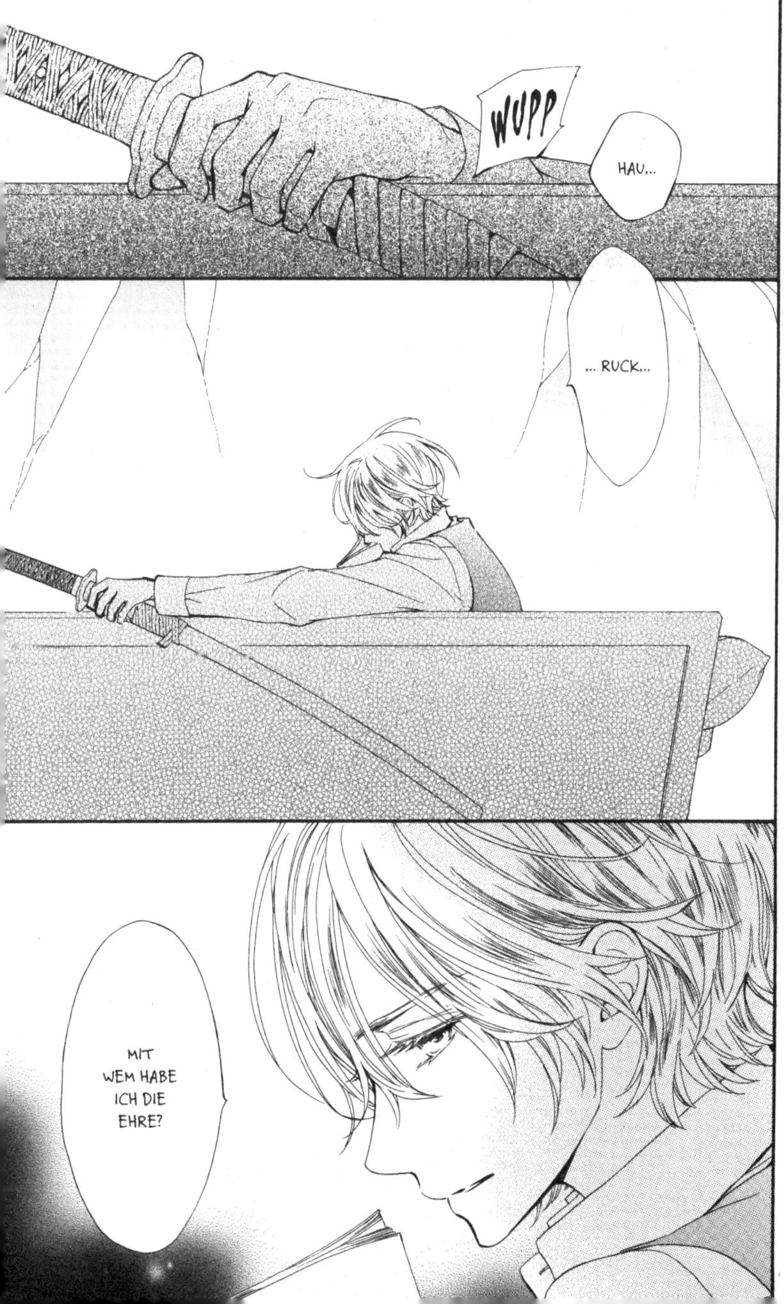
WUPP
HAU...
... RUCK...
MIT WEM HABE ICH DIE EHRE?

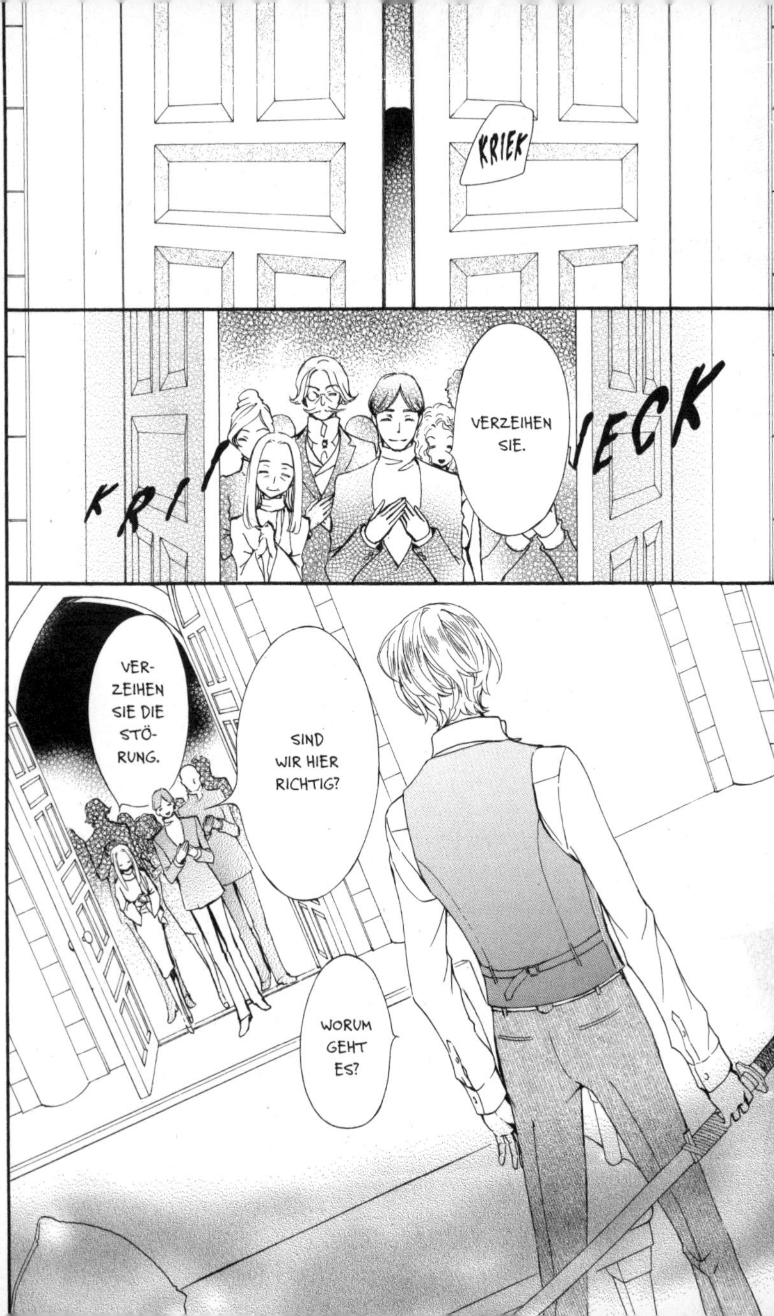
KRIEK
KRI
ECK
VERZEIHEN SIE.
WORUM GEHT ES?
SIND WIR HIER RICHTIG?
VER-ZEIHEN SIE DIE STÖ-RUNG.

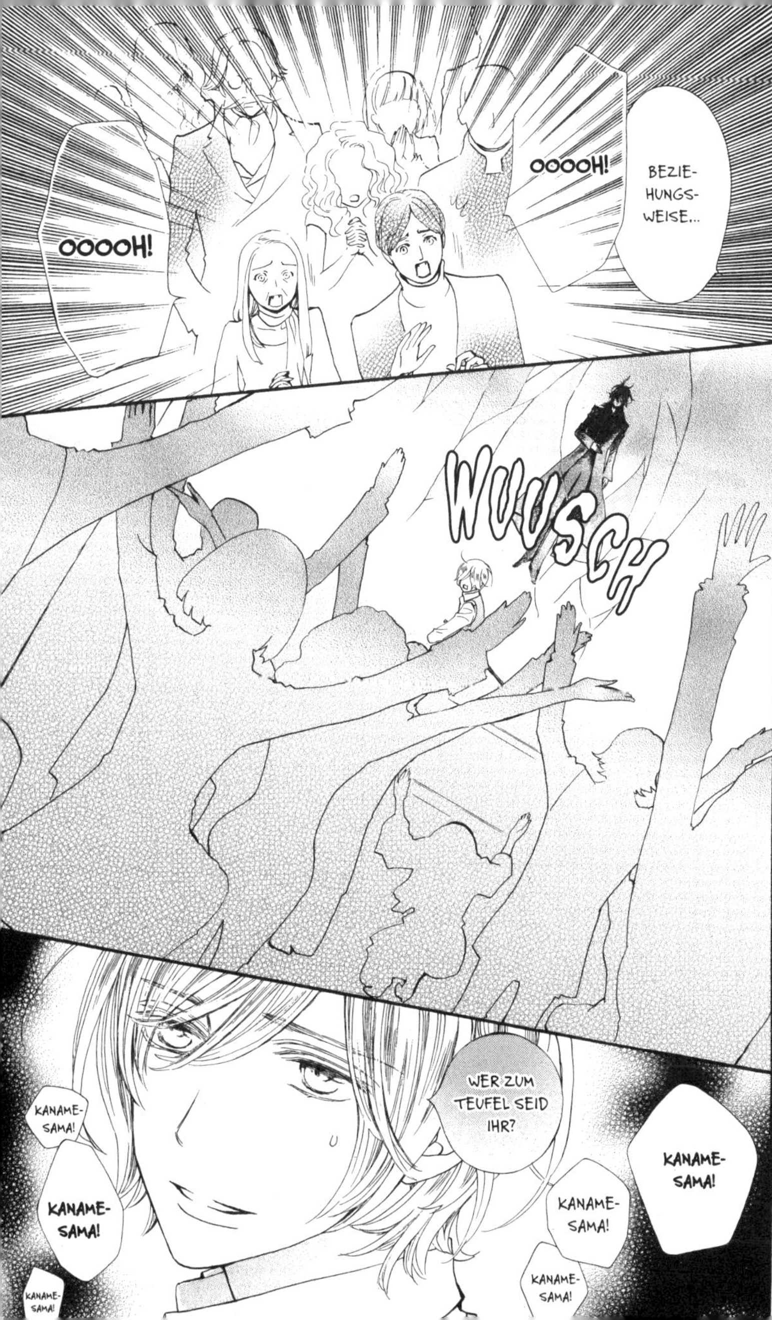
BEZIE-HUNGS-WEISE...
OOOOH!
OOOOH!
WUUSCH
KANAME-SAMA!
KANAME-SAMA!
KANAME-SAMA!
WER ZUM TEUFEL SEID IHR?
KANAME-SAMA!
KANAME-SAMA!
KANAME-SAMA!

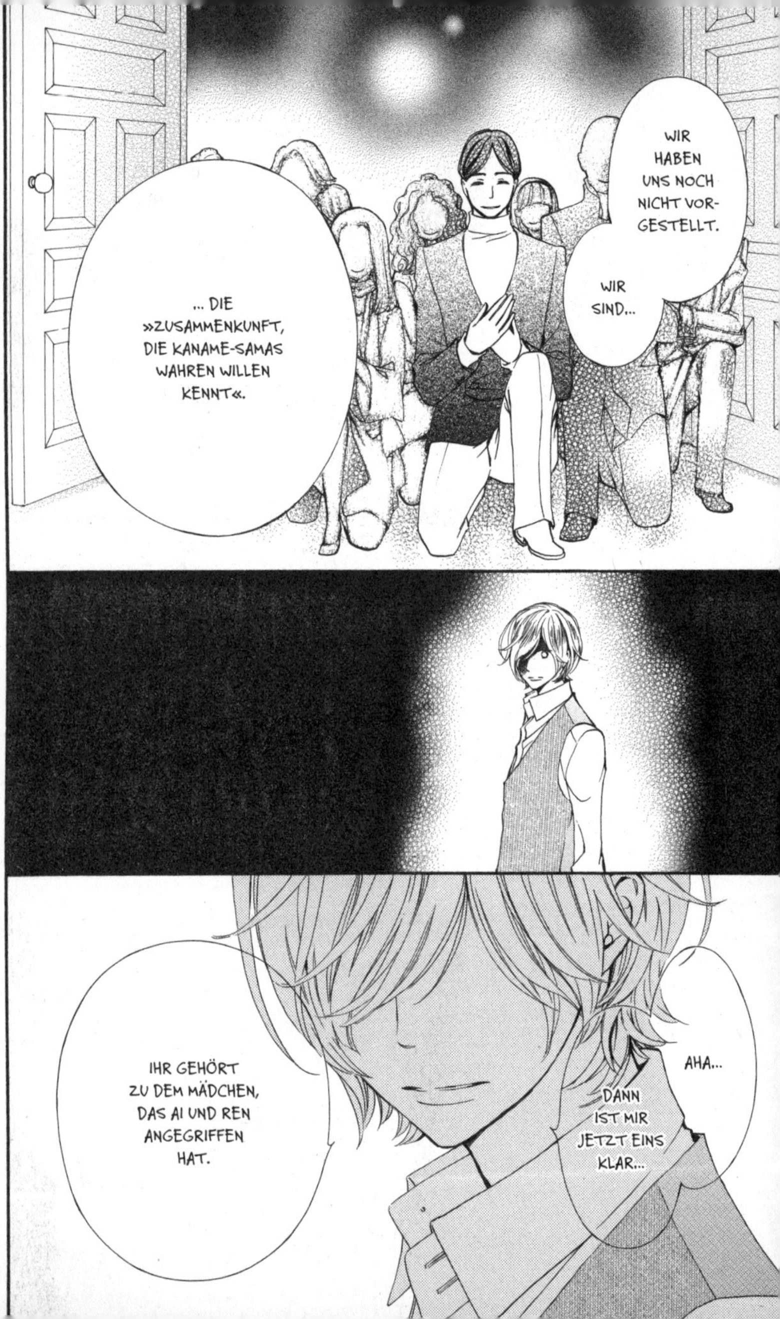
WIR HABEN UNS NOCH NICHT VOR-GESTELLT.
WIR SIND...
... DIE »ZUSAMMENKUNFT, DIE KANAME-SAMAS WAHREN WILLEN KENNT«.
AHA...
DANN IST MIR JETZT EINS KLAR...
IHR GEHÖRT ZU DEM MÄDCHEN, DAS AI UND REN ANGEGRIFFEN HAT.

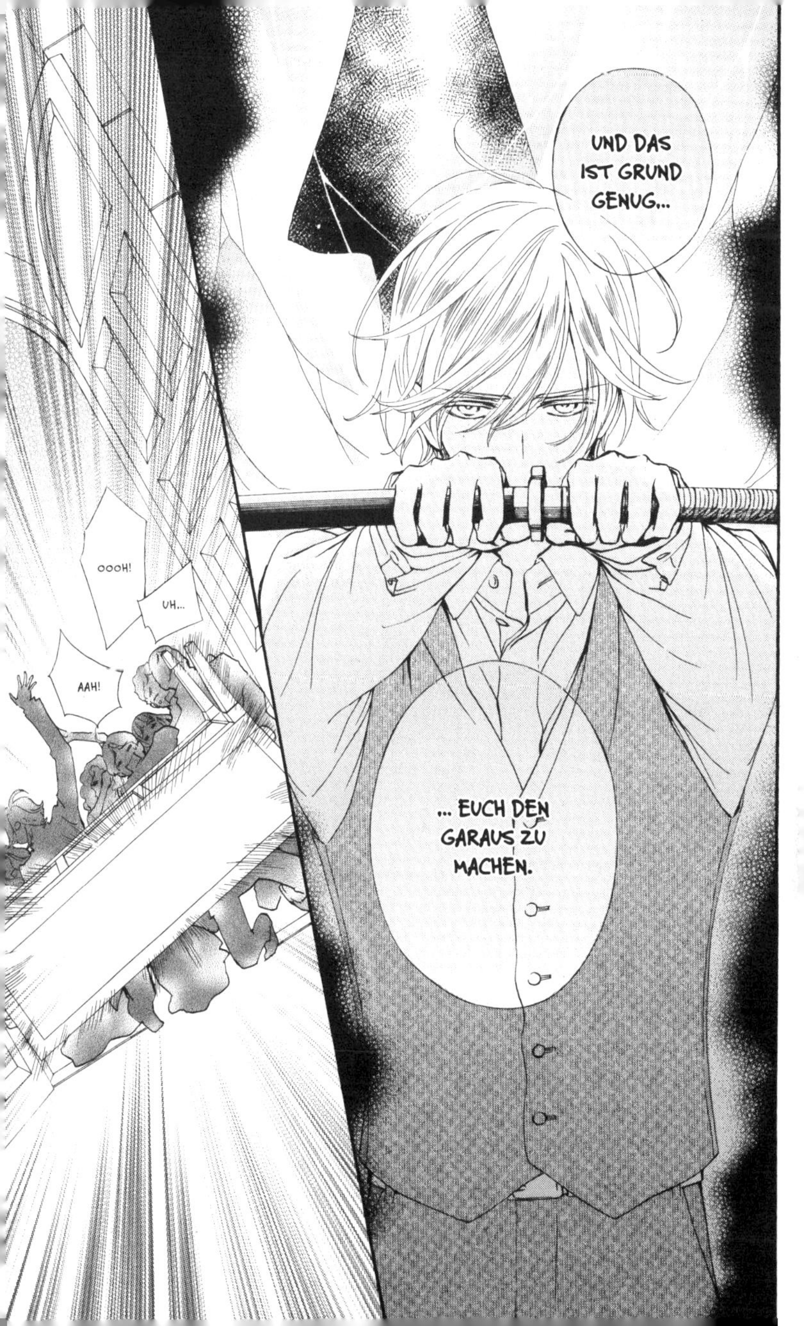
UND DAS IST GRUND GENUG...
... EUCH DEN GARAUS ZU MACHEN.
OOOH!
UH...
AAH!

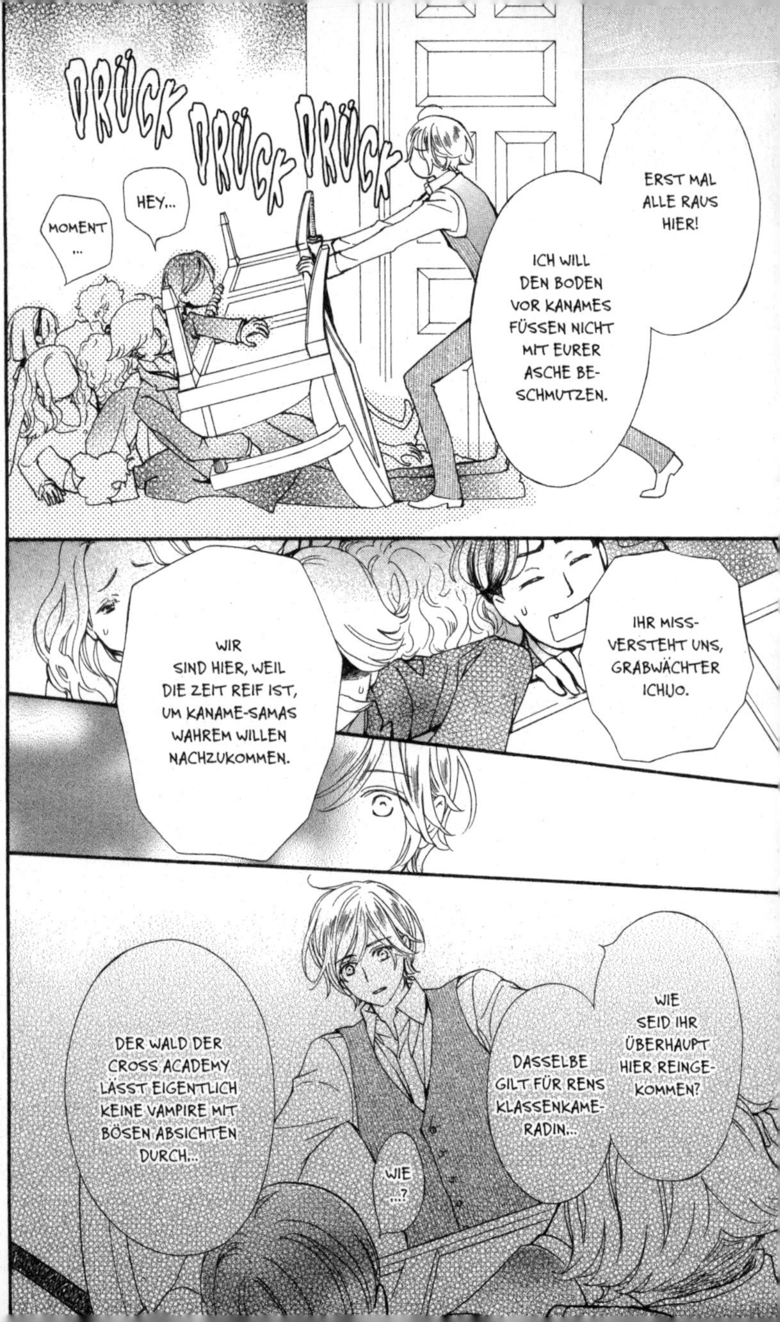
DRÜCK DRÜCK DRÜCK
ERST MAL ALLE RAUS HIER!
ICH WILL DEN BODEN VOR KANAMES FÜSSEN NICHT MIT EURER ASCHE BE-SCHMUTZEN.
HEY...
MOMENT ...
IHR MISS-VERSTEHT UNS, GRABWÄCHTER ICHIJO.
WIR SIND HIER, WEIL DIE ZEIT REIF IST, UM KANAME-SAMAS WAHREM WILLEN NACHZUKOMMEN.
WIE SEID IHR ÜBERHAUPT HIER REINGE-KOMMEN?
DASSELBE GILT FÜR RENS KLASSENKAME-RADIN...
WIE ...?
DER WALD DER CROSS ACADEMY LÄSST EIGENTLICH KEINE VAMPIRE MIT BÖSEN ABSICHTEN DURCH...

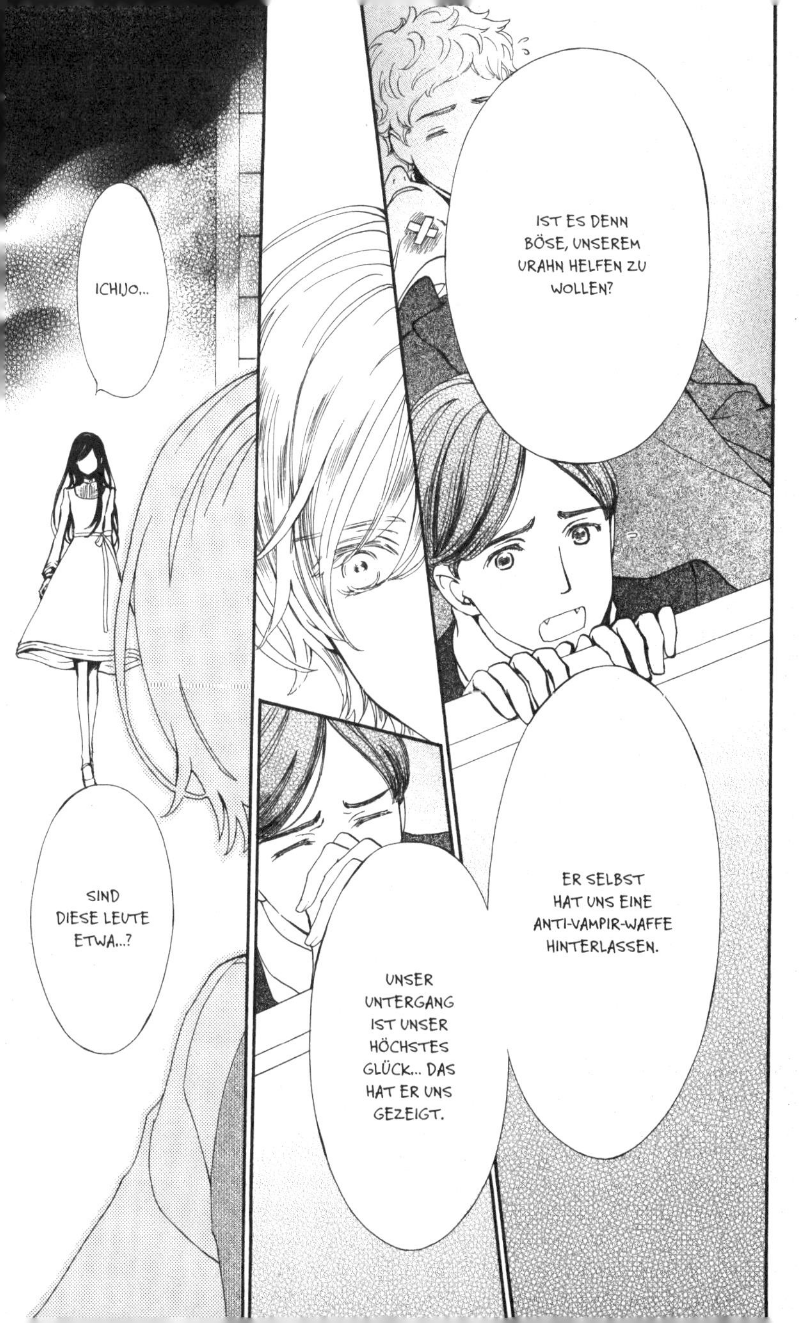
IST ES DENN BÖSE, UNSEREM URAHN HELFEN ZU WOLLEN?
ER SELBST HAT UNS EINE ANTI-VAMPIR-WAFFE HINTERLASSEN.
UNSER UNTERGANG IST UNSER HÖCHSTES GLÜCK... DAS HAT ER UNS GEZEIGT.
ICHIJO...
SIND DIESE LEUTE ETWA...?

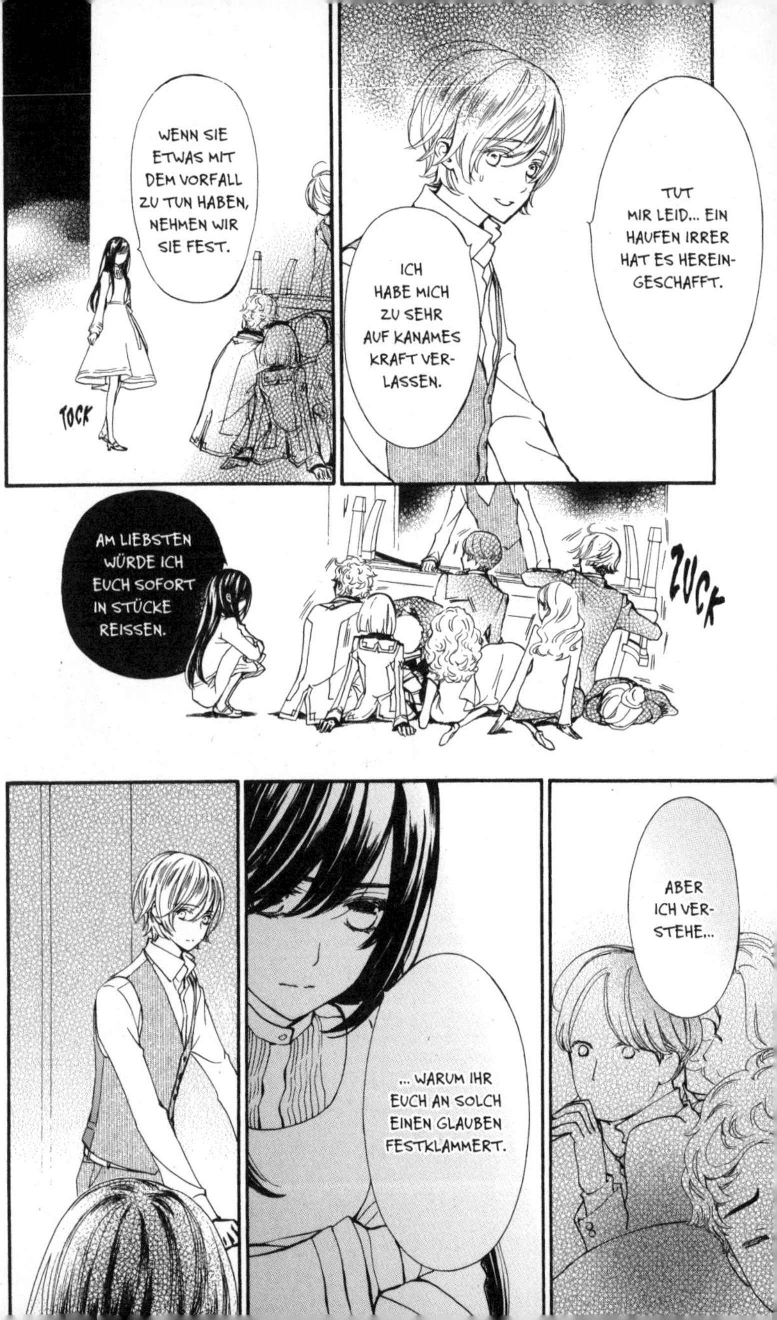

TUT MIR LEID... EIN HAUFEN IRRER HAT ES HEREIN-GESCHAFFT.
ICH HABE MICH ZU SEHR AUF KANAMES KRAFT VER-LASSEN.
WENN SIE ETWAS MIT DEM VORFALL ZU TUN HABEN, NEHMEN WIR SIE FEST.
TOCK
ZUCK
AM LIEBSTEN WÜRDE ICH EUCH SOFORT IN STÜCKE REISSEN.
ABER ICH VER-STEHE...
... WARUM IHR EUCH AN SOLCH EINEN GLAUBEN FESTKLAMMERT.

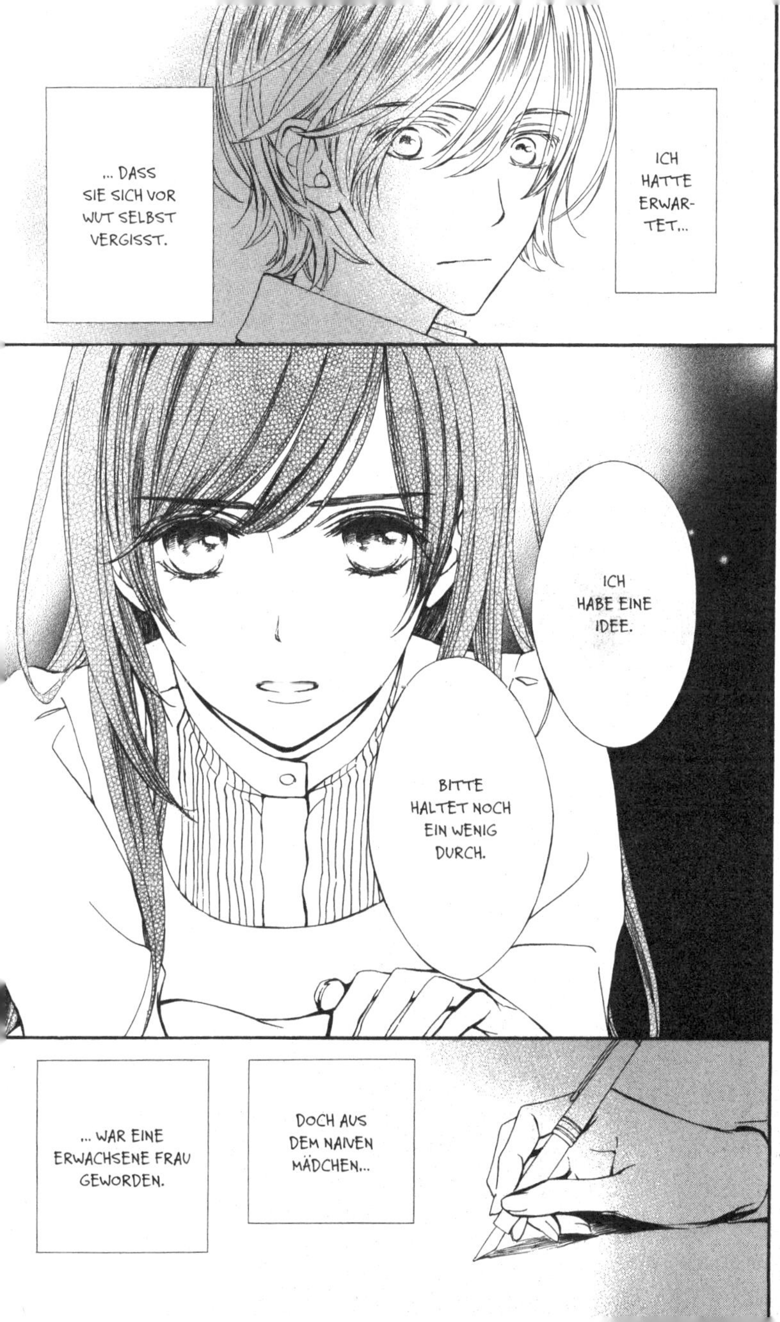
ICH HATTE ERWARTET...
... DASS SIE SICH VOR WUT SELBST VERGISST.
ICH HABE EINE IDEE.
BITTE HALTET NOCH EIN WENIG DURCH.
DOCH AUS DEM NAIVEN MÄDCHEN...
... WAR EINE ERWACHSENE FRAU GEWORDEN.

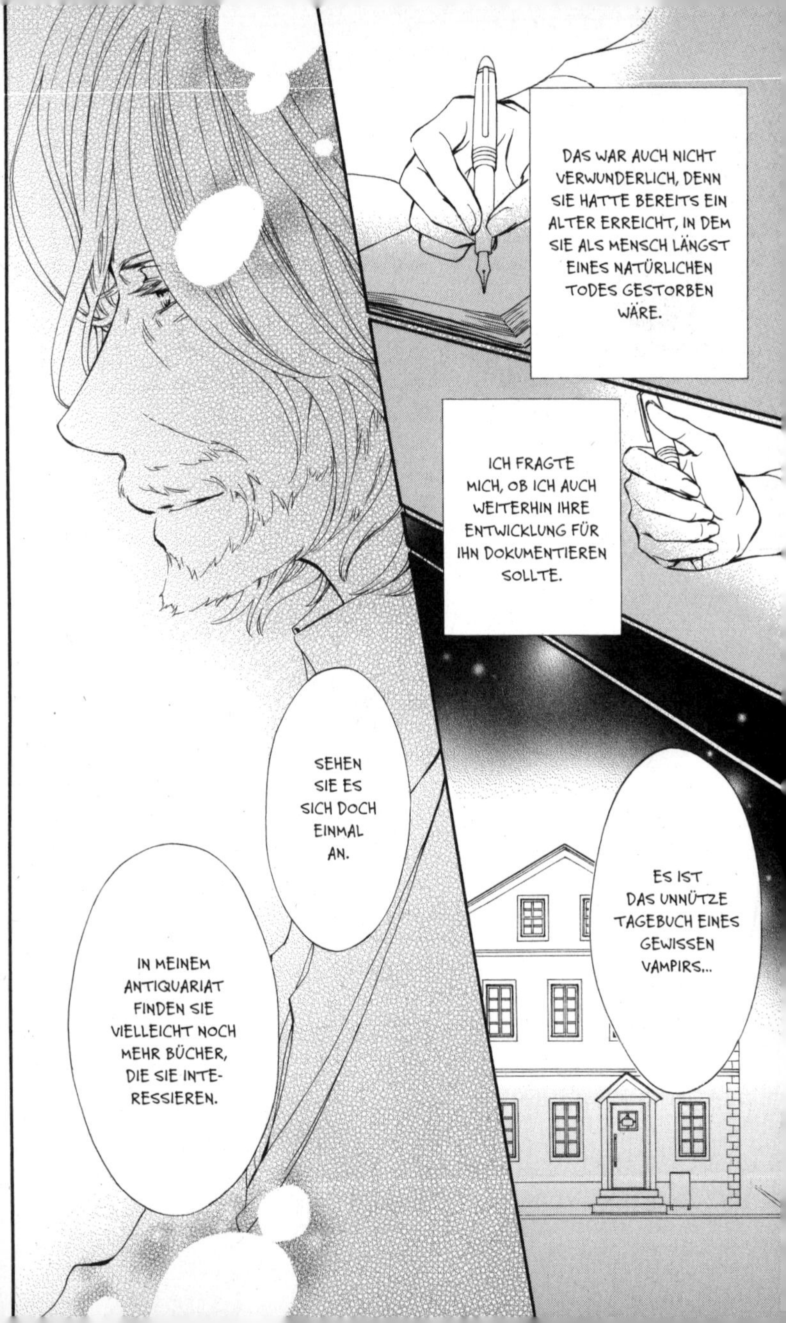
DAS WAR AUCH NICHT VERWUNDERLICH, DENN SIE HATTE BEREITS EIN ALTER ERREICHT, IN DEM SIE ALS MENSCH LÄNGST EINES NATÜRLICHEN TODES GESTORBEN WÄRE.
ICH FRAGTE MICH, OB ICH AUCH WEITERHIN IHRE ENTWICKLUNG FÜR IHN DOKUMENTIEREN SOLLTE.
ES IST DAS UNNÜTZE TAGEBUCH EINES GEWISSEN VAMPIRS...
SEHEN SIE ES SICH DOCH EINMAL AN.
IN MEINEM ANTIQUARIAT FINDEN SIE VIELLEICHT NOCH MEHR BÜCHER, DIE SIE INTE-RESSIEREN.

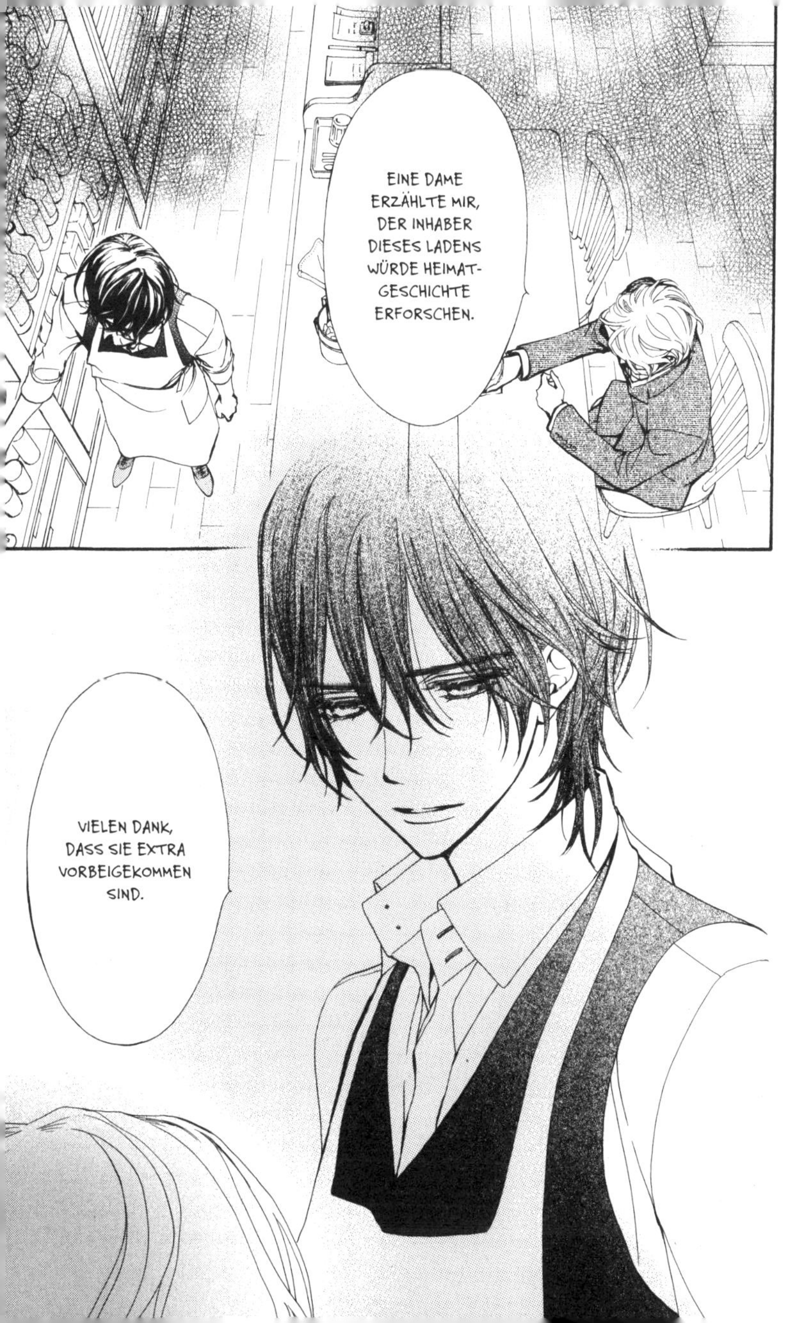
EINE DAME ERZÄHLTE MIR, DER INHABER DIESES LADENS WÜRDE HEIMAT-GESCHICHTE ERFORSCHEN.
VIELEN DANK, DASS SIE EXTRA VORBEIGEKOMMEN SIND.

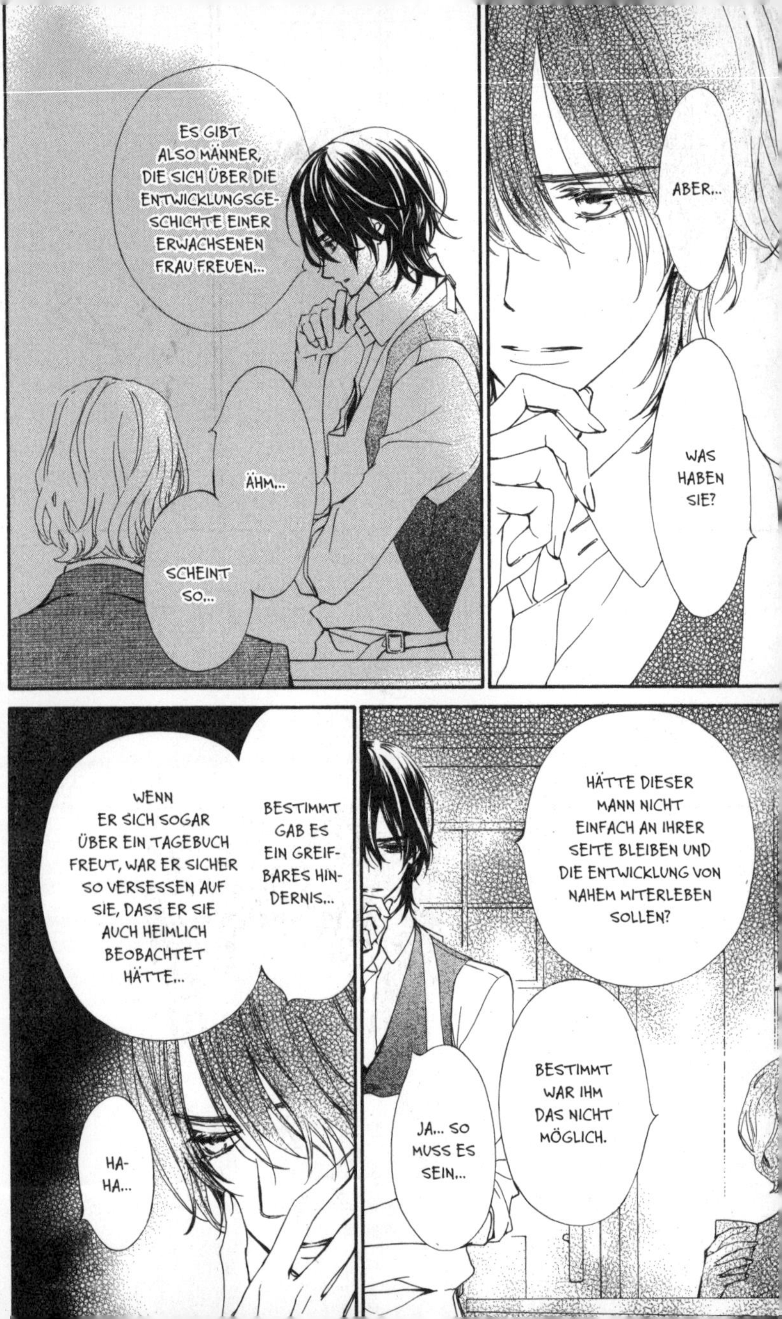
ABER...
WAS HABEN SIE?
ES GIBT ALSO MÄNNER, DIE SICH ÜBER DIE ENTWICKLUNGSGE-SCHICHTE EINER ERWACHSENEN FRAU FREUEN...
ÄHM...
SCHEINT SO...
HÄTTE DIESER MANN NICHT EINFACH AN IHRER SEITE BLEIBEN UND DIE ENTWICKLUNG VON NAHEM MITERLEBEN SOLLEN?
BESTIMMT WAR IHM DAS NICHT MÖGLICH.
JA... SO MUSS ES SEIN...
BESTIMMT GAB ES EIN GREIF-BARES HIN-DERNIS...
WENN ER SICH SOGAR ÜBER EIN TAGEBUCH FREUT, WAR ER SICHER SO VERSESSEN AUF SIE, DASS ER SIE AUCH HEIMLICH BEOBACHTET HÄTTE...
HA-HA...

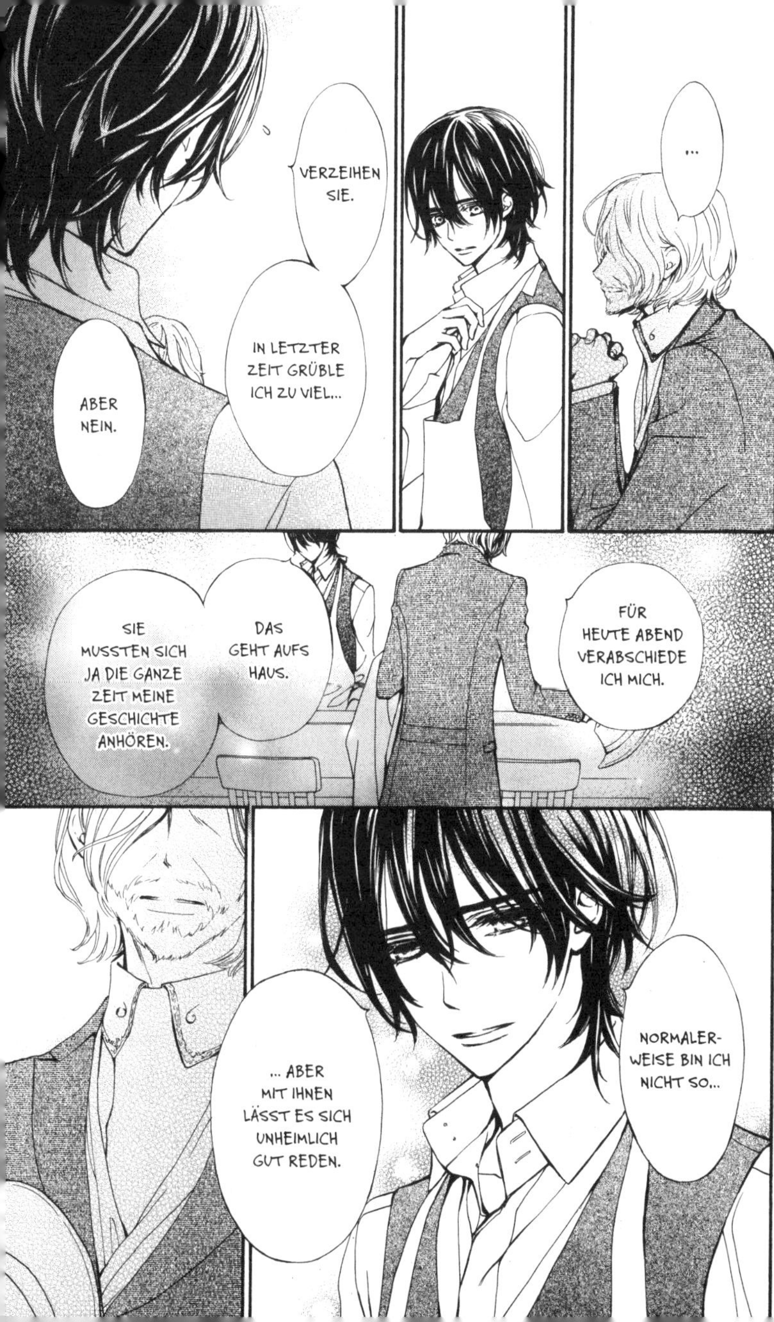

...
VERZEIHEN SIE.
IN LETZTER ZEIT GRÜBLE ICH ZU VIEL...
ABER NEIN.
FÜR HEUTE ABEND VERABSCHIEDE ICH MICH.
DAS GEHT AUFS HAUS.
SIE MUSSTEN SICH JA DIE GANZE ZEIT MEINE GESCHICHTE ANHÖREN.
NORMALER-WEISE BIN ICH NICHT SO...
... ABER MIT IHNEN LÄSST ES SICH UNHEIMLICH GUT REDEN.

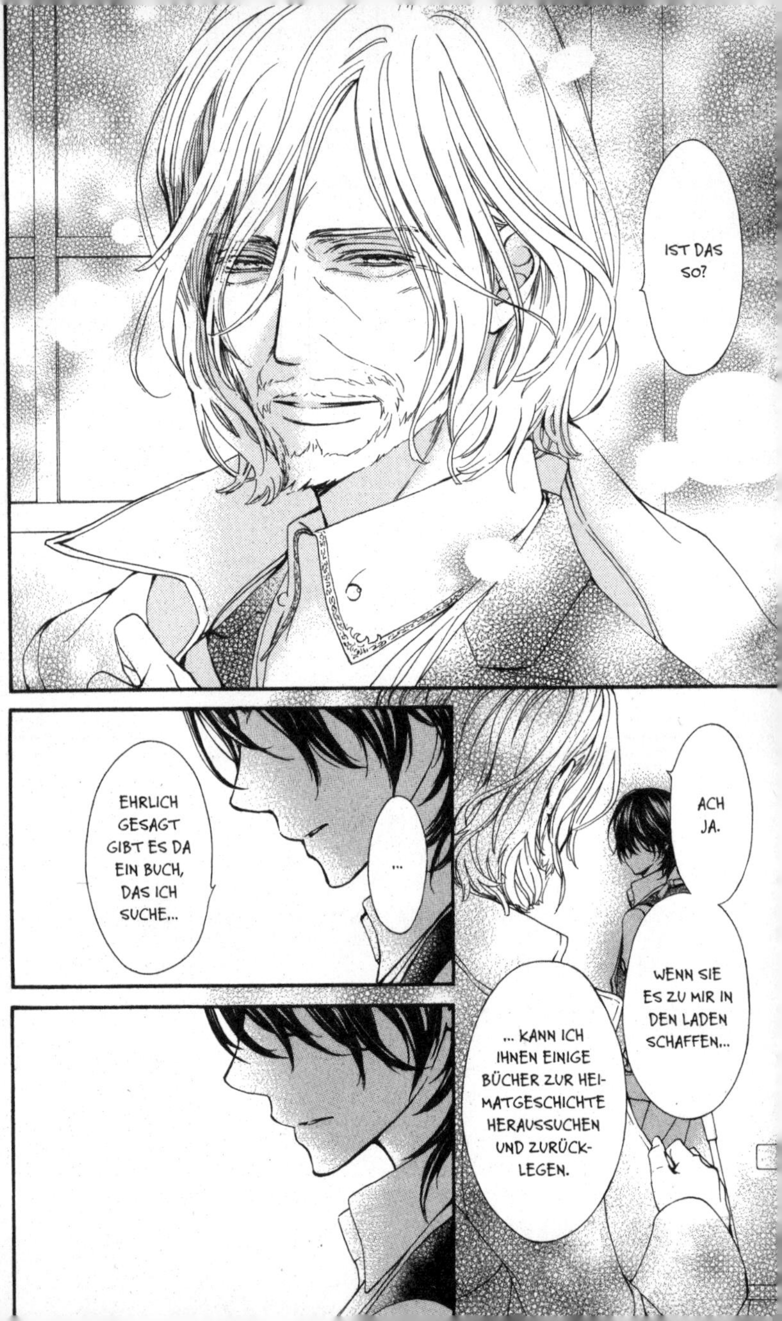
IST DAS SO?
ACH JA.
WENN SIE ES ZU MIR IN DEN LADEN SCHAFFEN...
... KANN ICH IHNEN EINIGE BÜCHER ZUR HEIMATGESCHICHTE HERAUSSUCHEN UND ZURÜCKLEGEN.
...
EHRLICH GESAGT GIBT ES DA EIN BUCH, DAS ICH SUCHE...

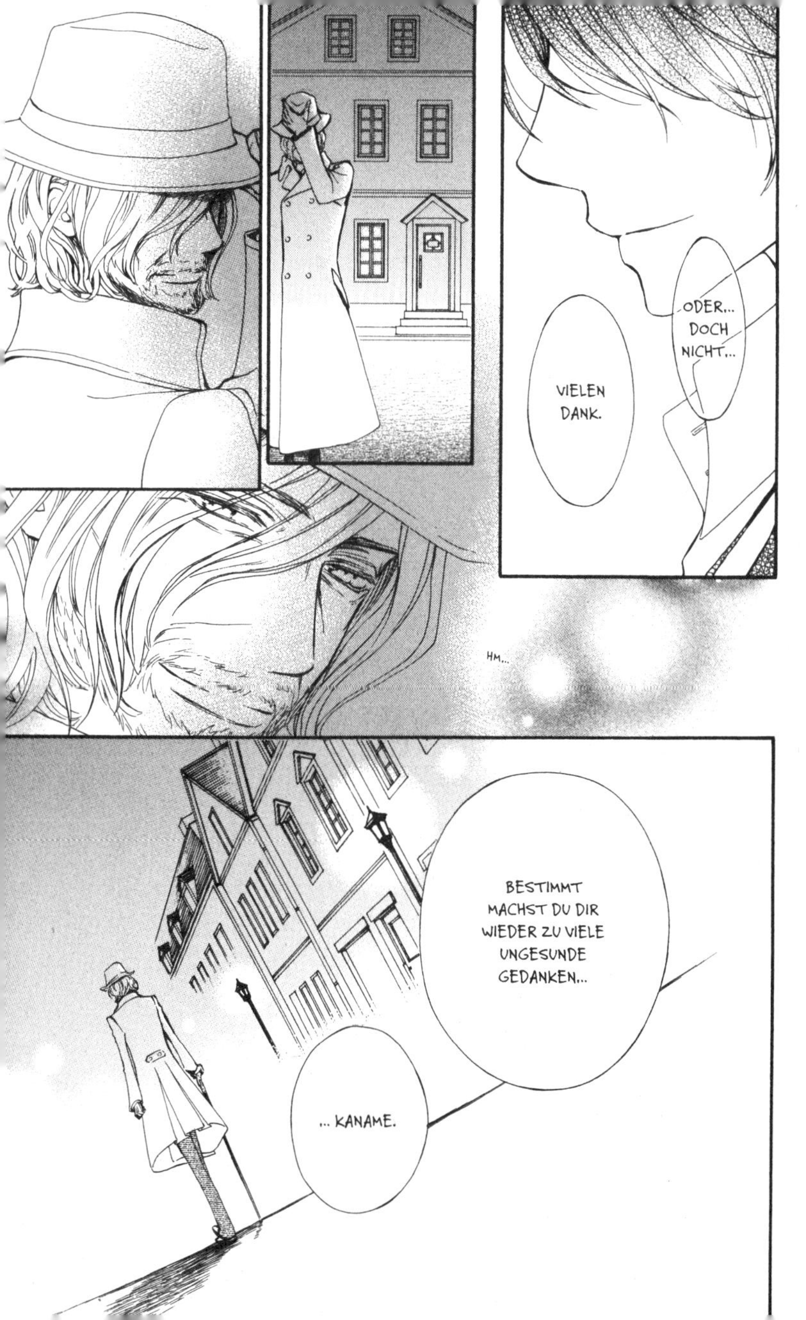
ODER... DOCH NICHT...
VIELEN DANK.
HM...
BESTIMMT MACHST DU DIR WIEDER ZU VIELE UNGESUNDE GEDANKEN...
... KANAME.

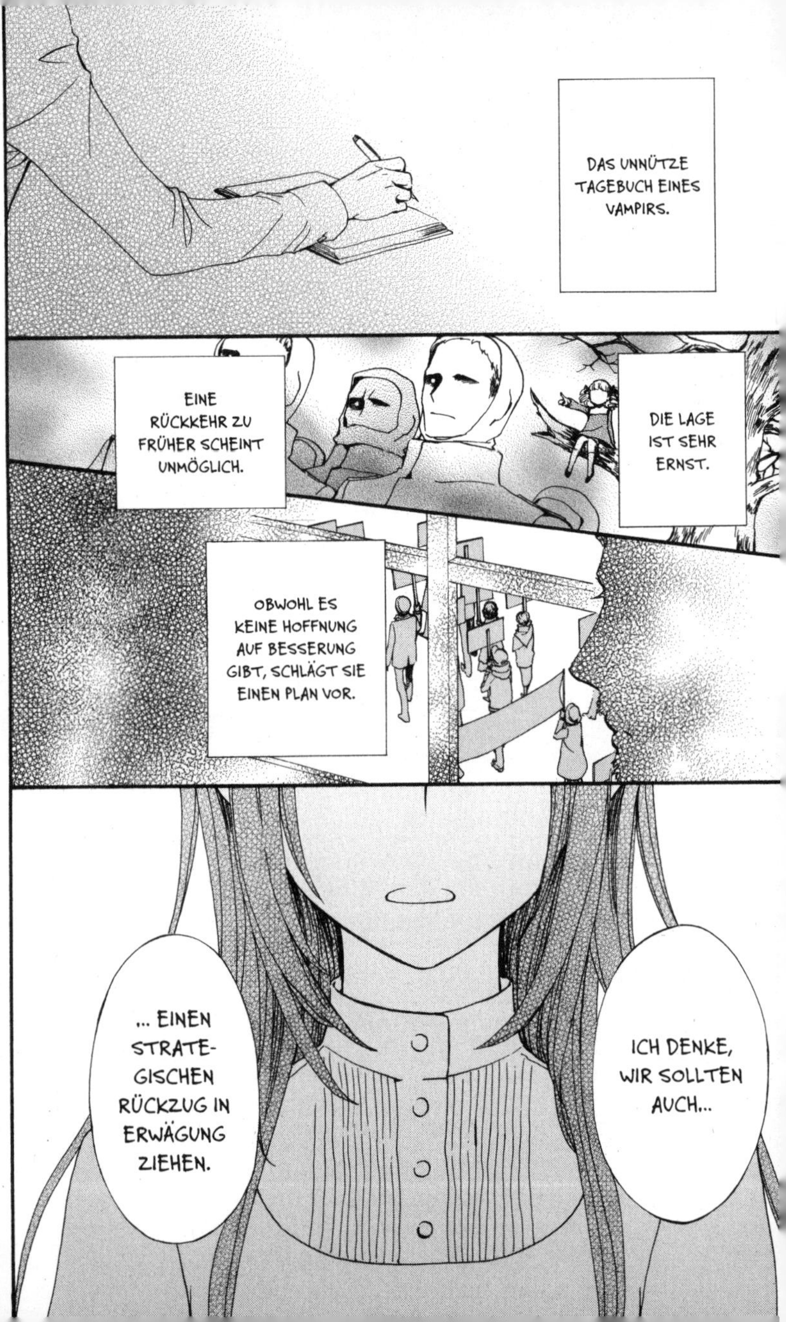
DAS UNNÜTZE TAGEBUCH EINES VAMPIRS.
DIE LAGE IST SEHR ERNST.
EINE RÜCKKEHR ZU FRÜHER SCHEINT UNMÖGLICH.
OBWOHL ES KEINE HOFFNUNG AUF BESSERUNG GIBT, SCHLÄGT SIE EINEN PLAN VOR.
ICH DENKE, WIR SOLLTEN AUCH...
... EINEN STRATE-GISCHEN RÜCKZUG IN ERWÄGUNG ZIEHEN.

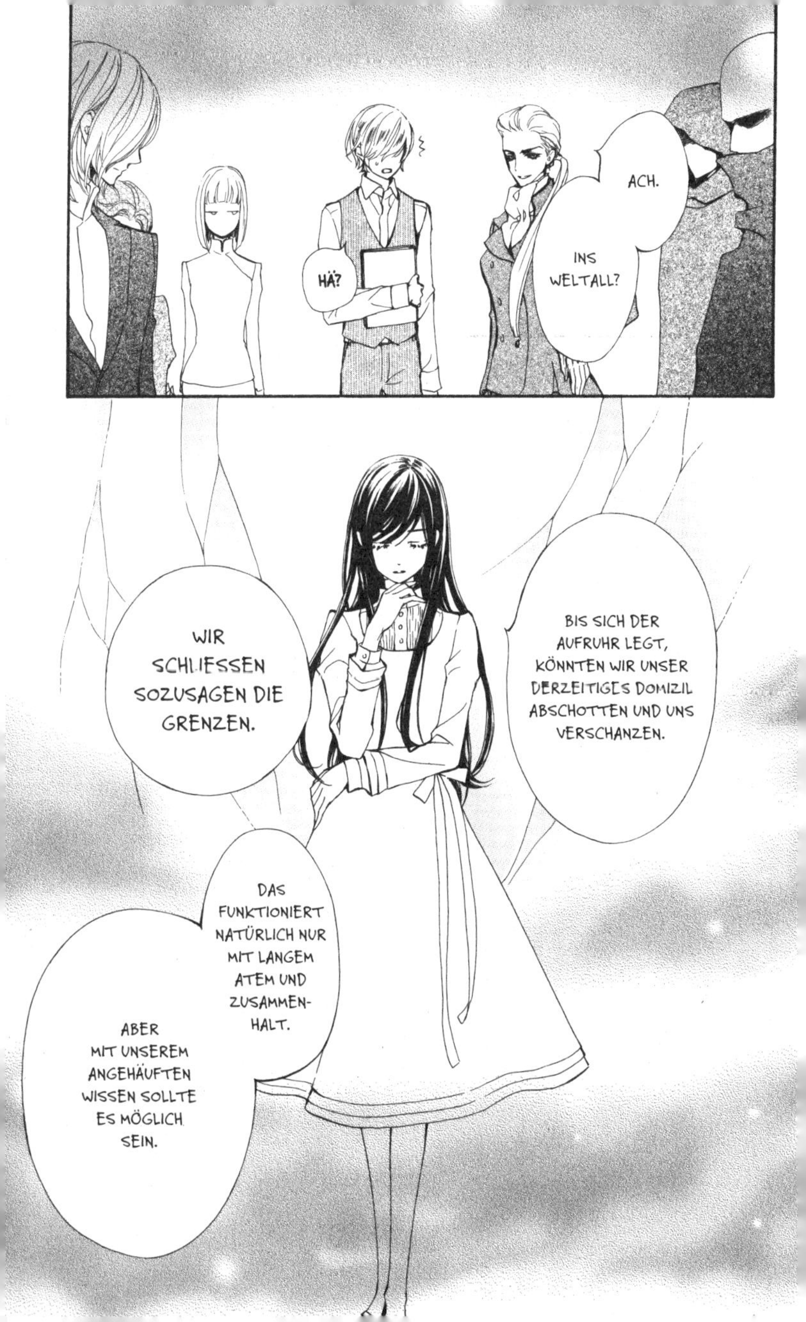
ACH.
INS WELTALL?
HÄ?
BIS SICH DER AUFRUHR LEGT, KÖNNTEN WIR UNSER DERZEITIGES DOMIZIL ABSCHOTTEN UND UNS VERSCHANZEN.
WIR SCHLIESSEN SOZUSAGEN DIE GRENZEN.
DAS FUNKTIONIERT NATÜRLICH NUR MIT LANGEM ATEM UND ZUSAMMEN-HALT.
ABER MIT UNSEREM ANGEHÄUFTEN WISSEN SOLLTE ES MÖGLICH SEIN.

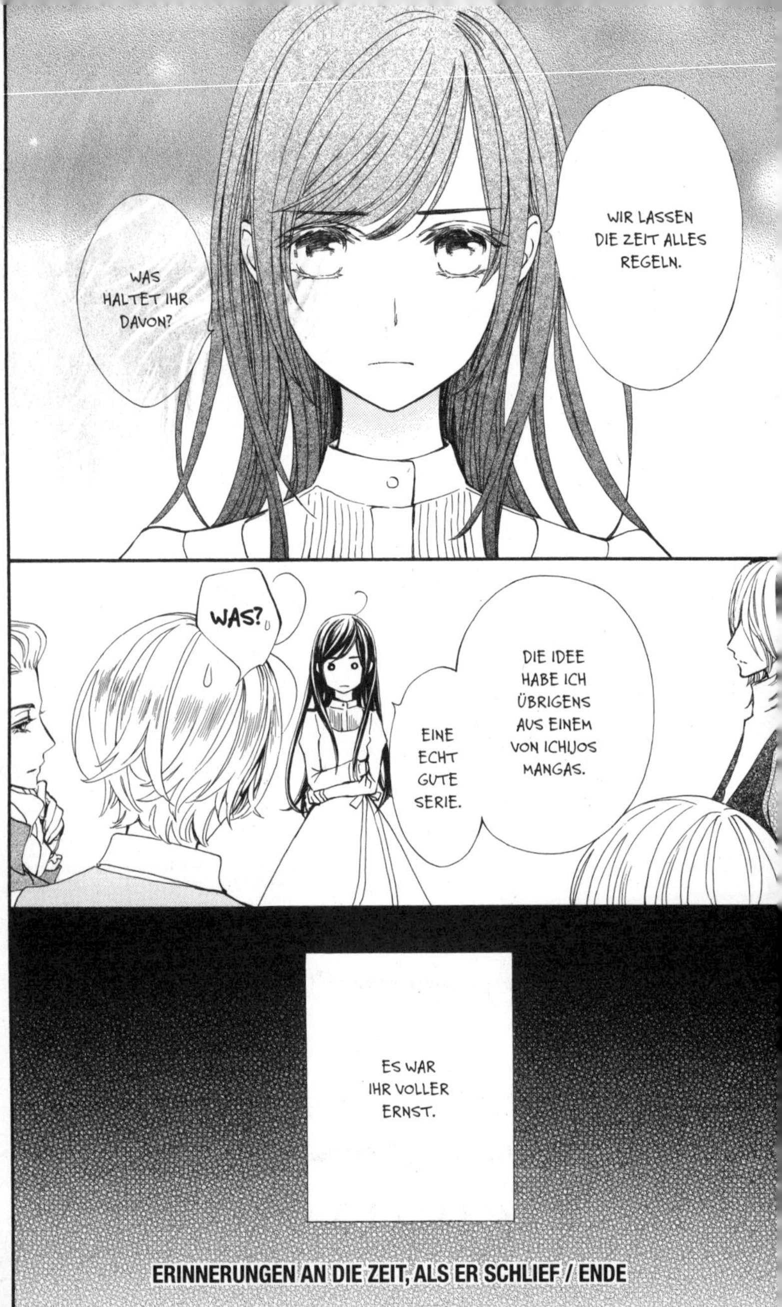
WIR LASSEN DIE ZEIT ALLES REGELN.
WAS HALTET IHR DAVON?
DIE IDEE HABE ICH ÜBRIGENS AUS EINEM VON ICHIJOS MANGAS.
EINE ECHT GUTE SERIE.
WAS?
ES WAR IHR VOLLER ERNST.
ERINNERUNGEN AN DIE ZEIT, ALS ER SCHLIEF / ENDE

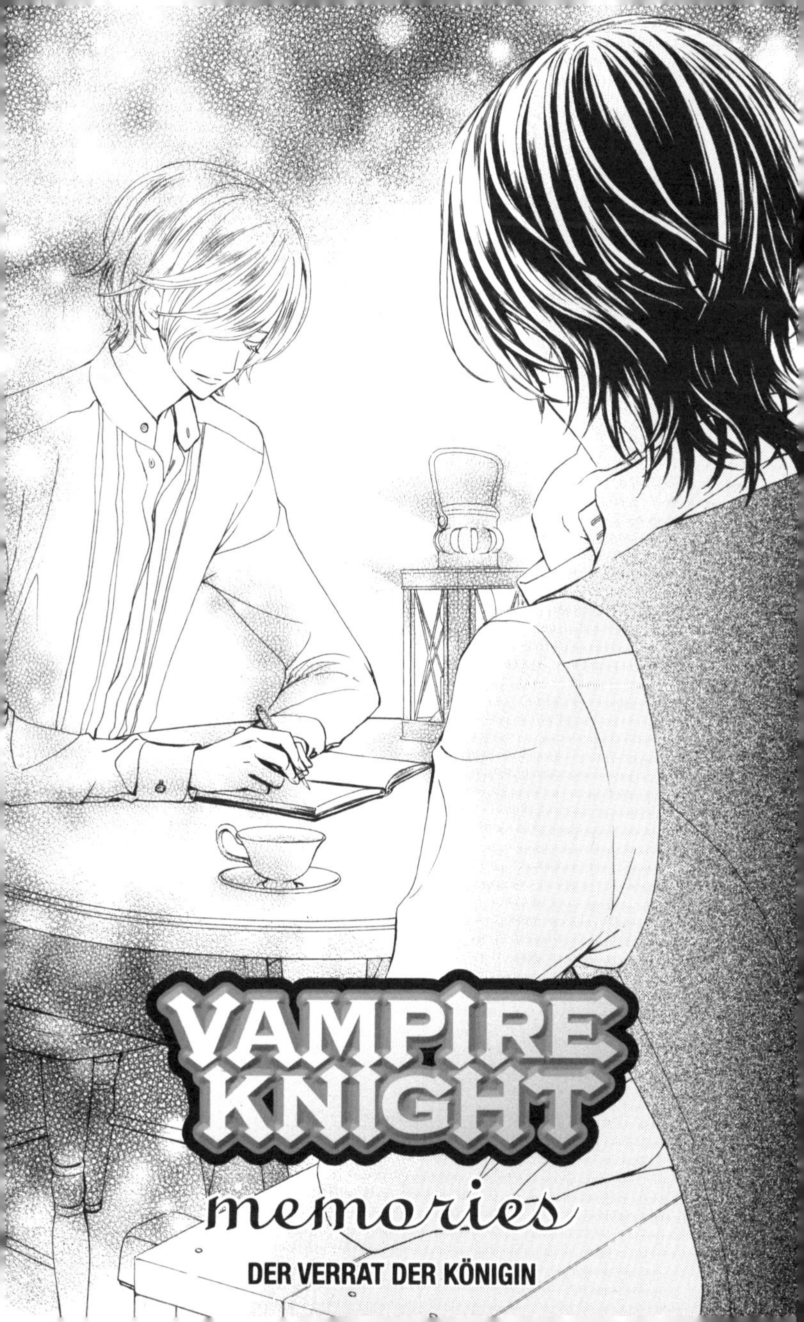
VAMPIRE KNIGHT
memories
DER VERRAT DER KÖNIGIN

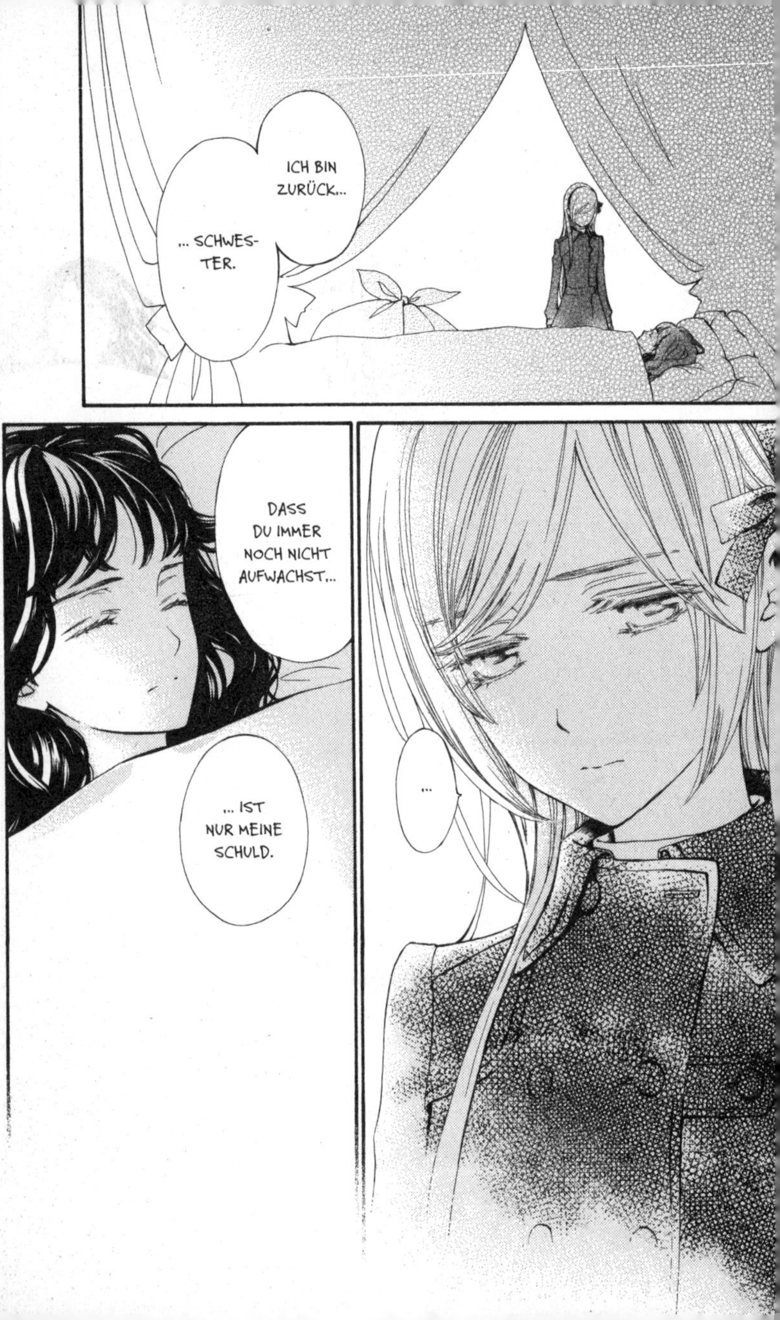

ICH BIN ZURÜCK...
... SCHWES-TER.
...
DASS DU IMMER NOCH NICHT AUFWACHST...
... IST NUR MEINE SCHULD.

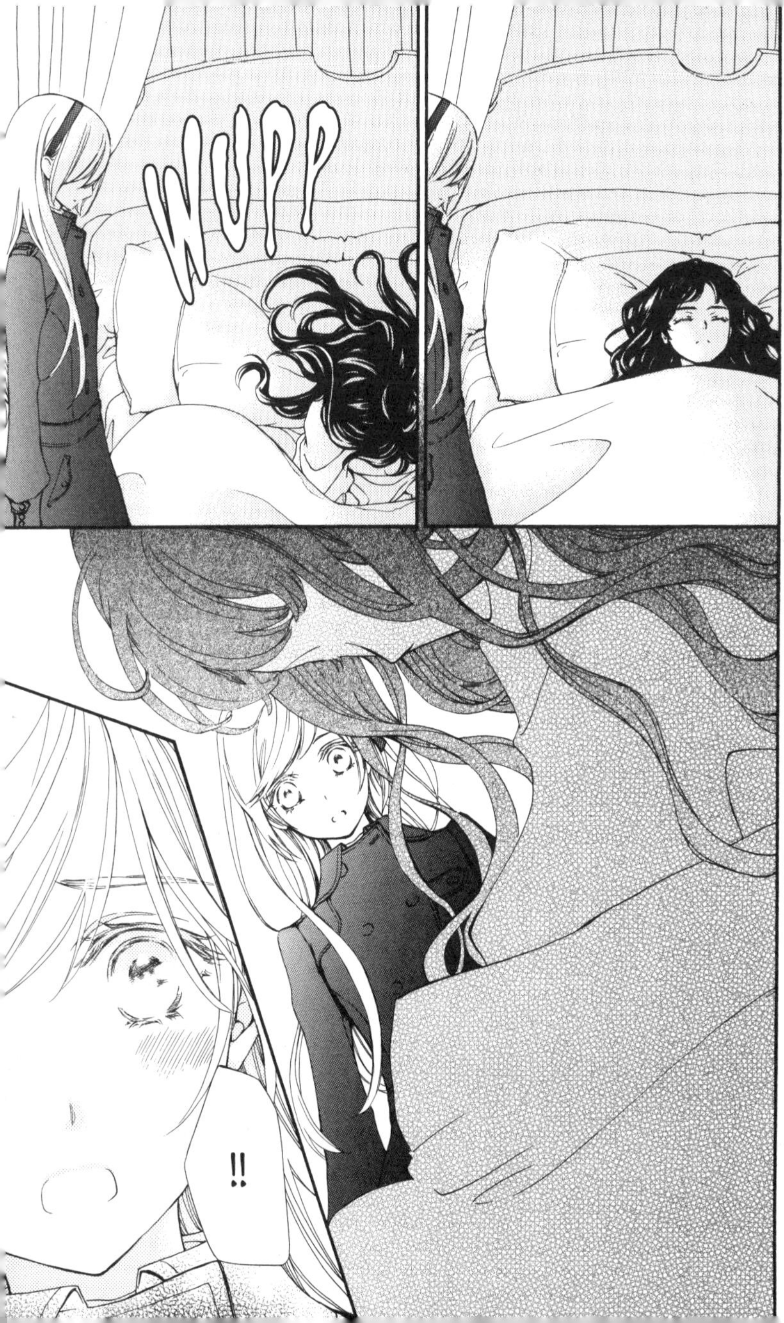
WUPP
!!

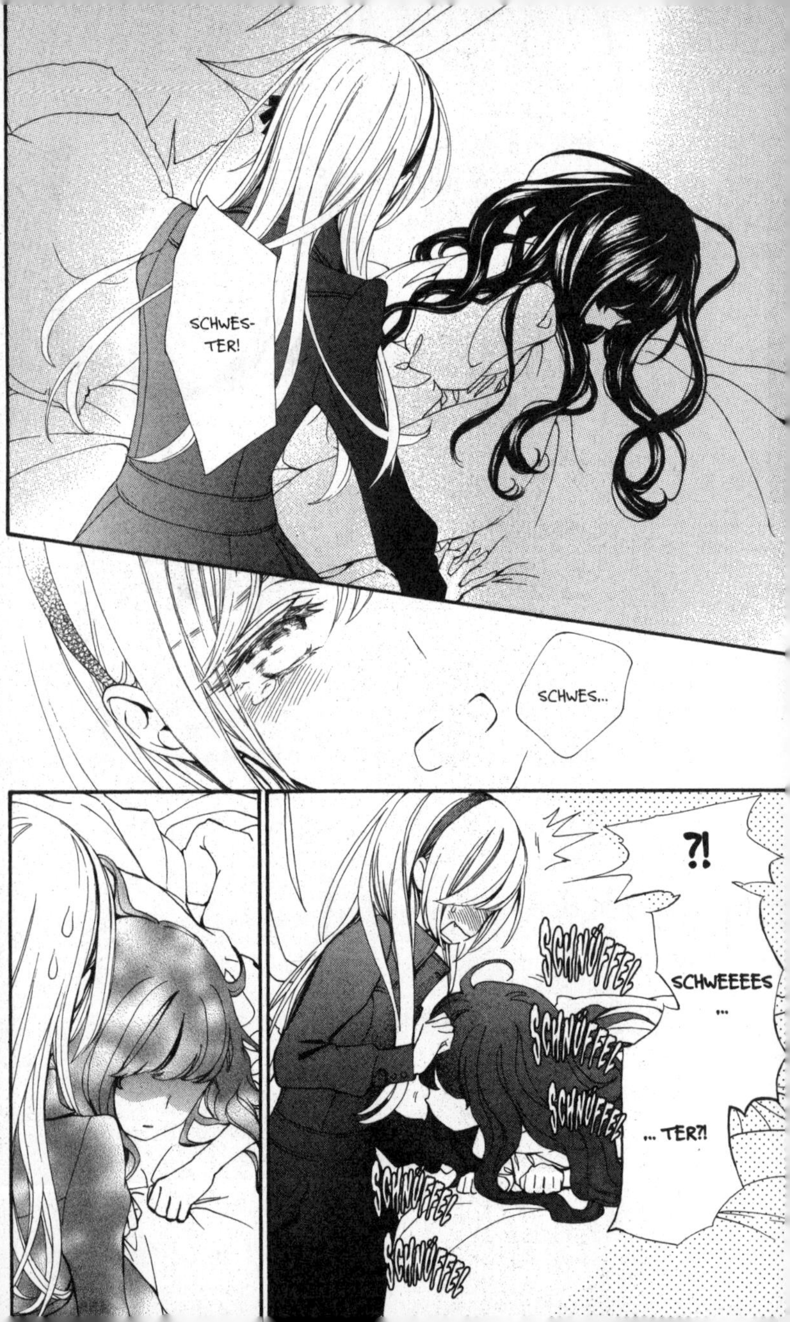
SCHWES-
TER!
SCHWES...
?!
SCHWEEEES
...
... TER?!
SCHNÜFFEL
SCHNÜFFEL
SCHNÜFFEL
SCHNÜFFEL
SCHNÜFFEL

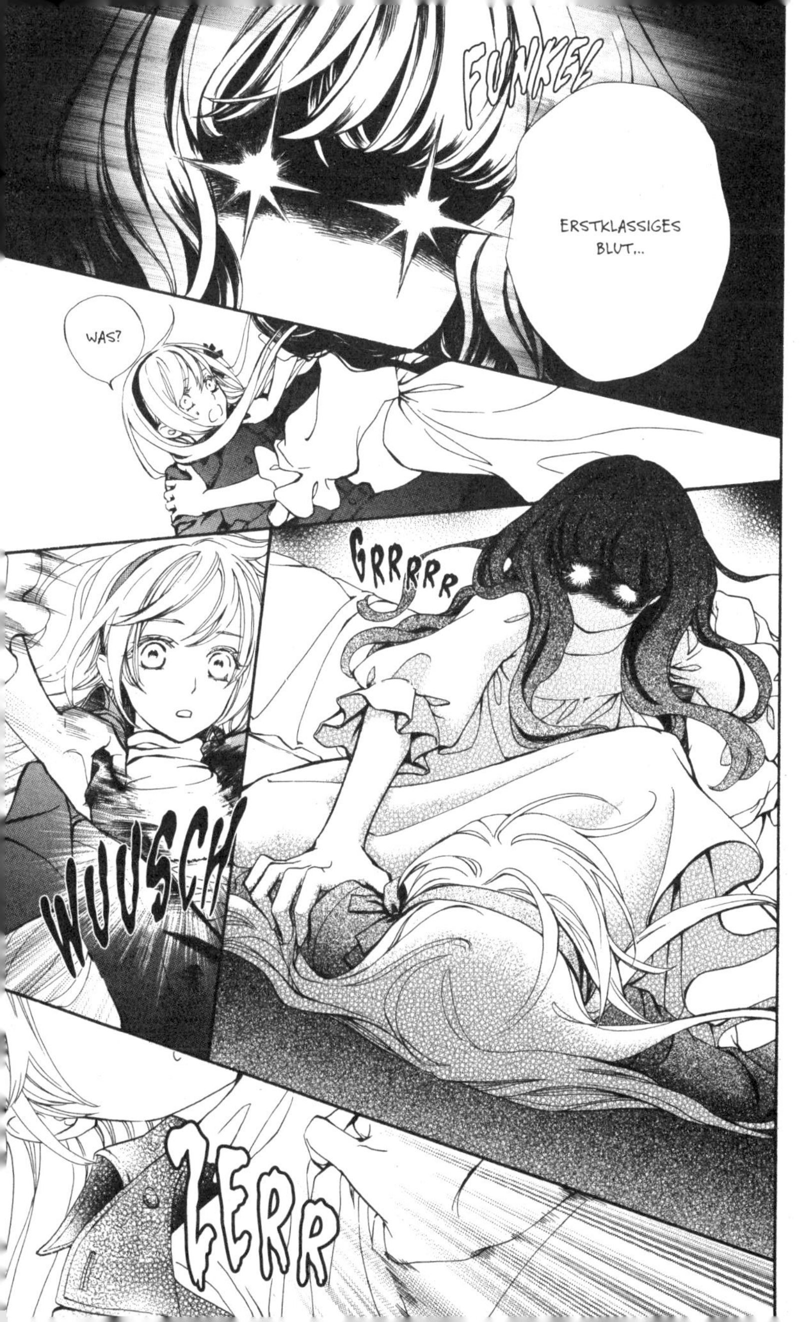
FUNKEL
ERSTKLASSIGES BLUT...
WAS?
GRRRRRR
WUUSCH
ZERR

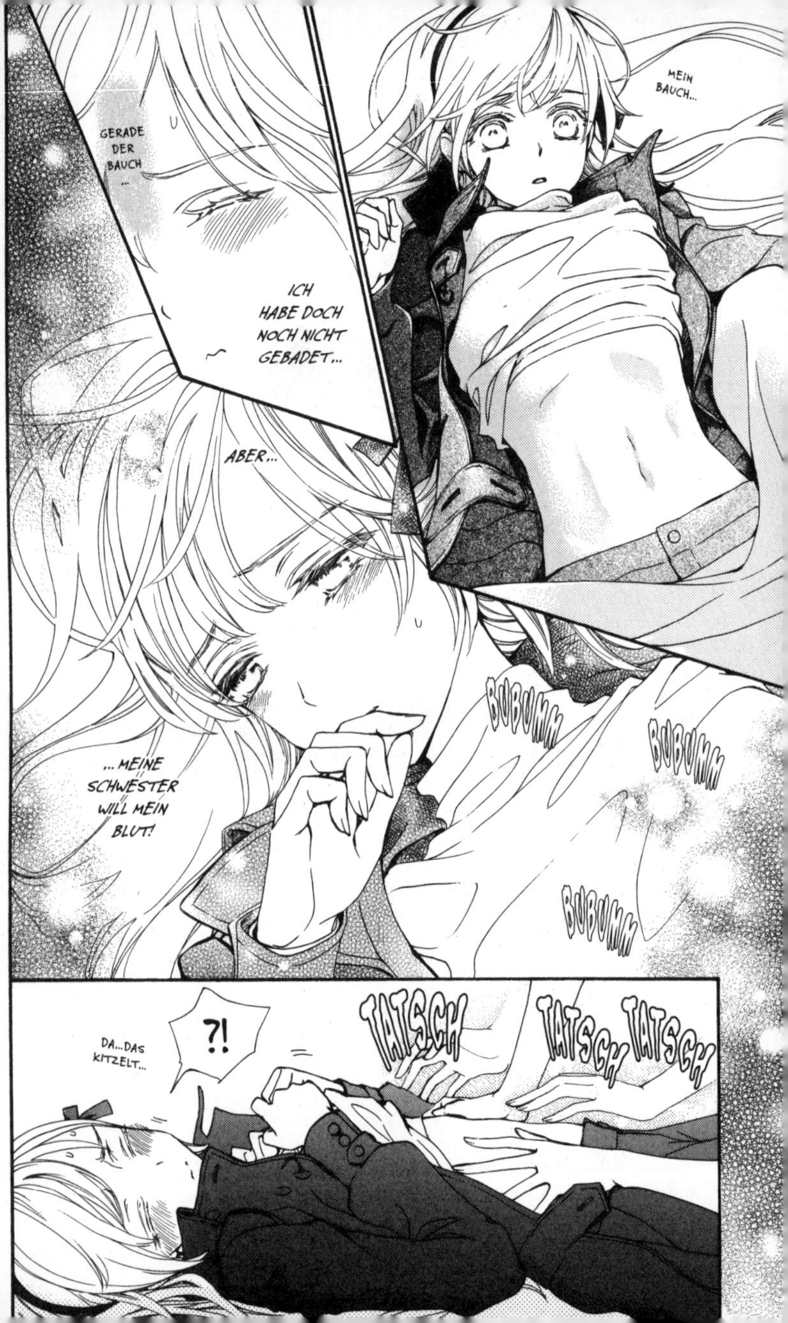
MEIN BAUCH...
GERADE DER BAUCH ...
ICH HABE DOCH NOCH NICHT GEBADET...
ABER...
... MEINE SCHWESTER WILL MEIN BLUT!
BUBUMM
BUBUMM
BUBUMM
TATSCH
TATSCH
TATSCH
?!
DA...DAS KITZELT...

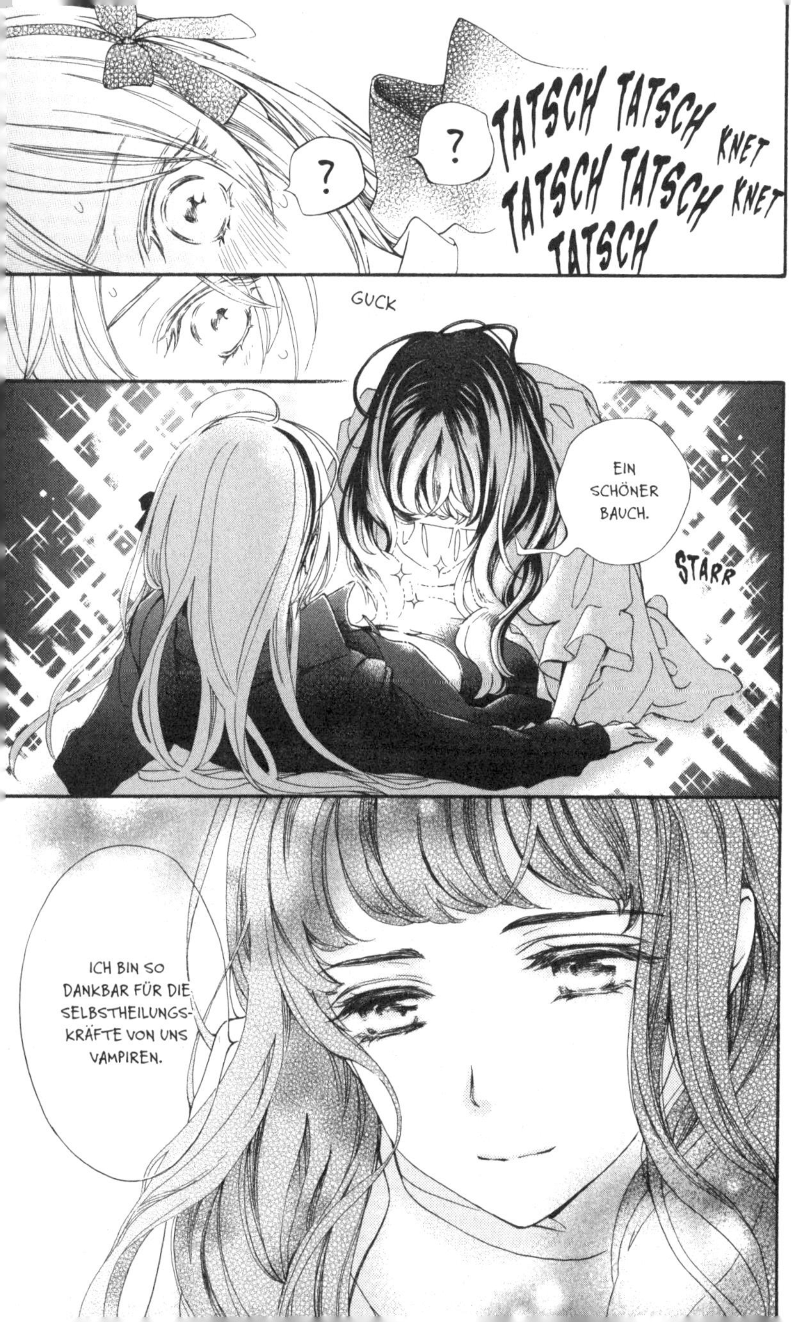
TATSCH TATSCH KNET
TATSCH TATSCH KNET
TATSCH
?
?
GUCK
EIN SCHÖNER BAUCH.
STARR
ICH BIN SO DANKBAR FÜR DIE SELBSTHEILUNGS-KRÄFTE VON UNS VAMPIREN.

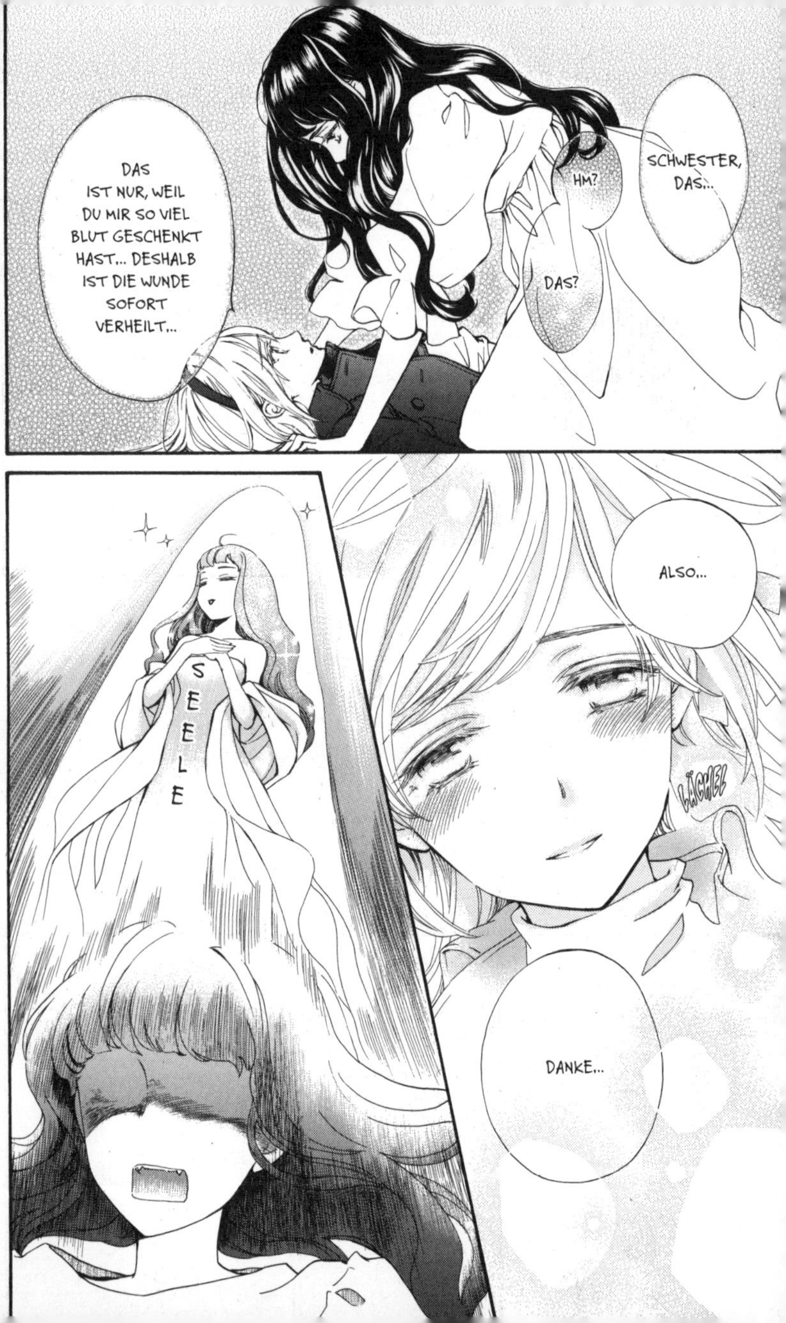
SCHWESTER, DAS...
HM?
DAS?
DAS IST NUR, WEIL DU MIR SO VIEL BLUT GESCHENKT HAST... DESHALB IST DIE WUNDE SOFORT VERHEILT...
ALSO...
LÄCHEL
DANKE...
SEELE

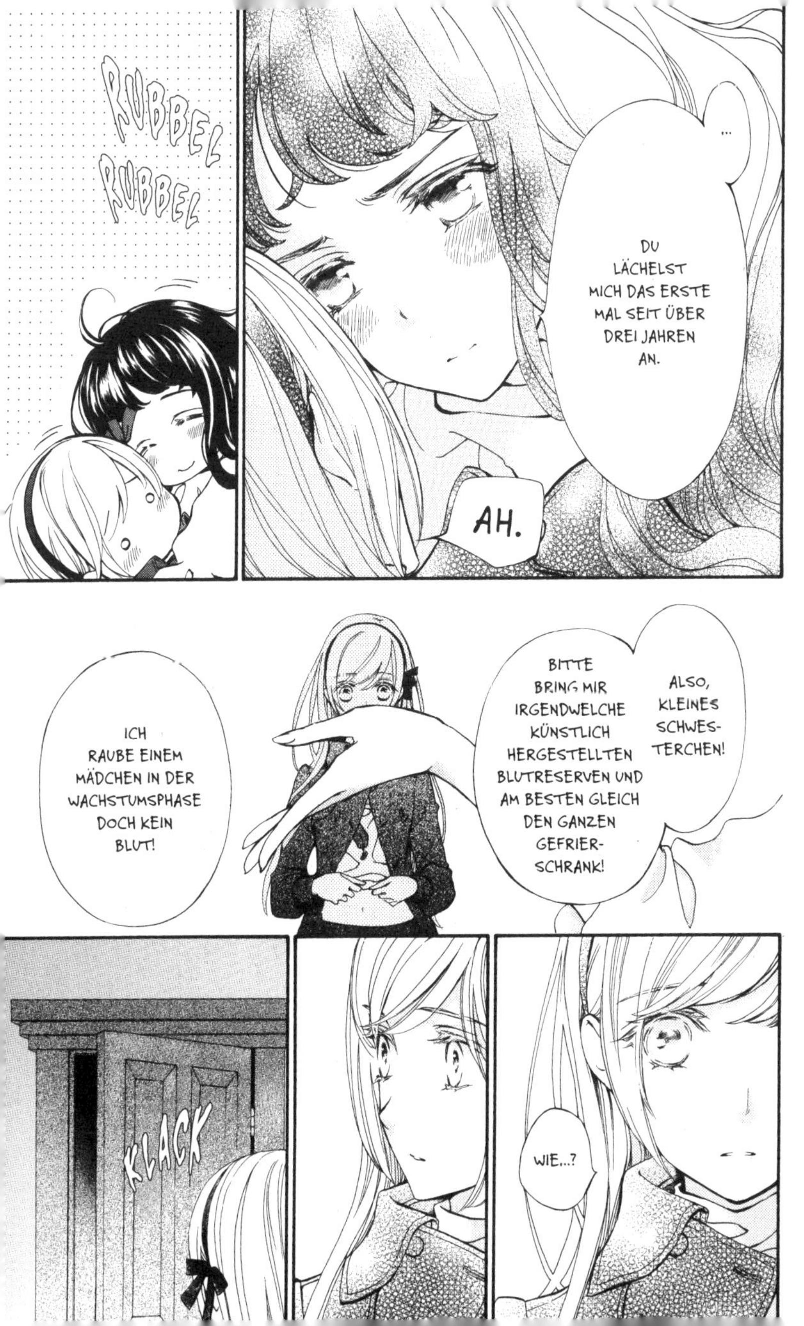
...
DU LÄCHELST MICH DAS ERSTE MAL SEIT ÜBER DREI JAHREN AN.
AH.
RUBBEL RUBBEL
ALSO, KLEINES SCHWES-TERCHEN!
BITTE BRING MIR IRGENDWELCHE KÜNSTLICH HERGESTELLTEN BLUTRESERVEN UND AM BESTEN GLEICH DEN GANZEN GEFRIER-SCHRANK!
ICH RAUBE EINEM MÄDCHEN IN DER WACHSTUMSPHASE DOCH KEIN BLUT!
WIE...?
KLACK

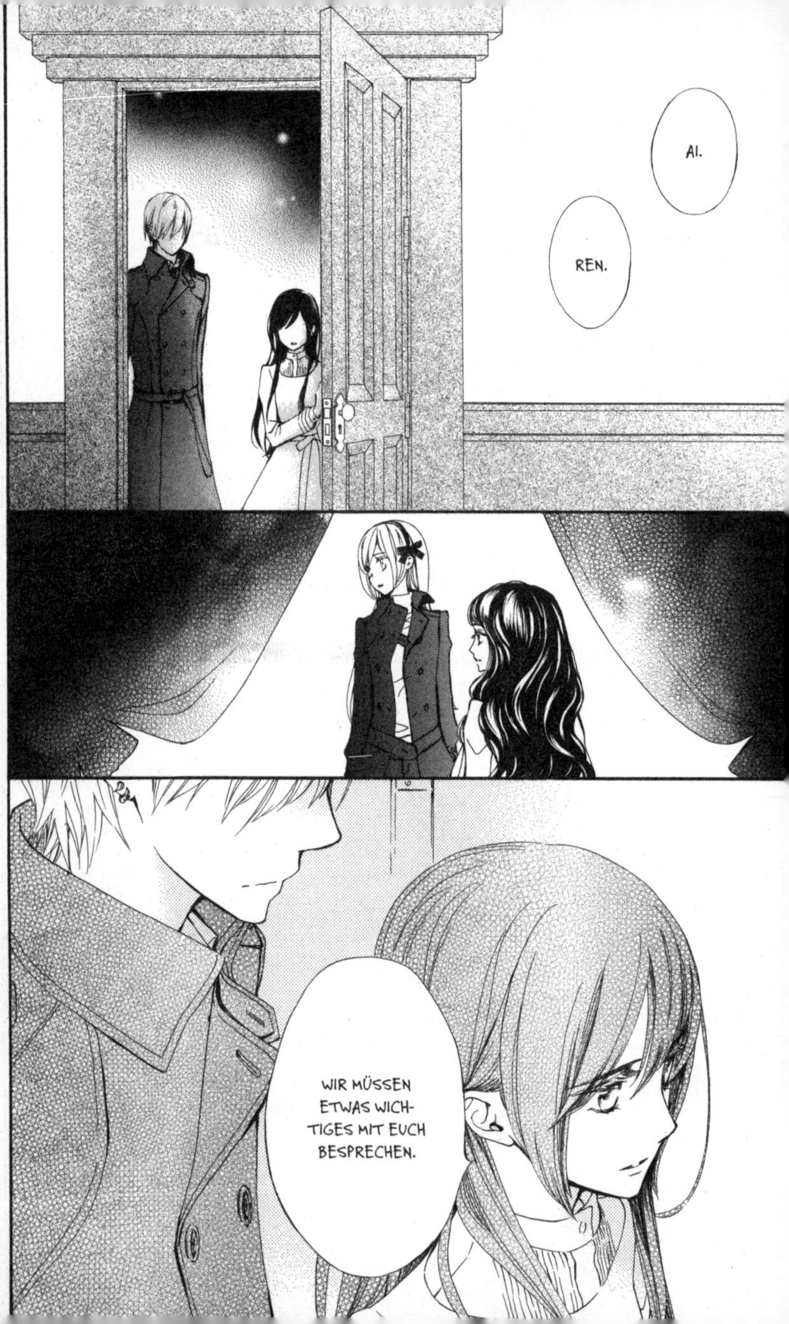
AI.
REN.
WIR MÜSSEN ETWAS WICHTIGES MIT EUCH BESPRECHEN.

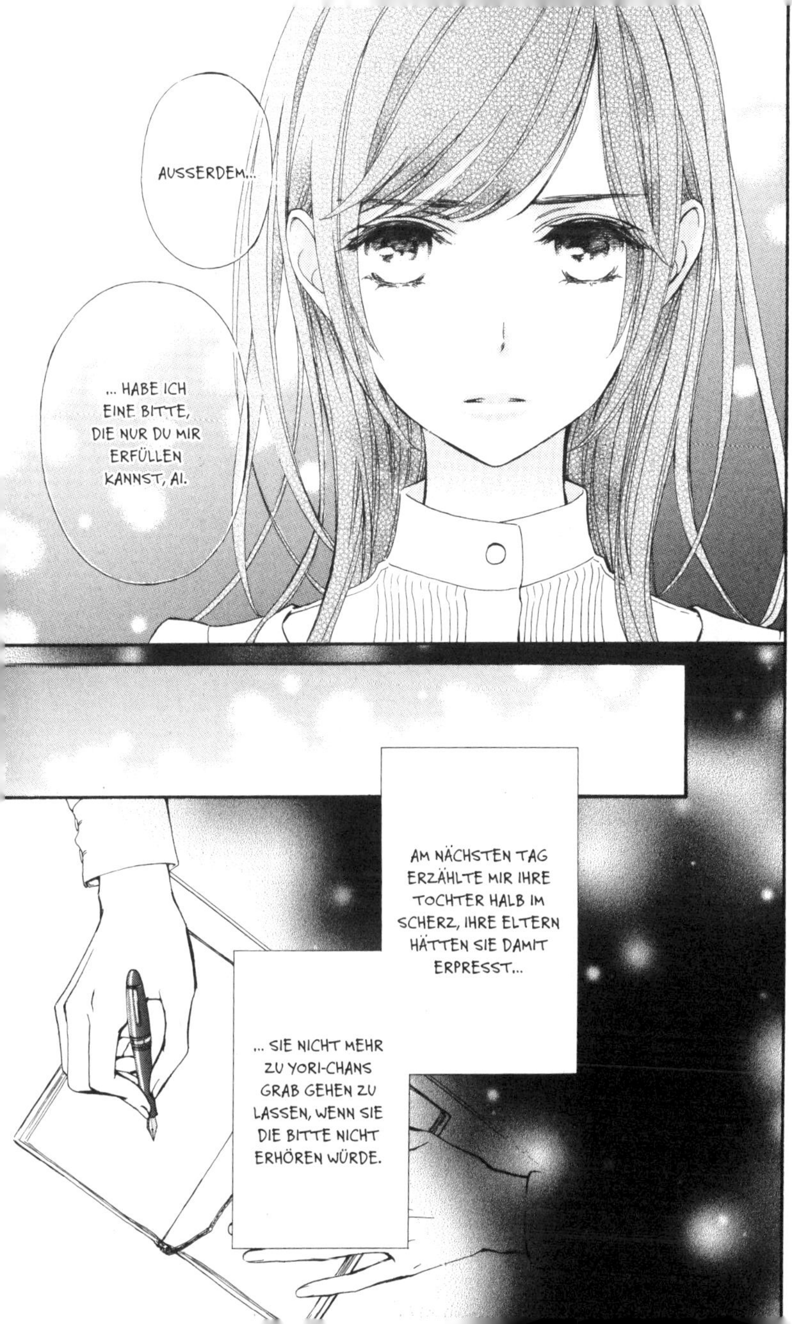
AUSSERDEM...
... HABE ICH EINE BITTE, DIE NUR DU MIR ERFÜLLEN KANNST, AI.
AM NÄCHSTEN TAG ERZÄHLTE MIR IHRE TOCHTER HALB IM SCHERZ, IHRE ELTERN HÄTTEN SIE DAMIT ERPRESST...
... SIE NICHT MEHR ZU YORI-CHANS GRAB GEHEN ZU LASSEN, WENN SIE DIE BITTE NICHT ERHÖREN WÜRDE.

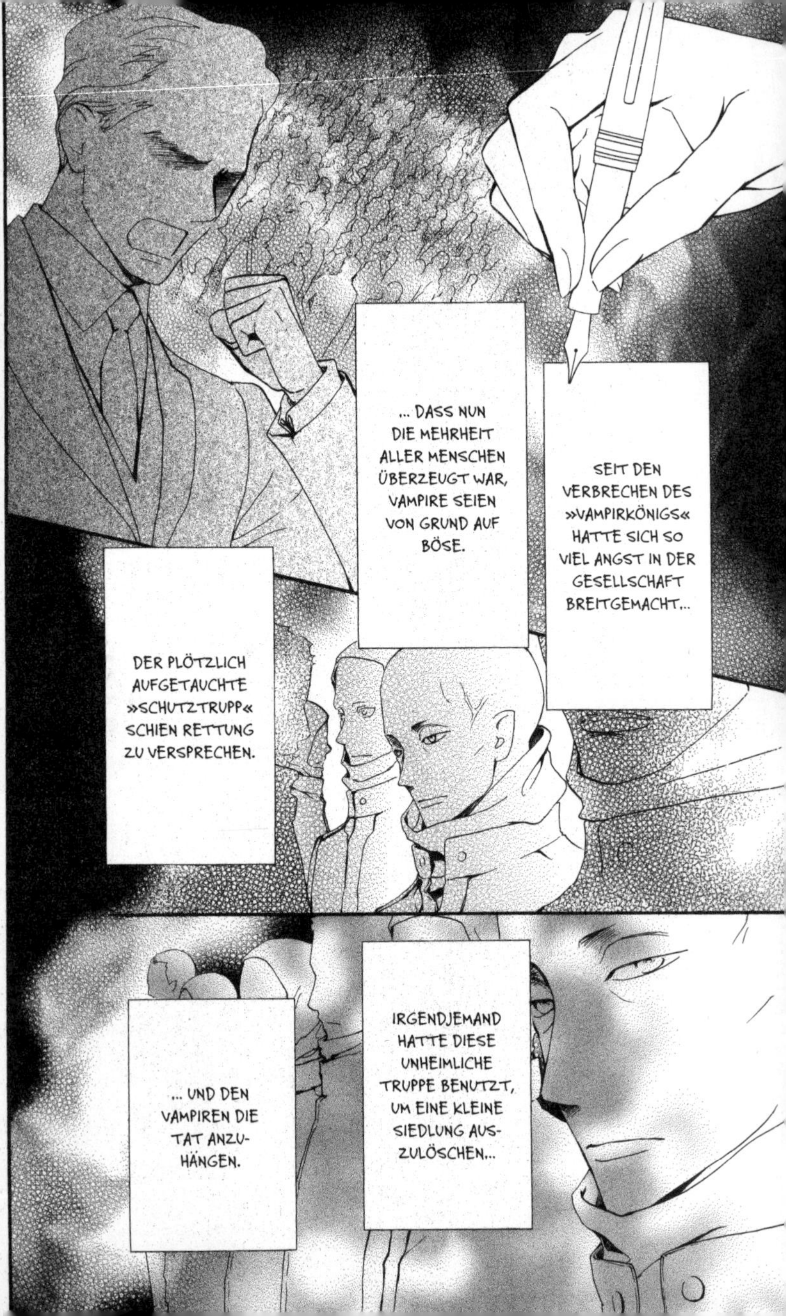
SEIT DEN VERBRECHEN DES »VAMPIRKÖNIGS« HATTE SICH SO VIEL ANGST IN DER GESELLSCHAFT BREITGEMACHT...
... DASS NUN DIE MEHRHEIT ALLER MENSCHEN ÜBERZEUGT WAR, VAMPIRE SEIEN VON GRUND AUF BÖSE.
DER PLÖTZLICH AUFGETAUCHTE »SCHUTZTRUPP« SCHIEN RETTUNG ZU VERSPRECHEN.
IRGENDJEMAND HATTE DIESE UNHEIMLICHE TRUPPE BENUTZT, UM EINE KLEINE SIEDLUNG AUSZULÖSCHEN...
... UND DEN VAMPIREN DIE TAT ANZUHÄNGEN.

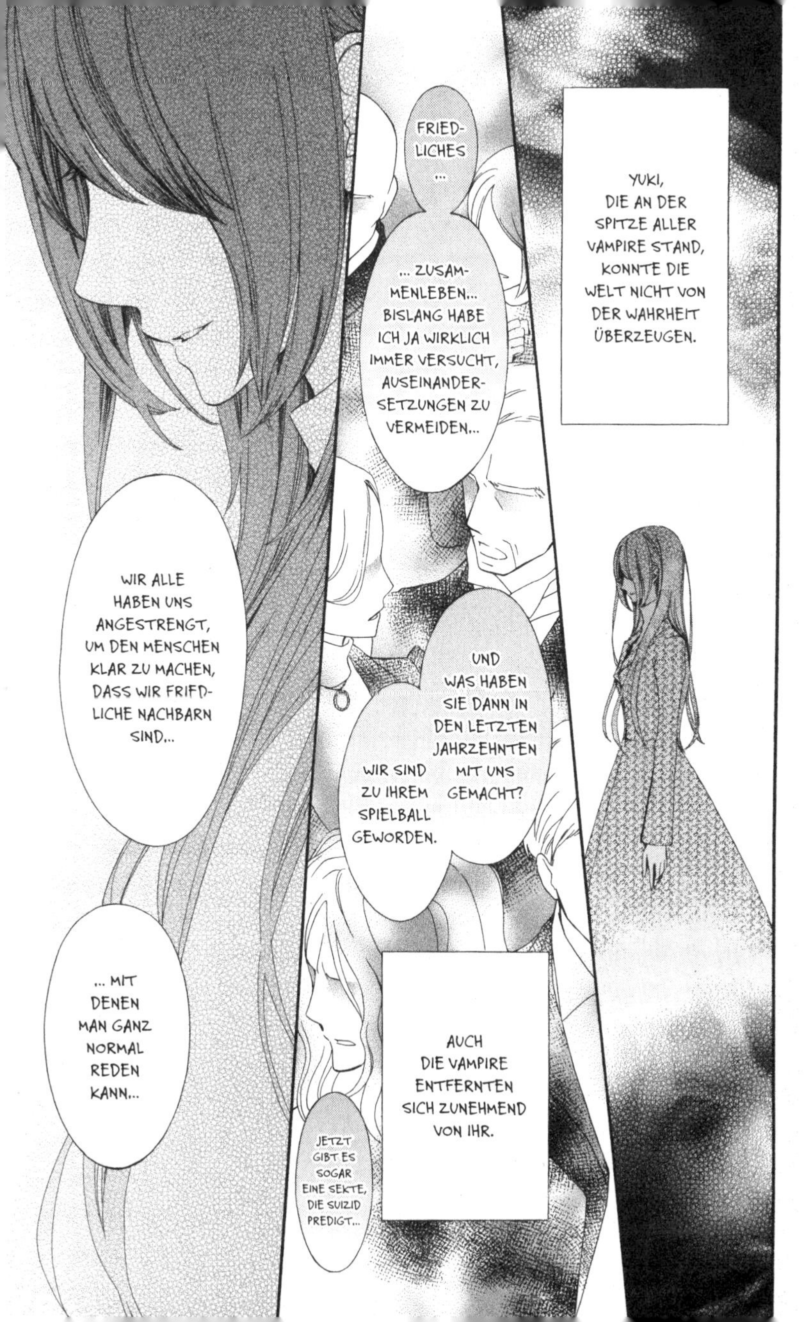
YUKI, DIE AN DER SPITZE ALLER VAMPIRE STAND, KONNTE DIE WELT NICHT VON DER WAHRHEIT ÜBERZEUGEN.
FRIED-LICHES ...
... ZUSAM-MENLEBEN... BISLANG HABE ICH JA WIRKLICH IMMER VERSUCHT, AUSEINANDER-SETZUNGEN ZU VERMEIDEN...
UND WAS HABEN SIE DANN IN DEN LETZTEN JAHRZEHNTEN MIT UNS GEMACHT?
WIR SIND ZU IHREM SPIELBALL GEWORDEN.
AUCH DIE VAMPIRE ENTFERNTEN SICH ZUNEHMEND VON IHR.
JETZT GIBT ES SOGAR EINE SEKTE, DIE SUIZID PREDIGT...
WIR ALLE HABEN UNS ANGESTRENGT, UM DEN MENSCHEN KLAR ZU MACHEN, DASS WIR FRIFD-LICHE NACHBARN SIND...
... MIT DENEN MAN GANZ NORMAL REDEN KANN...

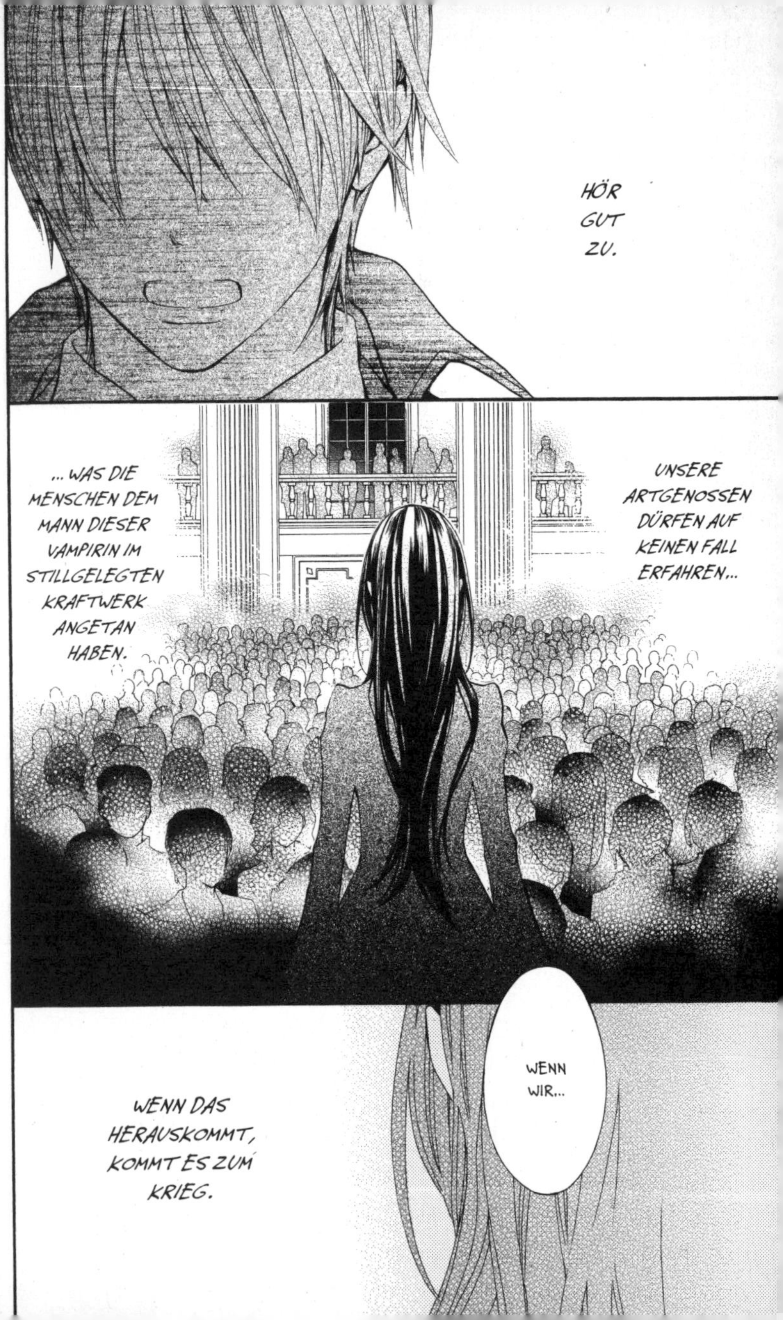
HÖR GUT ZU.
UNSERE ARTGENOSSEN DÜRFEN AUF KEINEN FALL ERFAHREN...
... WAS DIE MENSCHEN DEM MANN DIESER VAMPIRIN IM STILLGELEGTEN KRAFTWERK ANGETAN HABEN.
WENN WIR...
WENN DAS HERAUSKOMMT, KOMMT ES ZUM KRIEG.

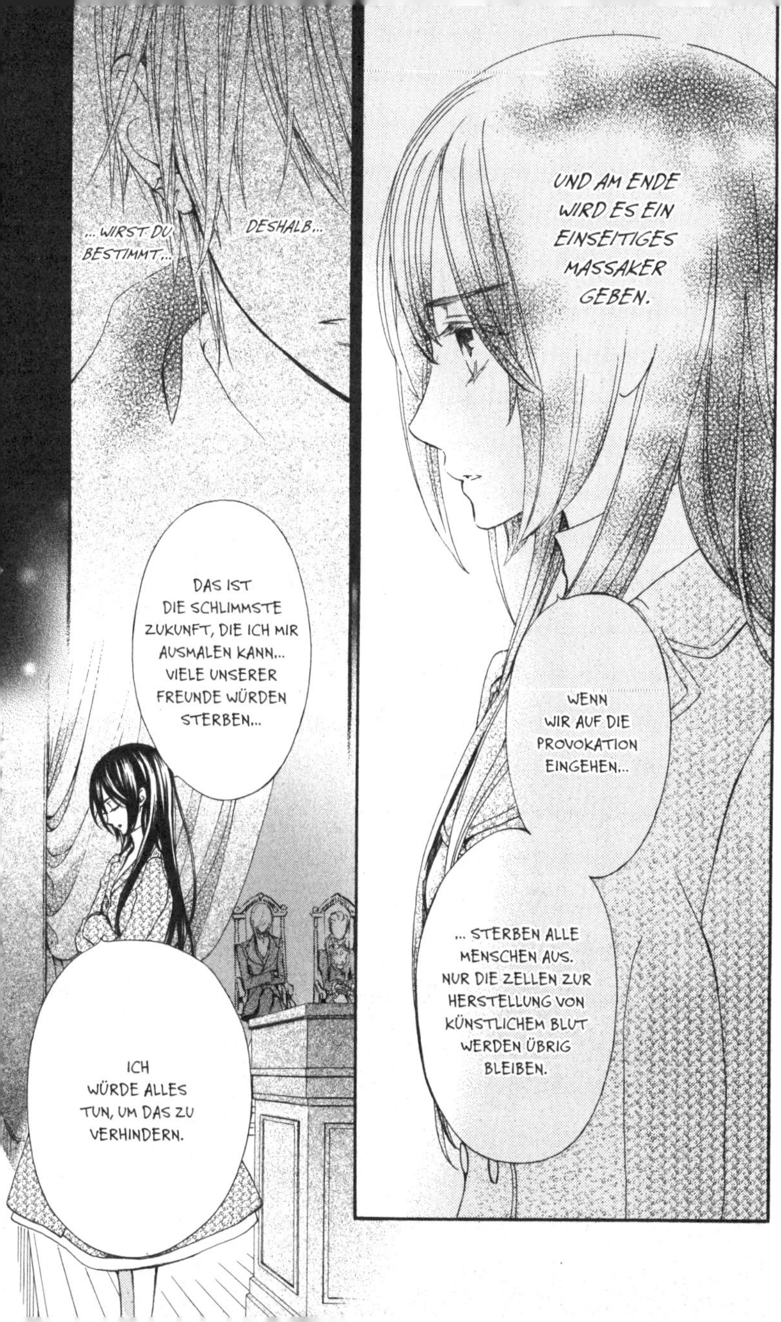
UND AM ENDE WIRD ES EIN EINSEITIGES MASSAKER GEBEN.
WENN WIR AUF DIE PROVOKATION EINGEHEN...
... STERBEN ALLE MENSCHEN AUS. NUR DIE ZELLEN ZUR HERSTELLUNG VON KÜNSTLICHEM BLUT WERDEN ÜBRIG BLEIBEN.
DESHALB...
... WIRST DU BESTIMMT...
DAS IST DIE SCHLIMMSTE ZUKUNFT, DIE ICH MIR AUSMALEN KANN... VIELE UNSERER FREUNDE WÜRDEN STERBEN...
ICH WÜRDE ALLES TUN, UM DAS ZU VERHINDERN.

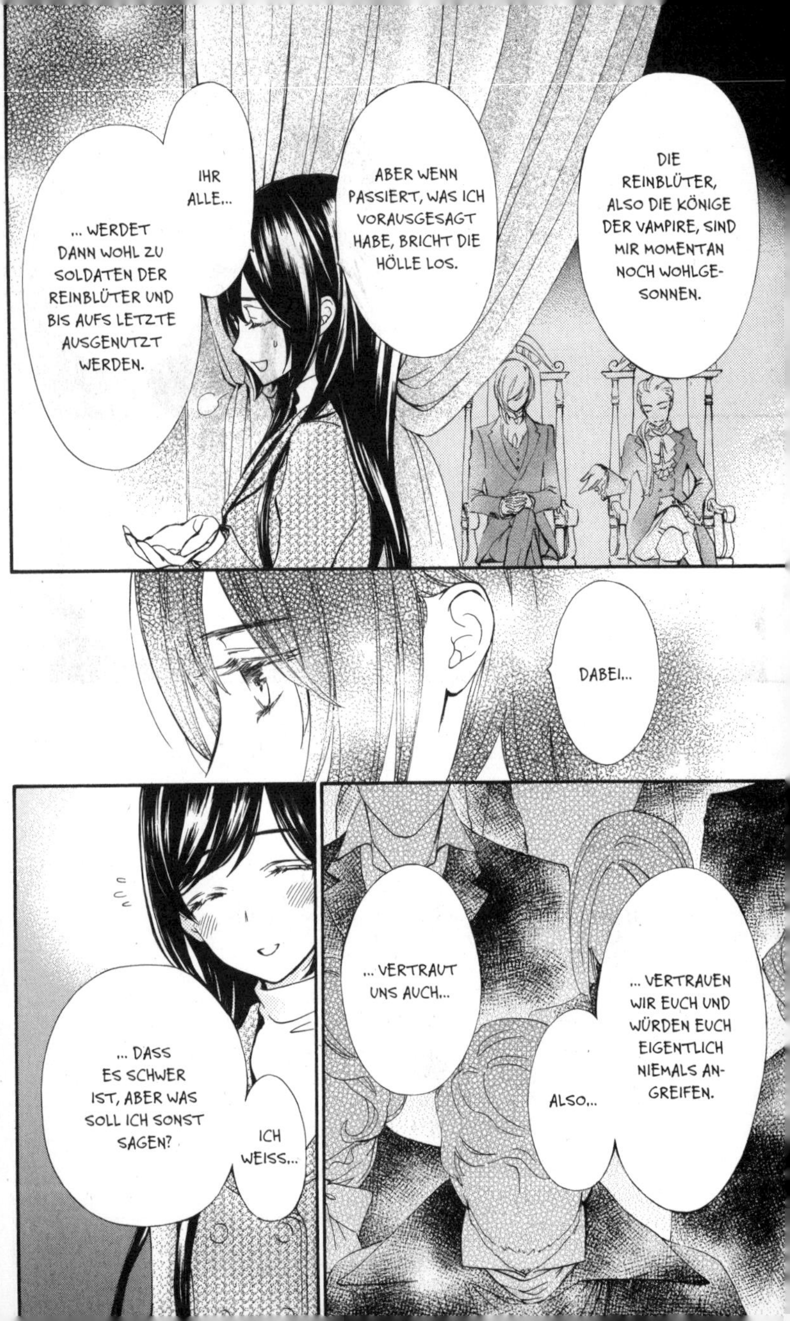
DIE REINBLÜTER, ALSO DIE KÖNIGE DER VAMPIRE, SIND MIR MOMENTAN NOCH WOHLGESONNEN.
ABER WENN PASSIERT, WAS ICH VORAUSGESAGT HABE, BRICHT DIE HÖLLE LOS.
IHR ALLE...
... WERDET DANN WOHL ZU SOLDATEN DER REINBLÜTER UND BIS AUFS LETZTE AUSGENUTZT WERDEN.
DABEI...
... VERTRAUEN WIR EUCH UND WÜRDEN EUCH EIGENTLICH NIEMALS ANGREIFEN.
ALSO...
... VERTRAUT UNS AUCH...
ICH WEISS...
... DASS ES SCHWER IST, ABER WAS SOLL ICH SONST SAGEN?

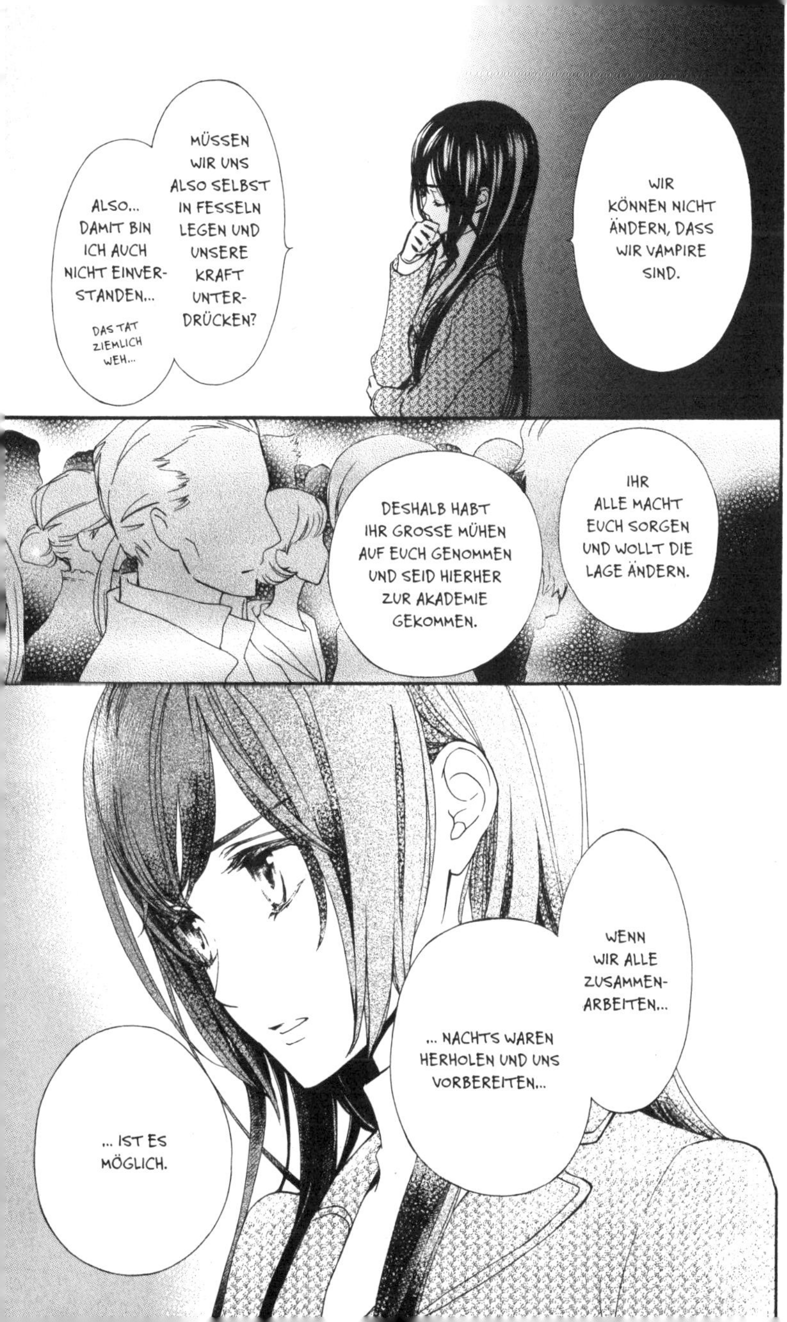
WIR KÖNNEN NICHT ÄNDERN, DASS WIR VAMPIRE SIND.
MÜSSEN WIR UNS ALSO SELBST IN FESSELN LEGEN UND UNSERE KRAFT UNTER-DRÜCKEN?
ALSO... DAMIT BIN ICH AUCH NICHT EINVER-STANDEN...
DAS TAT ZIEMLICH WEH...
IHR ALLE MACHT EUCH SORGEN UND WOLLT DIE LAGE ÄNDERN.
DESHALB HABT IHR GROSSE MÜHEN AUF EUCH GENOMMEN UND SEID HIERHER ZUR AKADEMIE GEKOMMEN.
WENN WIR ALLE ZUSAMMEN-ARBEITEN...
... NACHTS WAREN HERHOLEN UND UNS VORBEREITEN...
... IST ES MÖGLICH.

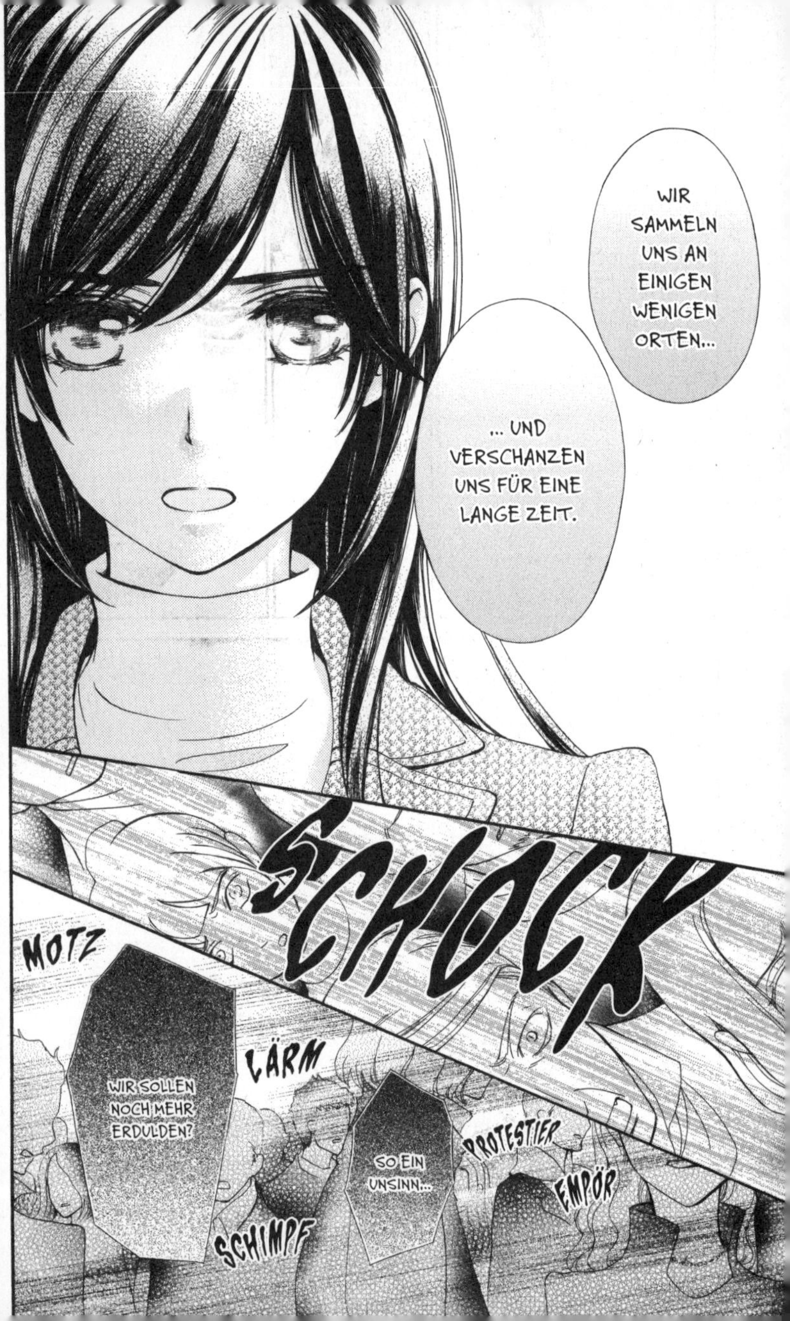
WIR SAMMELN UNS AN EINIGEN WENIGEN ORTEN...
... UND VERSCHANZEN UNS FÜR EINE LANGE ZEIT.
SCHOCK
MOTZ
WIR SOLLEN NOCH MEHR ERDULDEN?
LÄRM
SO EIN UNSINN...
PROTESTIER
EMPÖR
SCHIMPF

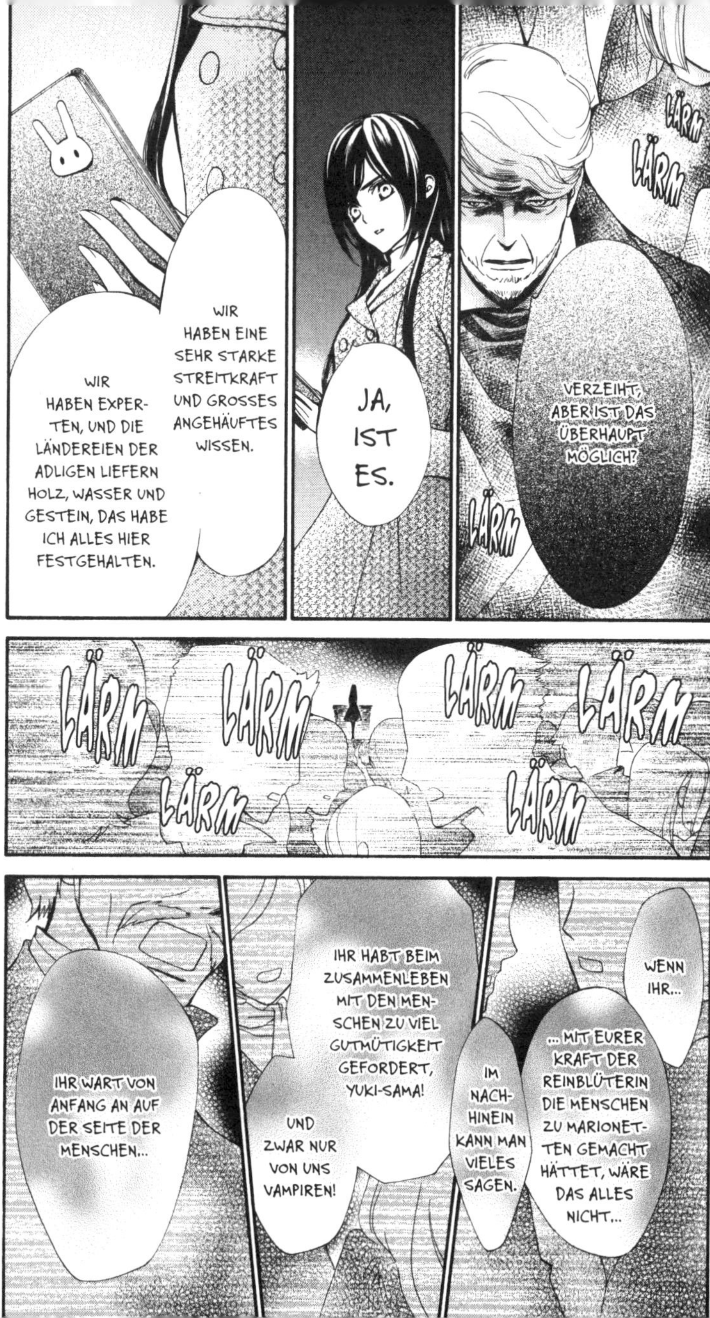
LÄRM
LÄRM
VERZEIHT, ABER IST DAS ÜBERHAUPT MÖGLICH?
LÄRM
JA, IST ES.
WIR HABEN EINE SEHR STARKE STREITKRAFT UND GROSSES ANGEHÄUFTES WISSEN.
WIR HABEN EXPERTEN, UND DIE LÄNDEREIEN DER ADLIGEN LIEFERN HOLZ, WASSER UND GESTEIN, DAS HABE ICH ALLES HIER FESTGEHALTEN.
LÄRM
LÄRM
LÄRM
LÄRM
LÄRM
LÄRM
WENN IHR...
... MIT EURER KRAFT DER REINBLÜTERIN DIE MENSCHEN ZU MARIONETTEN GEMACHT HÄTTET, WÄRE DAS ALLES NICHT...
IM NACHHINEIN KANN MAN VIELES SAGEN.
IHR HABT BEIM ZUSAMMENLEBEN MIT DEN MENSCHEN ZU VIEL GUTMÜTIGKEIT GEFORDERT, YUKI-SAMA!
UND ZWAR NUR VON UNS VAMPIREN!
IHR WART VON ANFANG AN AUF DER SEITE DER MENSCHEN...

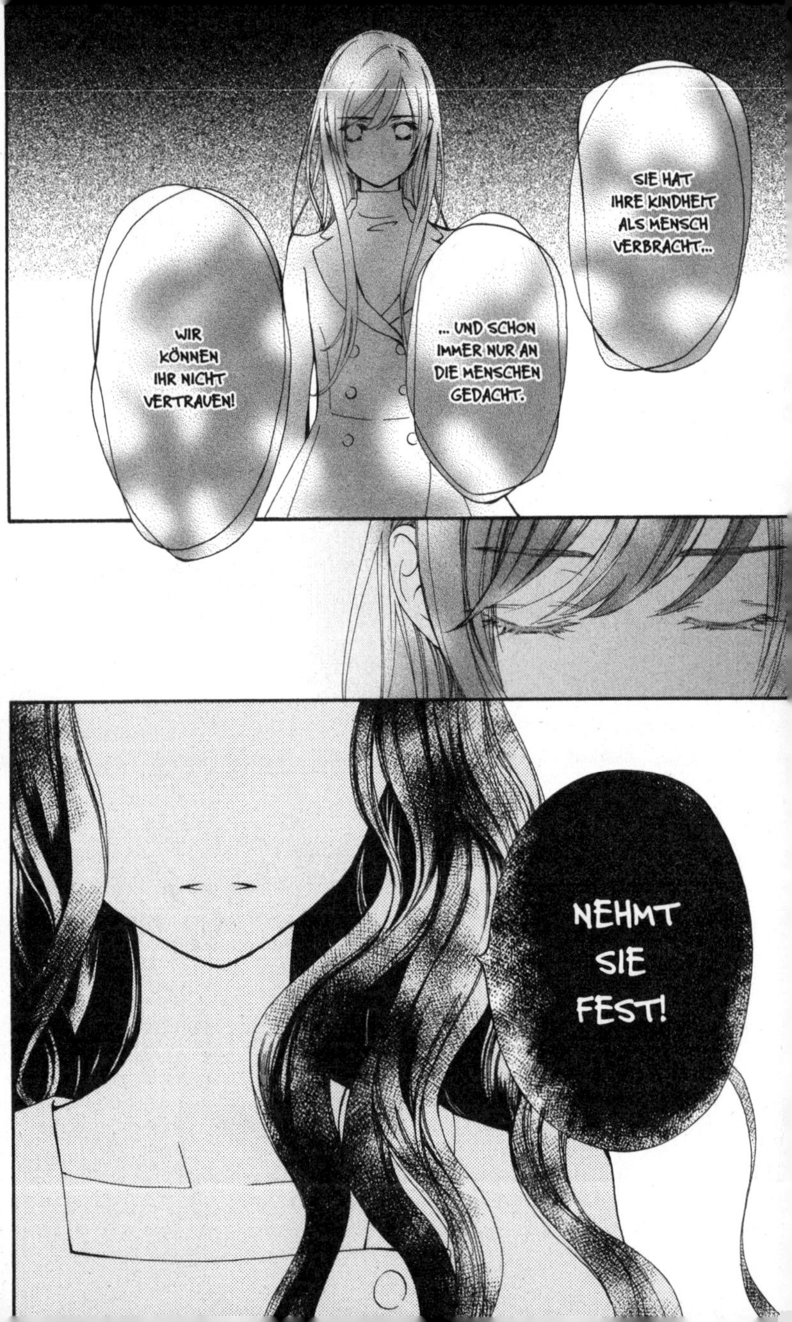
SIE HAT IHRE KINDHEIT ALS MENSCH VERBRACHT...
... UND SCHON IMMER NUR AN DIE MENSCHEN GEDACHT.
WIR KÖNNEN IHR NICHT VERTRAUEN!
NEHMT SIE FEST!

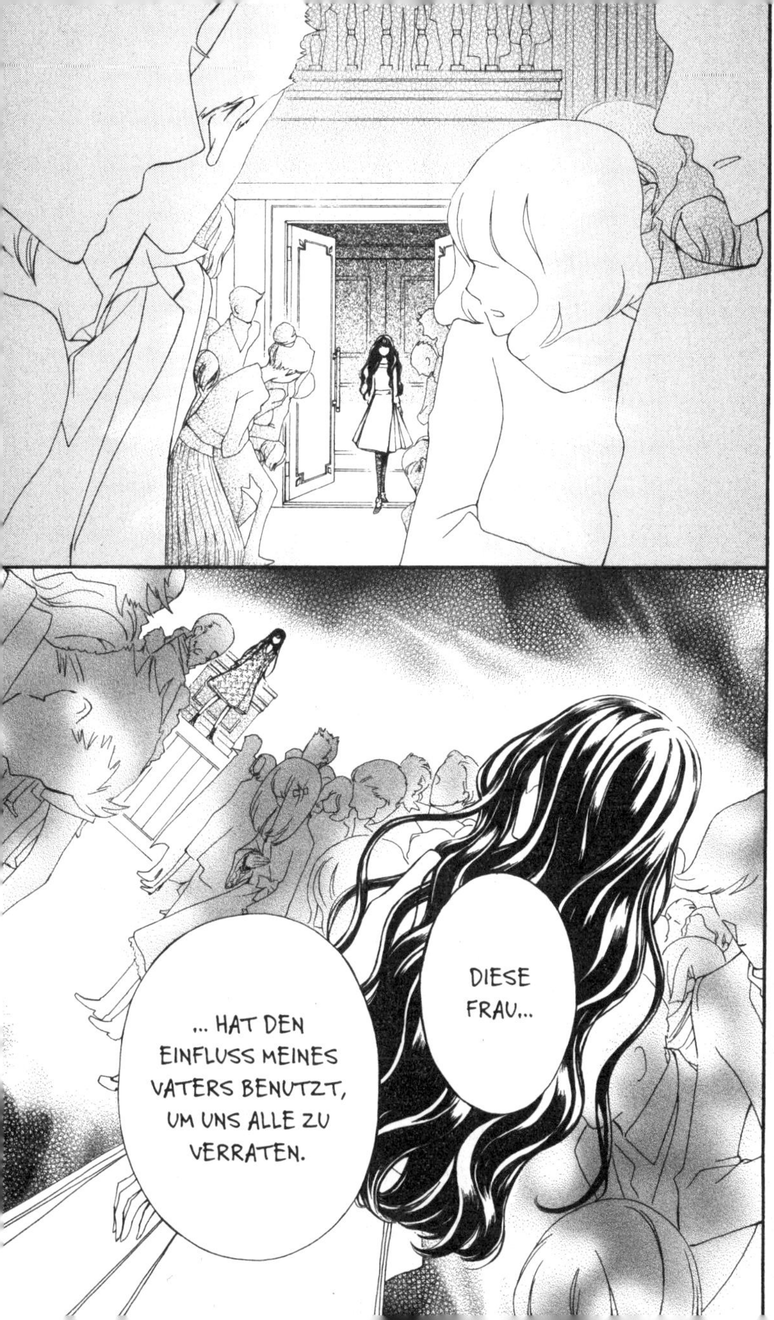
DIESE FRAU...
... HAT DEN EINFLUSS MEINES VATERS BENUTZT, UM UNS ALLE ZU VERRATEN.

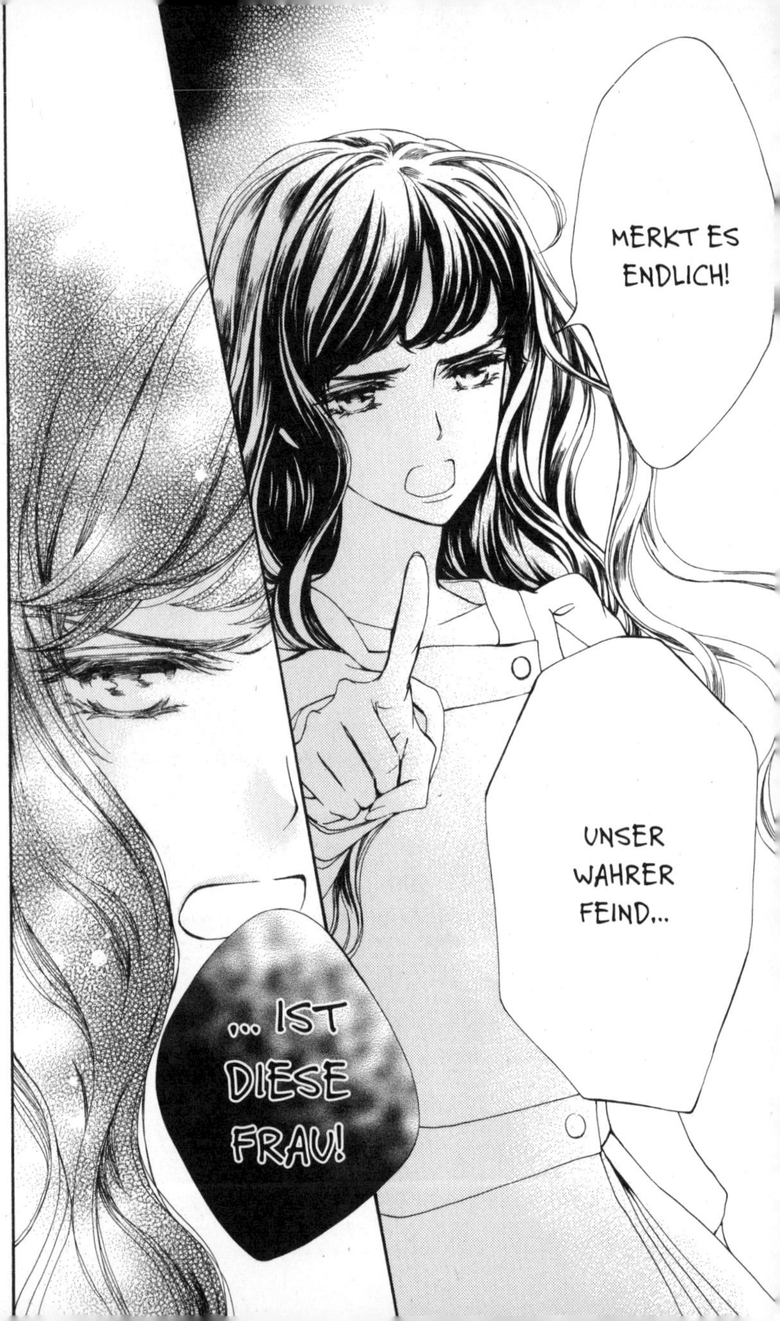
MERKT ES ENDLICH!
UNSER WAHRER FEIND...
... IST DIESE FRAU!

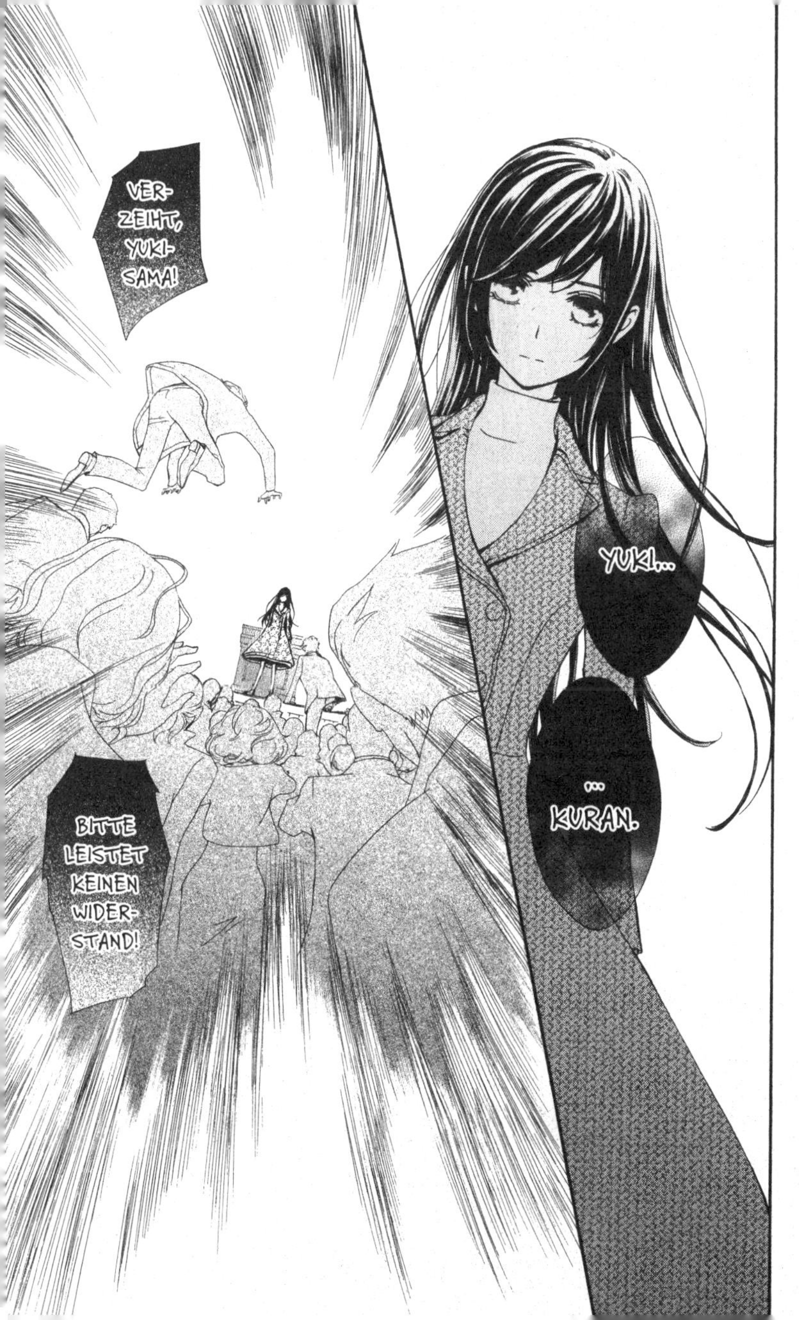
YUKI...
... KURAN.
VER-
ZEIHT,
YUKI-
SAMA!
BITTE
LEISTET
KEINEN
WIDER-
STAND!

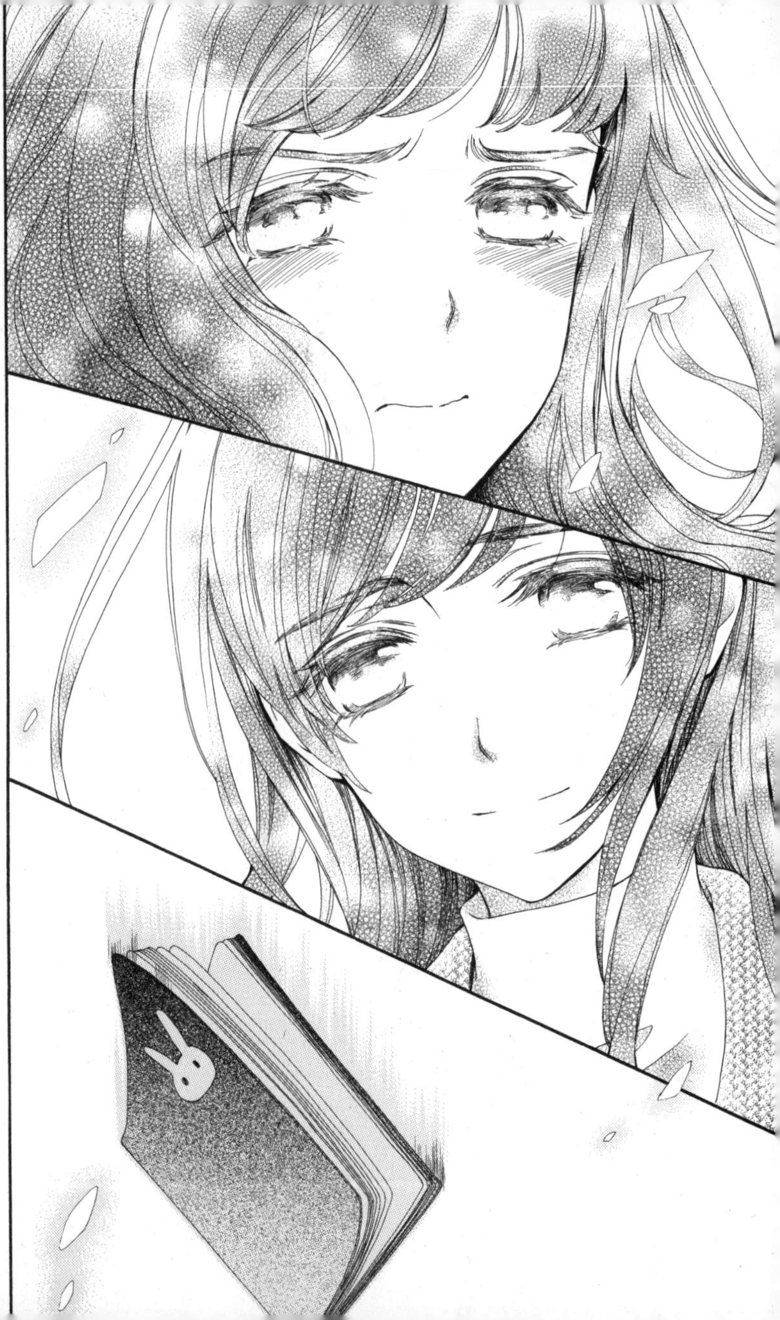

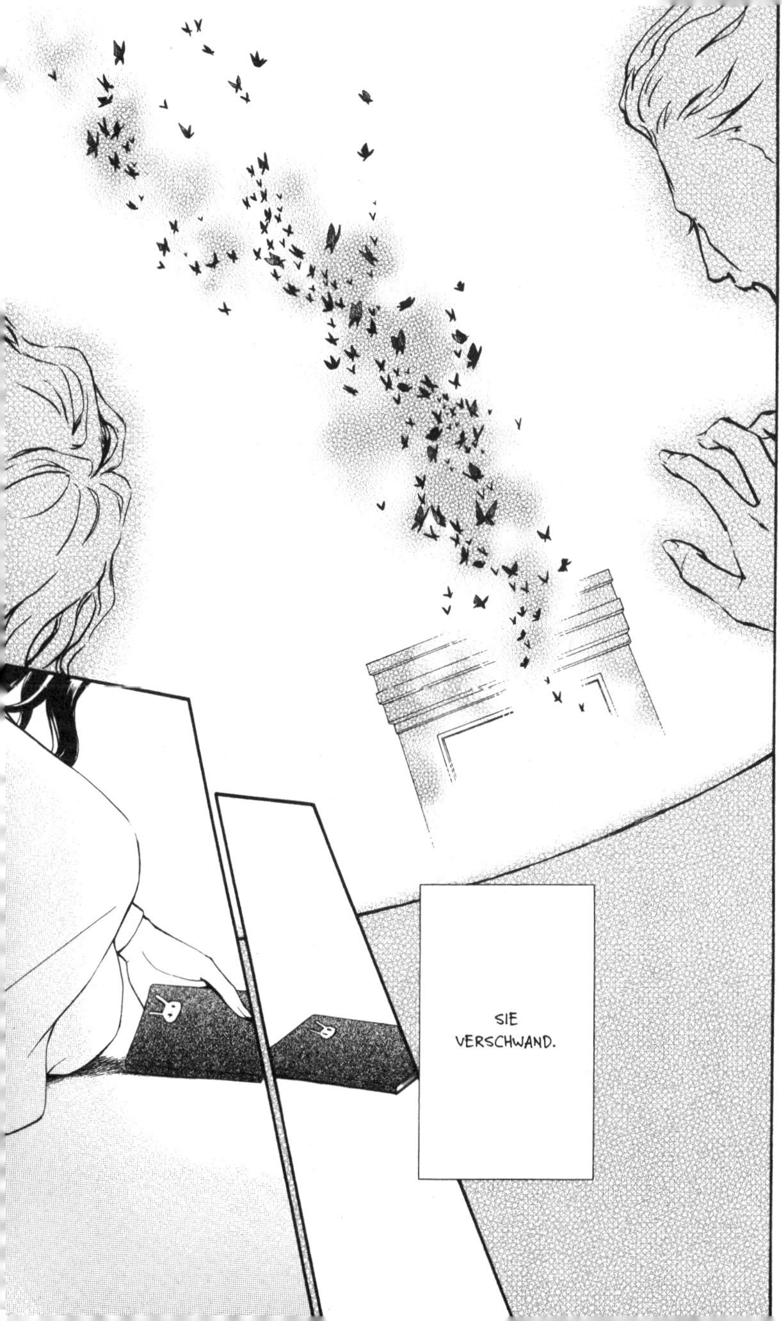
SIE
VERSCHWAND.

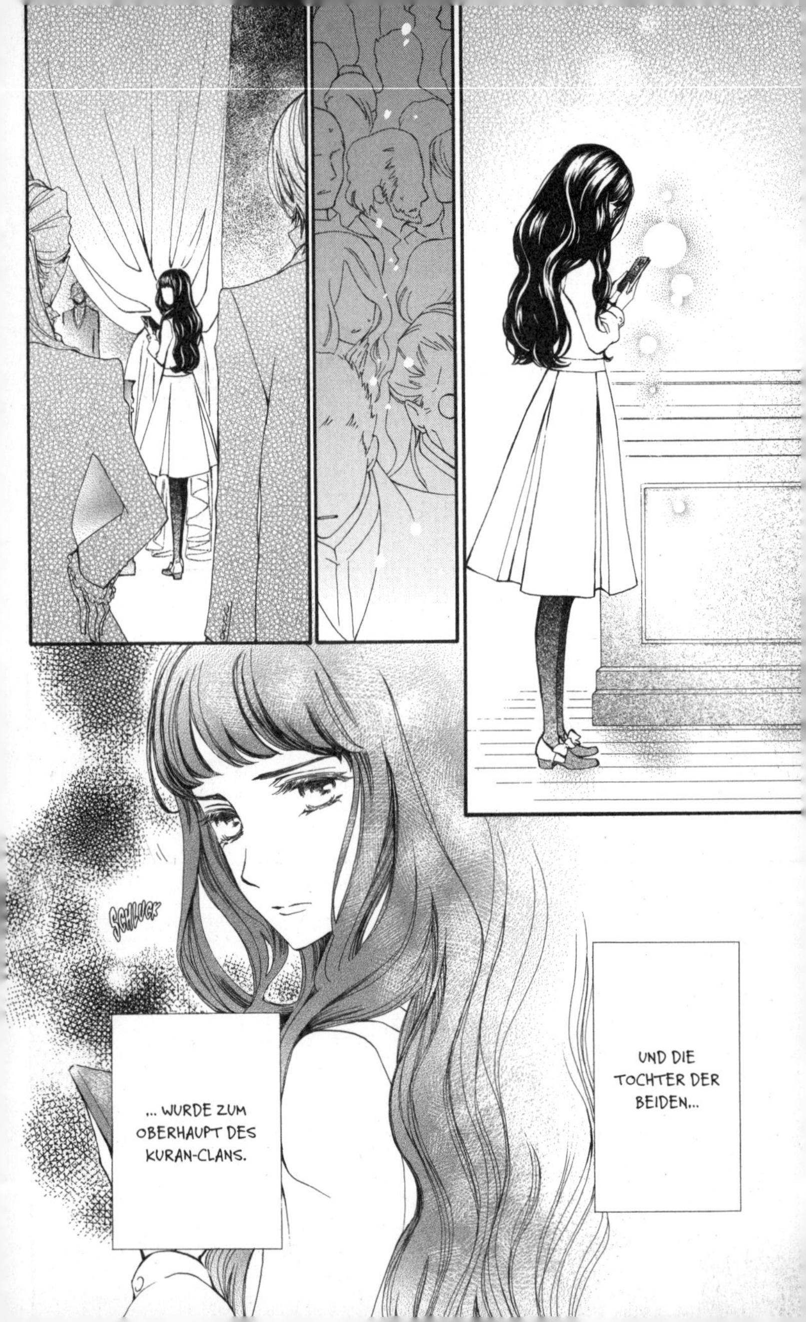
SCHLUCK
UND DIE TOCHTER DER BEIDEN...
... WURDE ZUM OBERHAUPT DES KURAN-CLANS.

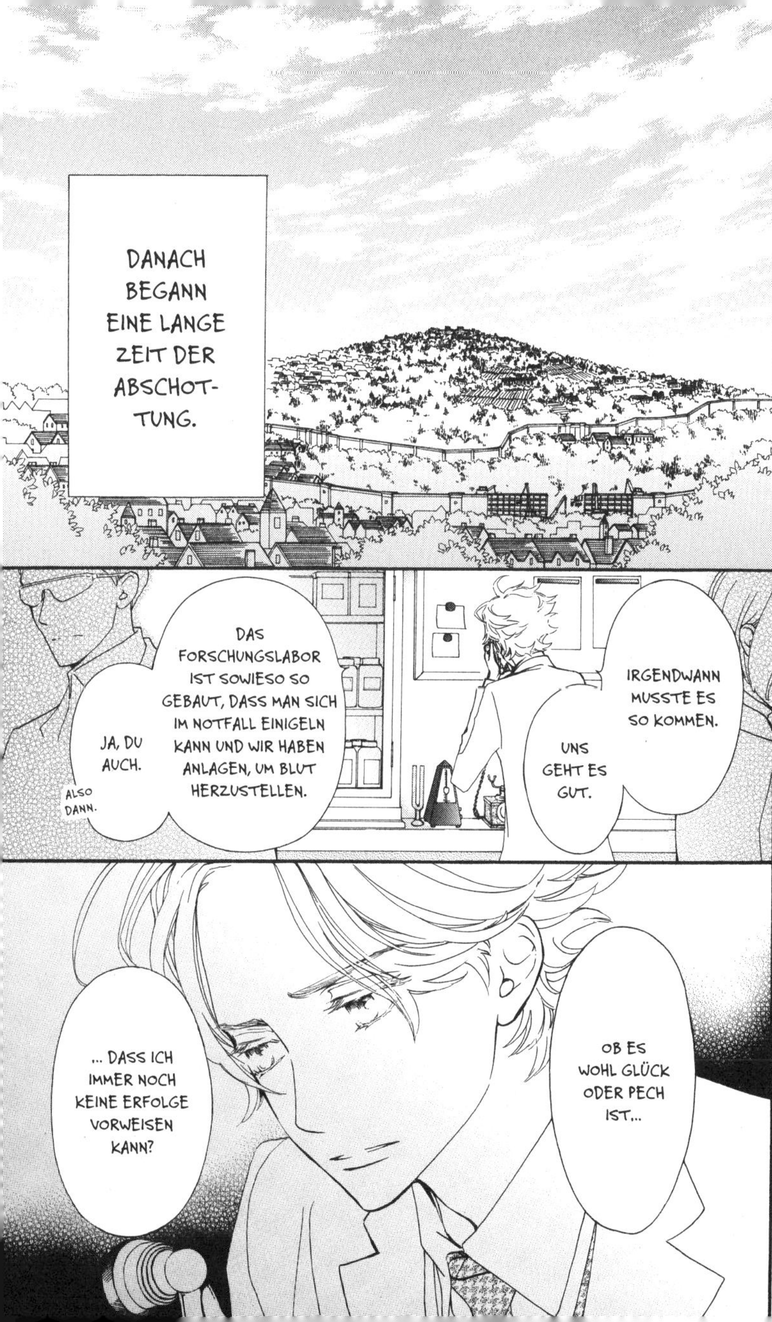
DANACH BEGANN EINE LANGE ZEIT DER ABSCHOT-TUNG.
IRGENDWANN MUSSTE ES SO KOMMEN.
UNS GEHT ES GUT.
DAS FORSCHUNGSLABOR IST SOWIESO SO GEBAUT, DASS MAN SICH IM NOTFALL EINIGELN KANN UND WIR HABEN ANLAGEN, UM BLUT HERZUSTELLEN.
JA, DU AUCH.
ALSO DANN.
OB ES WOHL GLÜCK ODER PECH IST...
... DASS ICH IMMER NOCH KEINE ERFOLGE VORWEISEN KANN?

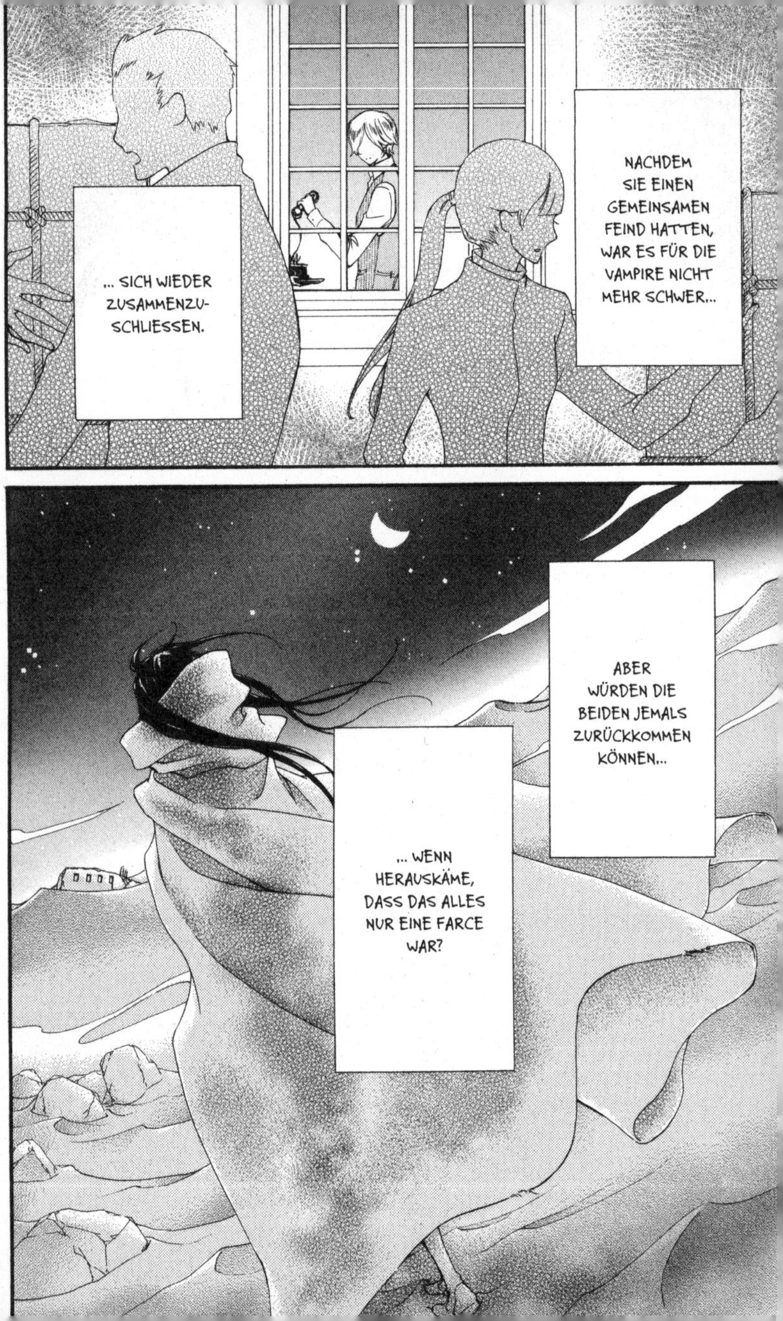
NACHDEM SIE EINEN GEMEINSAMEN FEIND HATTEN, WAR ES FÜR DIE VAMPIRE NICHT MEHR SCHWER...
... SICH WIEDER ZUSAMMENZU-SCHLIESSEN.
ABER WÜRDEN DIE BEIDEN JEMALS ZURÜCKKOMMEN KÖNNEN...
... WENN HERAUSKÄME, DASS DAS ALLES NUR EINE FARCE WAR?

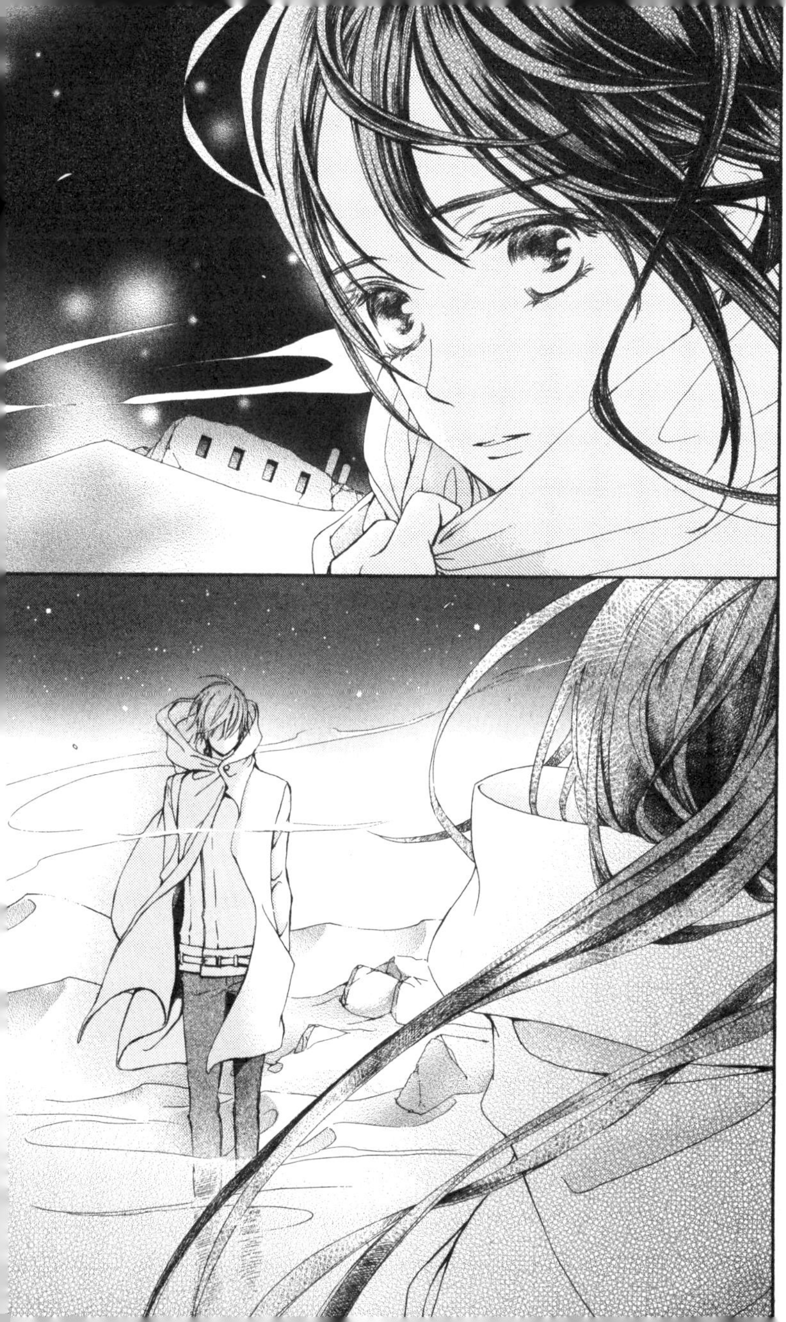

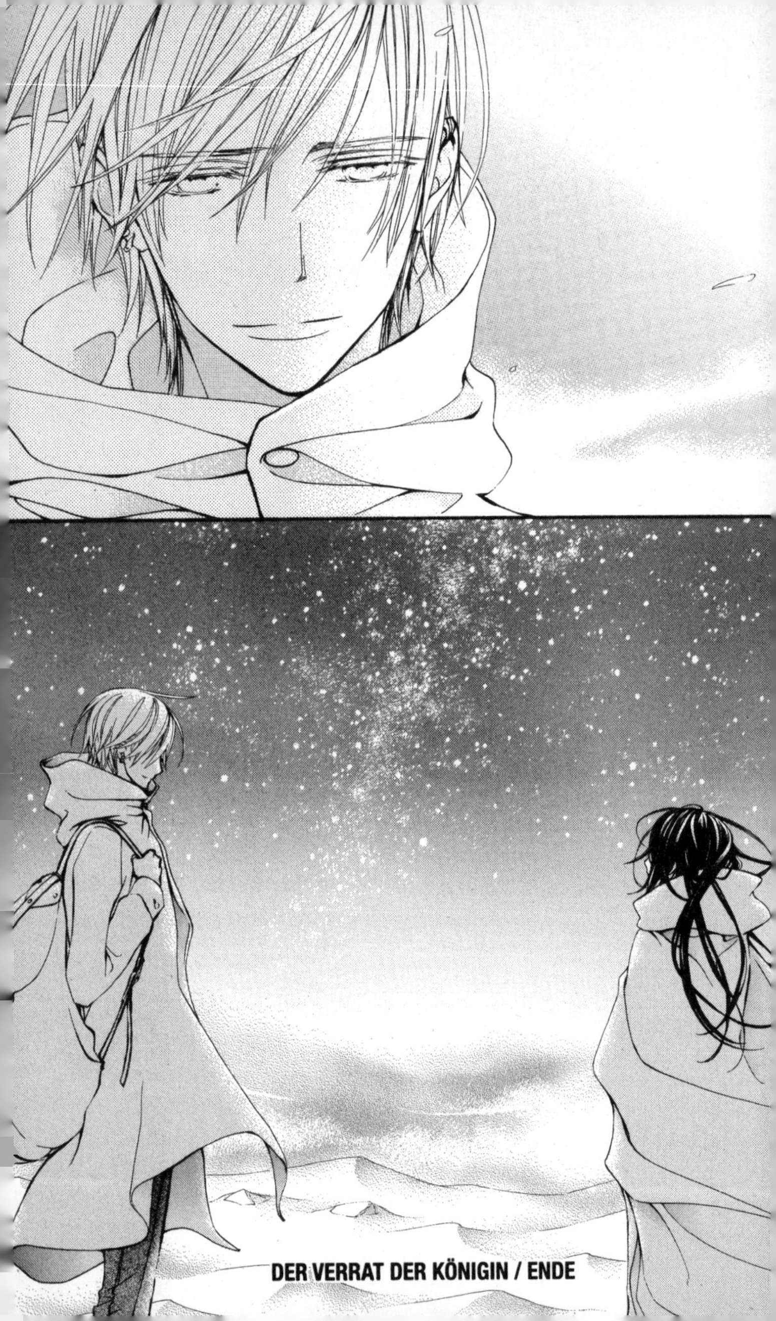
DER VERRAT DER KÖNIGIN / ENDE

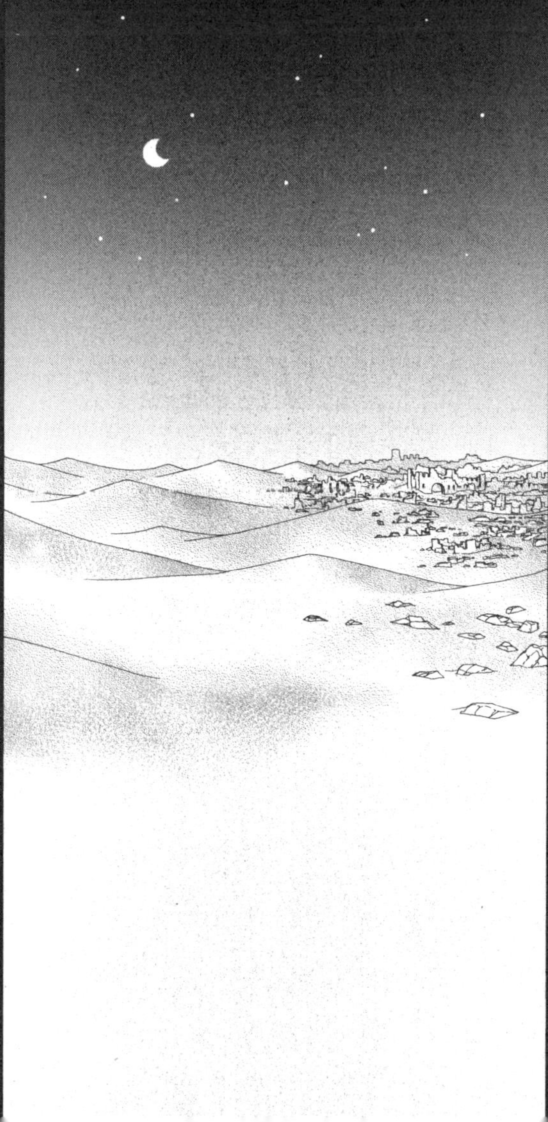

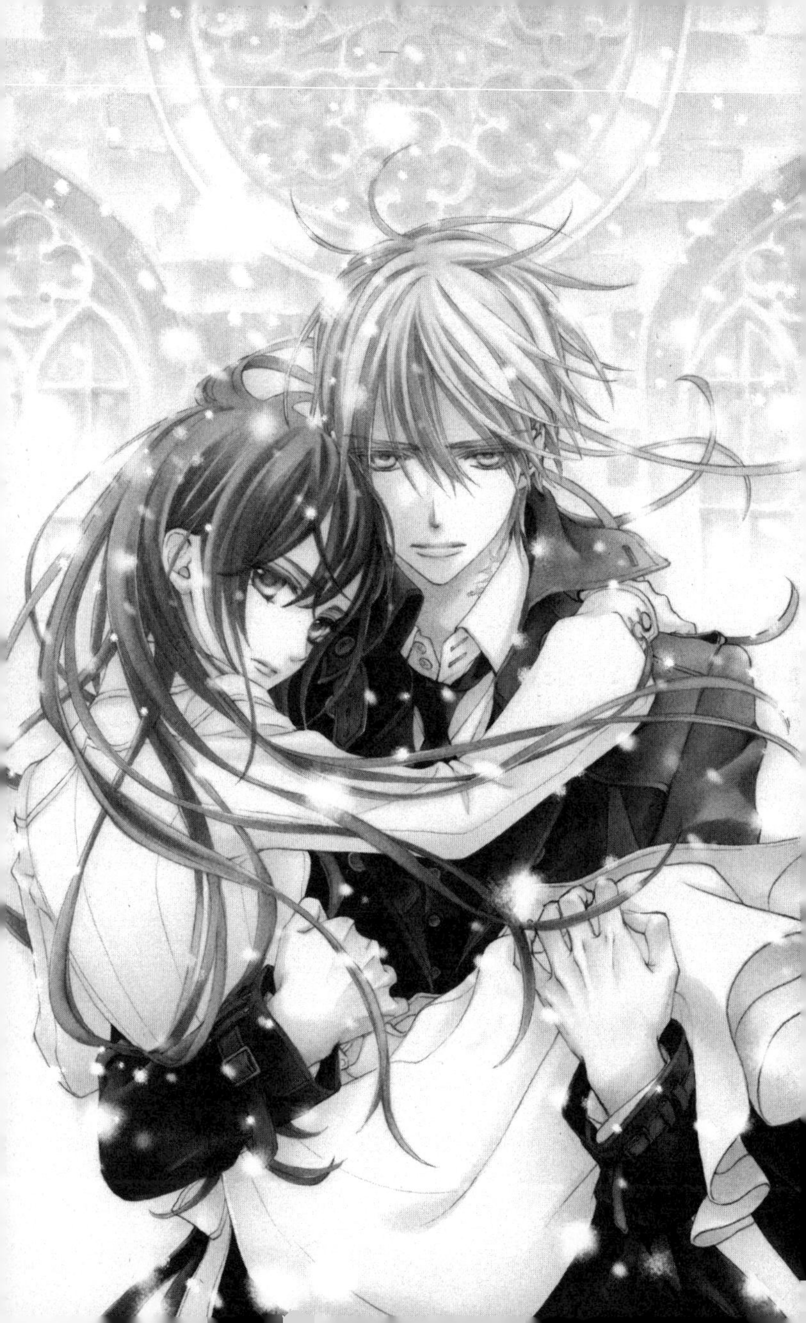

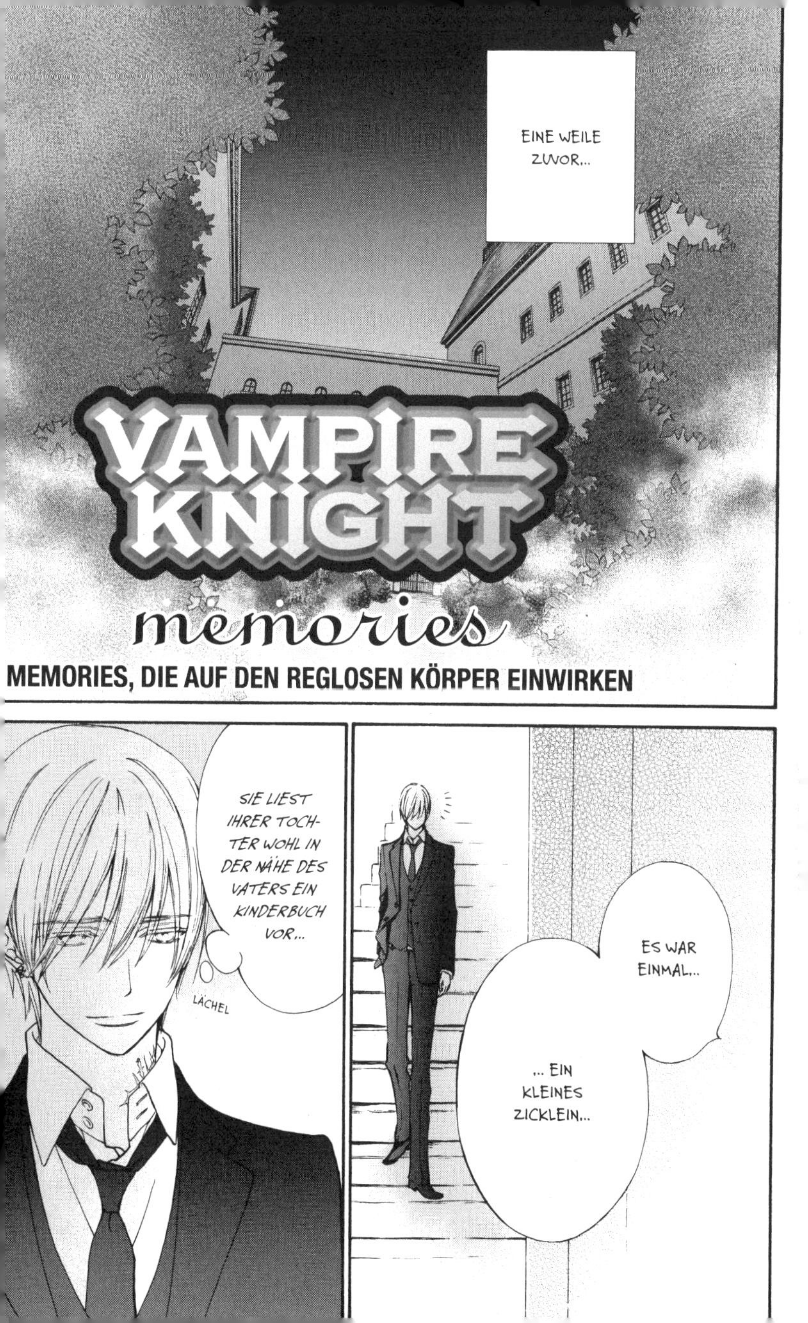
EINE WEILE ZUVOR...
VAMPIRE KNIGHT
memories
MEMORIES, DIE AUF DEN REGLOSEN KÖRPER EINWIRKEN
ES WAR EINMAL...
... EIN KLEINES ZICKLEIN...
SIE LIEST IHRER TOCHTER WOHL IN DER NÄHE DES VATERS EIN KINDERBUCH VOR...
LÄCHEL

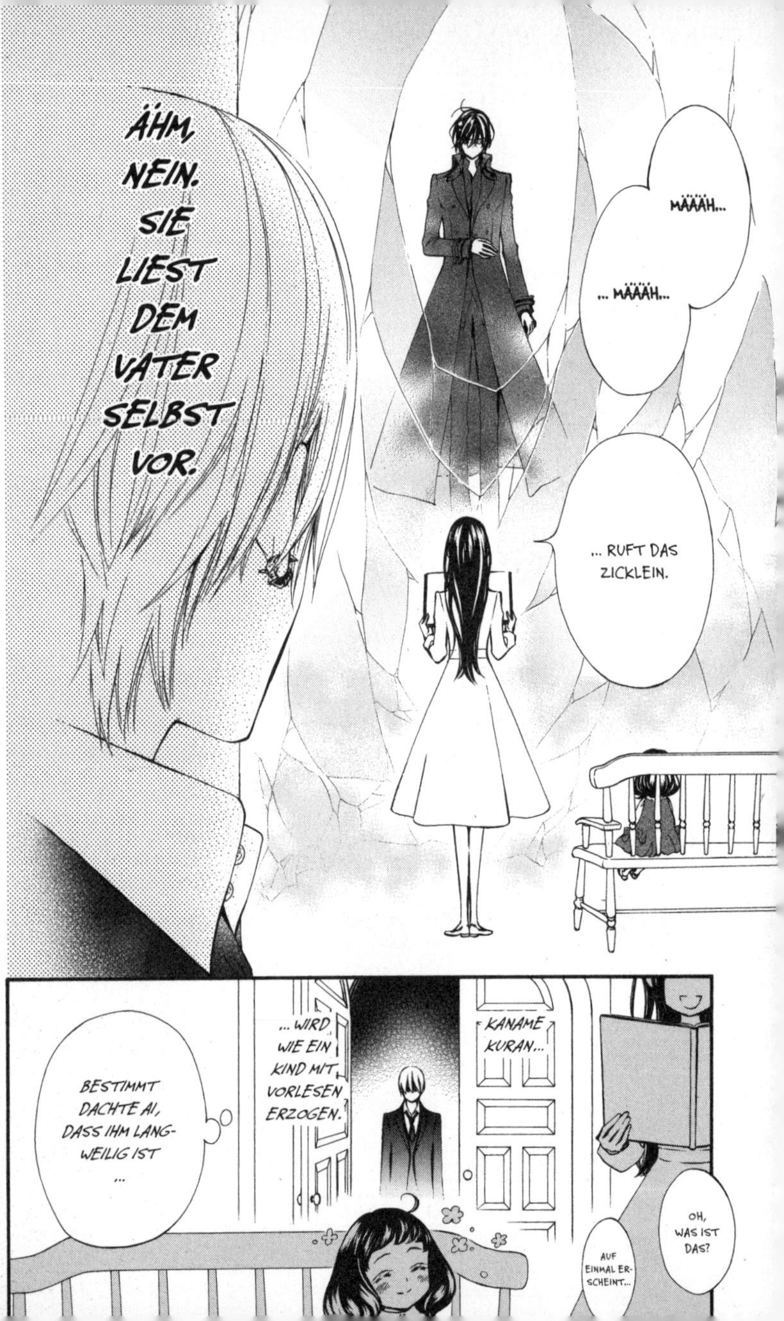
MÄÄÄH...
... MÄÄÄH...
... RUFT DAS ZICKLEIN.
ÄHM, NEIN. SIE LIEST DEM VATER SELBST VOR.
OH, WAS IST DAS?
AUF EINMAL ERSCHEINT...
KANAME KURAN...
... WIRD WIE EIN KIND MIT VORLESEN ERZOGEN.
BESTIMMT DACHTE AI, DASS IHM LANGWEILIG IST ...

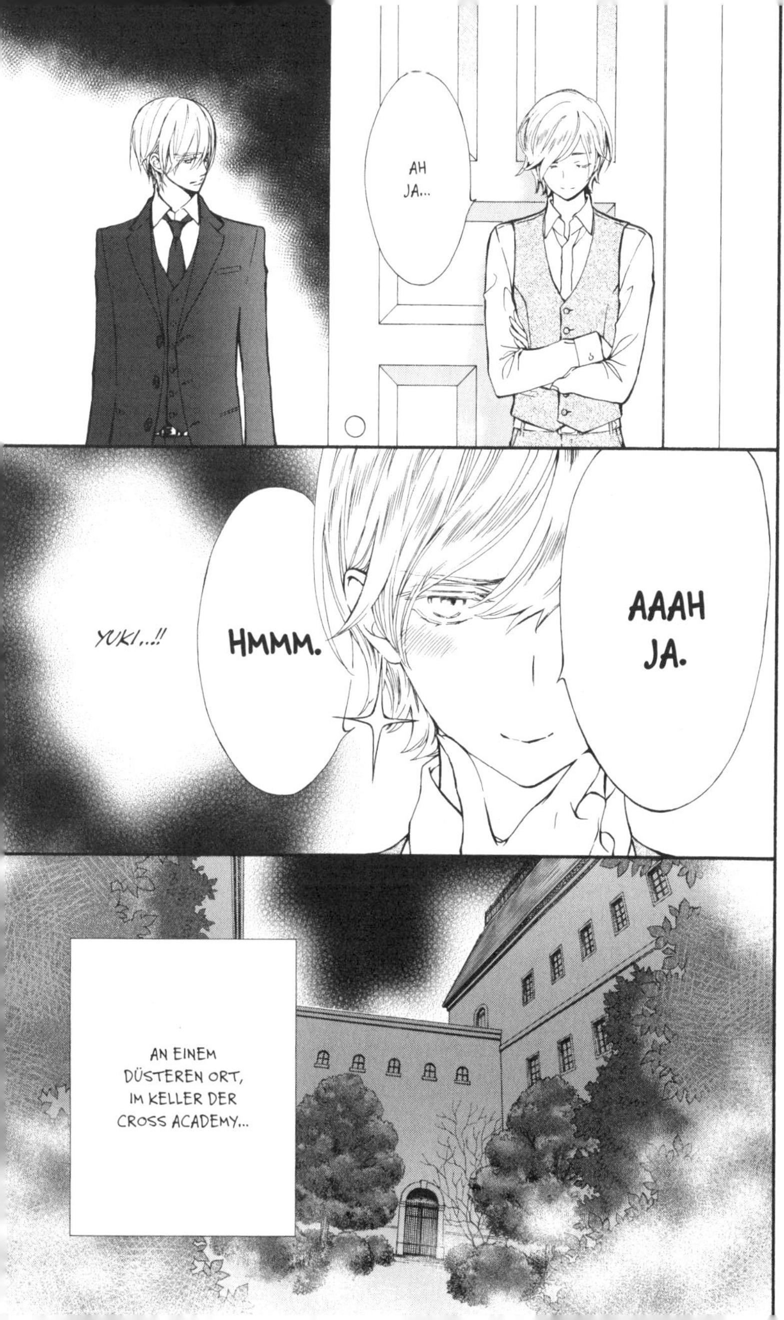
AH
JA...
AAAH
JA.
HMMM.
YUKI...!!
AN EINEM
DÜSTEREN ORT,
IM KELLER DER
CROSS ACADEMY...

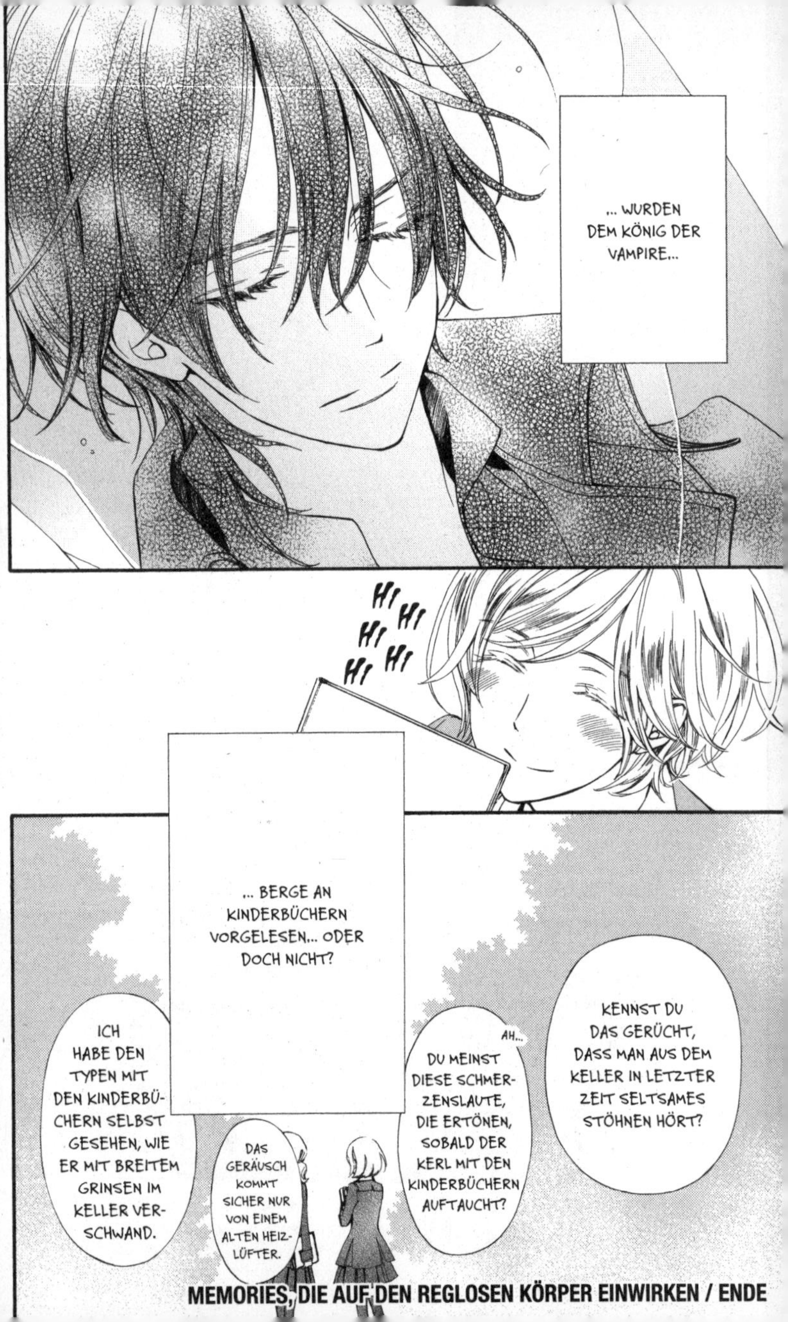
... WURDEN DEM KÖNIG DER VAMPIRE...
HI HI HI HI HI HI
... BERGE AN KINDERBÜCHERN VORGELESEN... ODER DOCH NICHT?
KENNST DU DAS GERÜCHT, DASS MAN AUS DEM KELLER IN LETZTER ZEIT SELTSAMES STÖHNEN HÖRT?
AH...
DU MEINST DIESE SCHMERZENSLAUTE, DIE ERTÖNEN, SOBALD DER KERL MIT DEN KINDERBÜCHERN AUFTAUCHT?
DAS GERÄUSCH KOMMT SICHER NUR VON EINEM ALTEN HEIZLÜFTER.
ICH HABE DEN TYPEN MIT DEN KINDERBÜCHERN SELBST GESEHEN, WIE ER MIT BREITEM GRINSEN IM KELLER VERSCHWAND.
MEMORIES, DIE AUF DEN REGLOSEN KÖRPER EINWIRKEN / ENDE

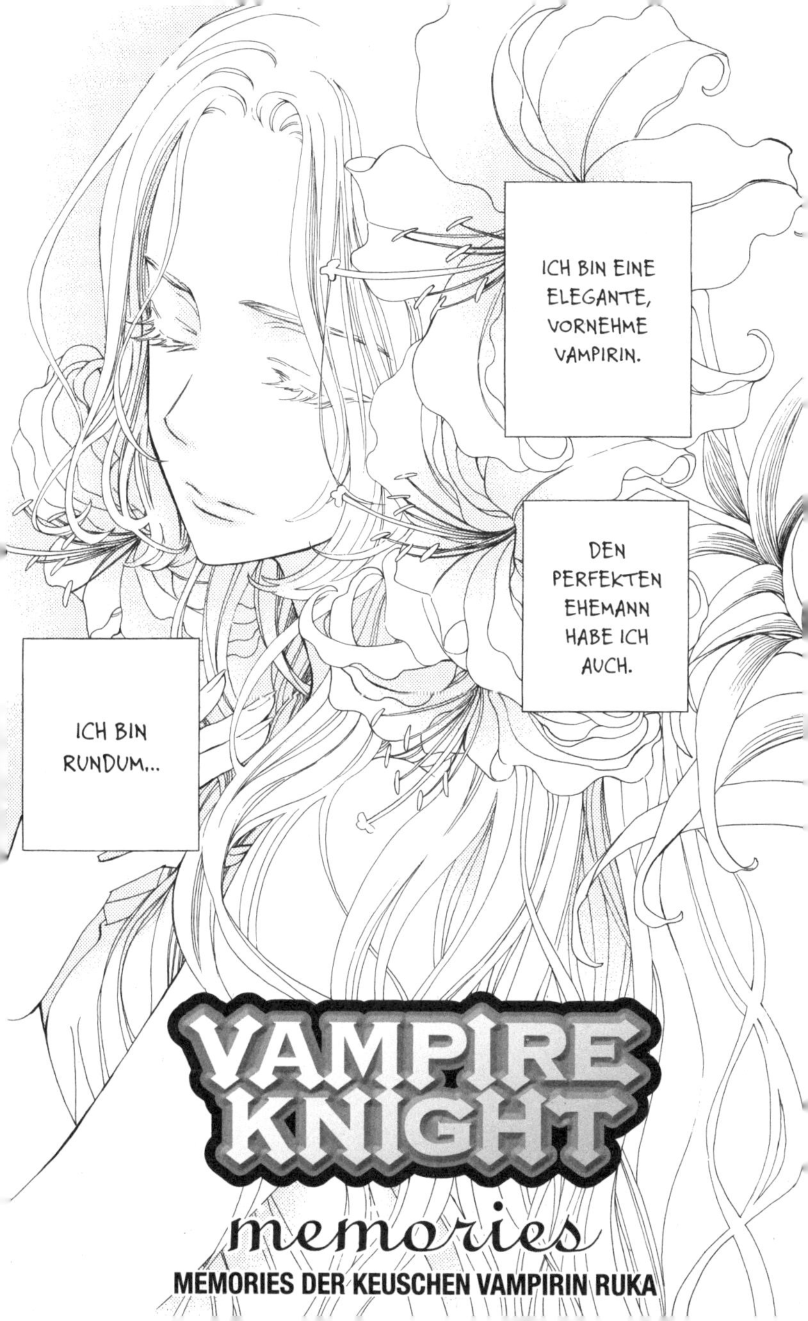
ICH BIN EINE ELEGANTE, VORNEHME VAMPIRIN.
DEN PERFEKTEN EHEMANN HABE ICH AUCH.
ICH BIN RUNDUM...
VAMPIRE KNIGHT
memories
MEMORIES DER KEUSCHEN VAMPIRIN RUKA

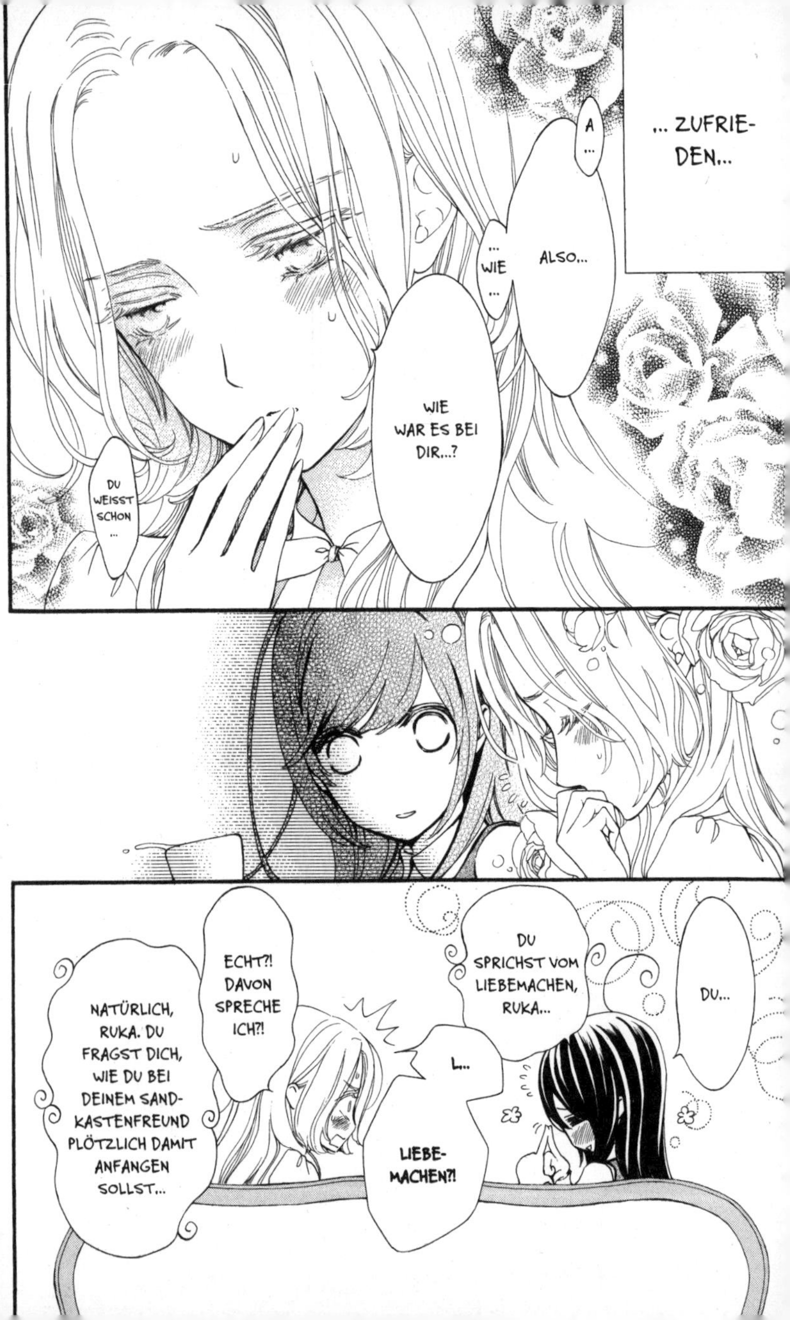
... ZUFRIEDEN...
A ...
ALSO...
... WIE ...
WIE WAR ES BEI DIR...?
DU WEISST SCHON ...
DU...
DU SPRICHST VOM LIEBEMACHEN, RUKA...
L...
LIEBEMACHEN?!
ECHT?! DAVON SPRECHE ICH?!
NATÜRLICH, RUKA. DU FRAGST DICH, WIE DU BEI DEINEM SANDKASTENFREUND PLÖTZLICH DAMIT ANFANGEN SOLLST...

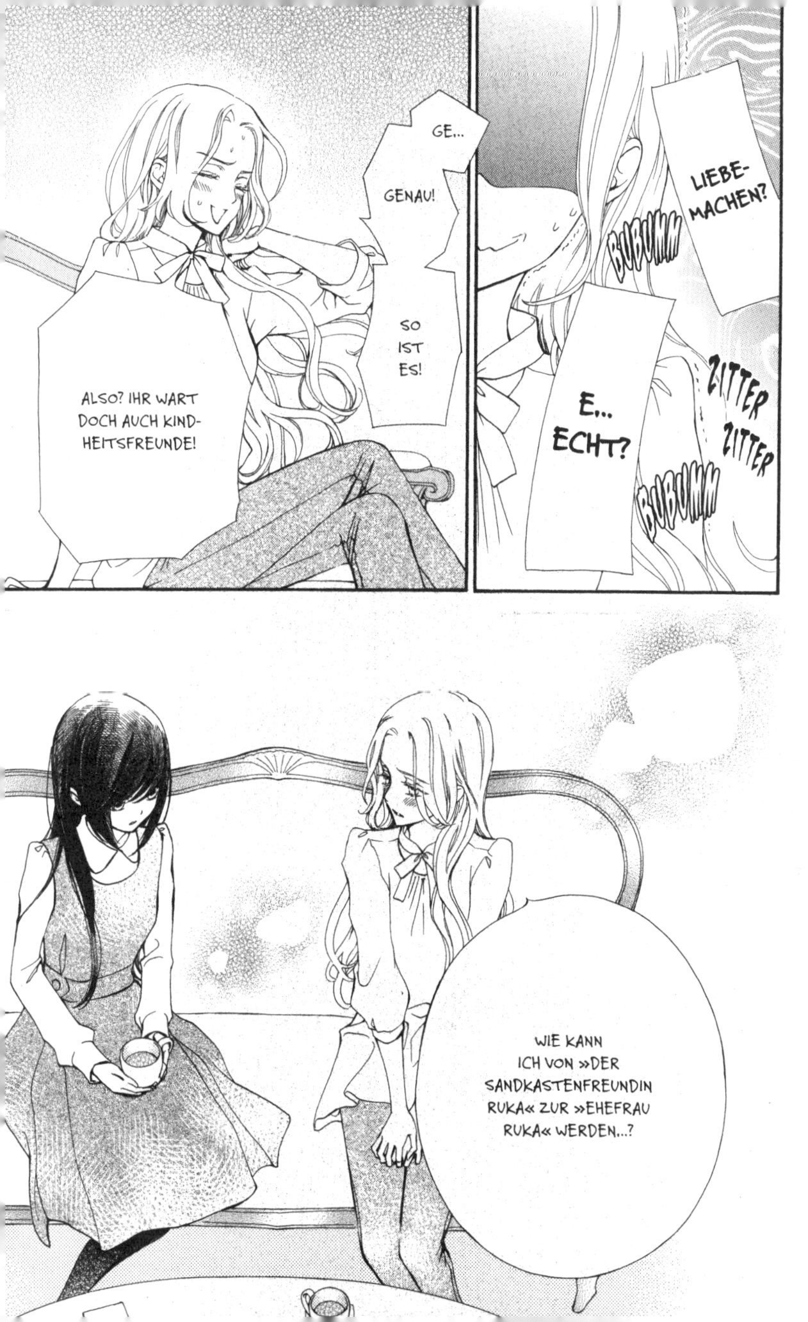
LIEBE-MACHEN?
BUBUMM
E... ECHT?
ZITTER ZITTER
BUBUMM
GE...
GENAU!
SO IST ES!
ALSO? IHR WART DOCH AUCH KIND-HEITSFREUNDE!
WIE KANN ICH VON »DER SANDKASTENFREUNDIN RUKA« ZUR »EHEFRAU RUKA« WERDEN...?

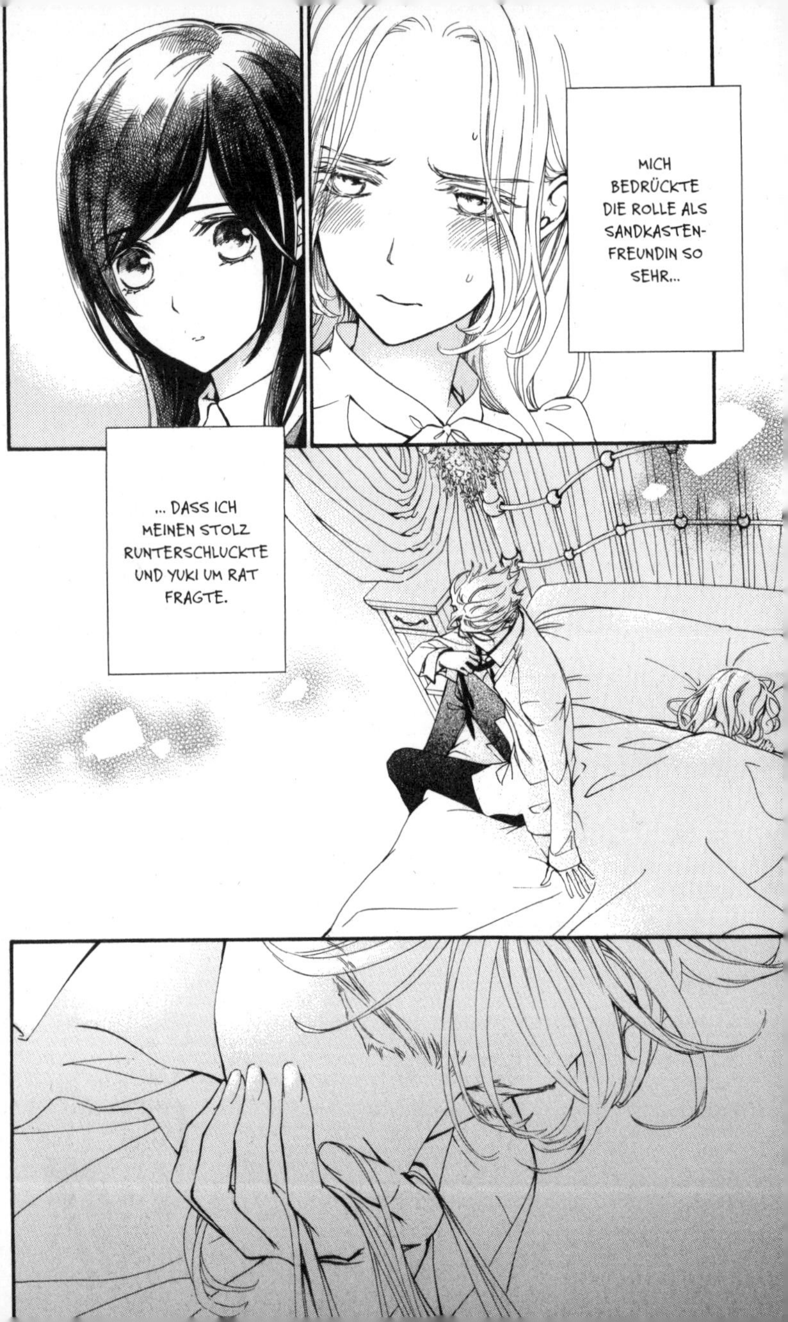
MICH BEDRÜCKTE DIE ROLLE ALS SANDKASTEN-FREUNDIN SO SEHR...
... DASS ICH MEINEN STOLZ RUNTERSCHLUCKTE UND YUKI UM RAT FRAGTE.

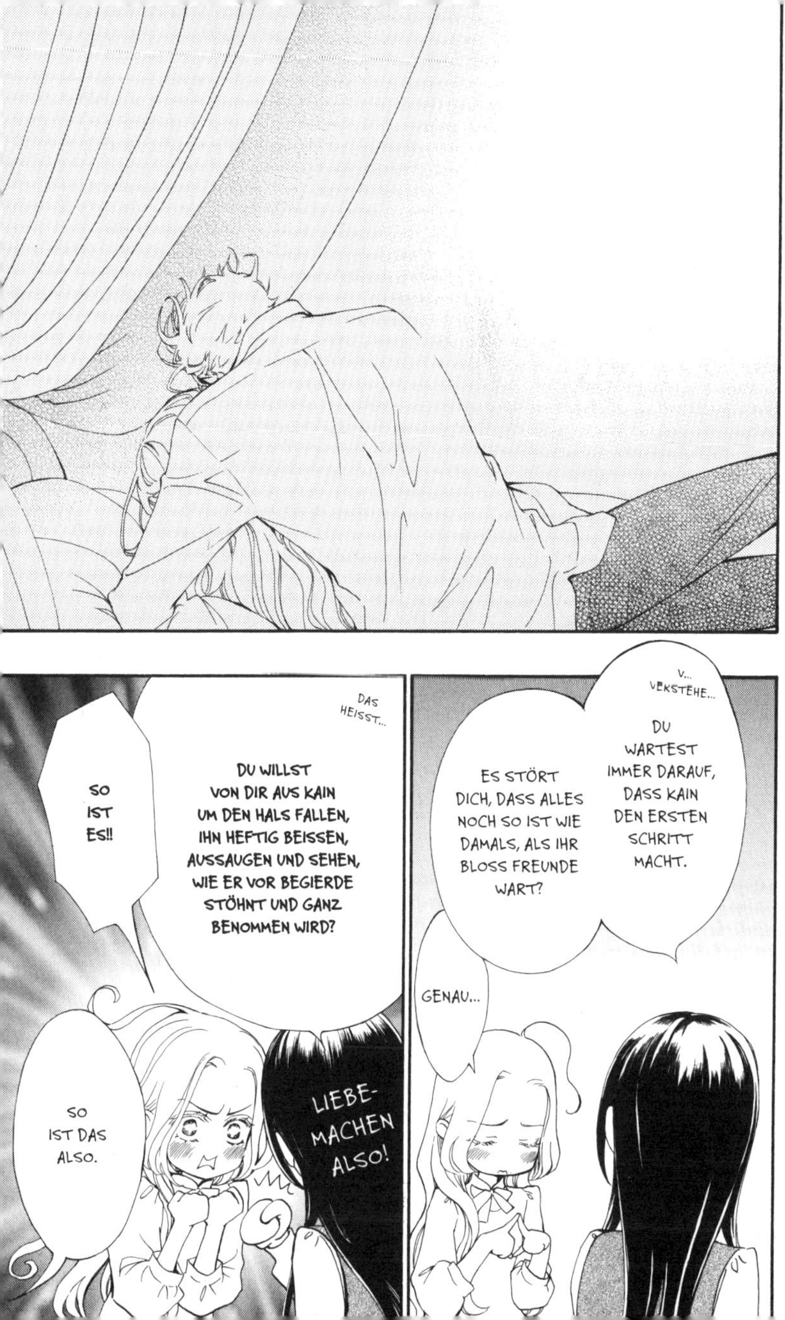
V... VERSTEHE...
DU WARTEST IMMER DARAUF, DASS KAIN DEN ERSTEN SCHRITT MACHT.
ES STÖRT DICH, DASS ALLES NOCH SO IST WIE DAMALS, ALS IHR BLOSS FREUNDE WART?
GENAU...
DAS HEISST...
DU WILLST VON DIR AUS KAIN UM DEN HALS FALLEN, IHN HEFTIG BEISSEN, AUSSAUGEN UND SEHEN, WIE ER VOR BEGIERDE STÖHNT UND GANZ BENOMMEN WIRD?
SO IST ES!!
LIEBE-MACHEN ALSO!
SO IST DAS ALSO.

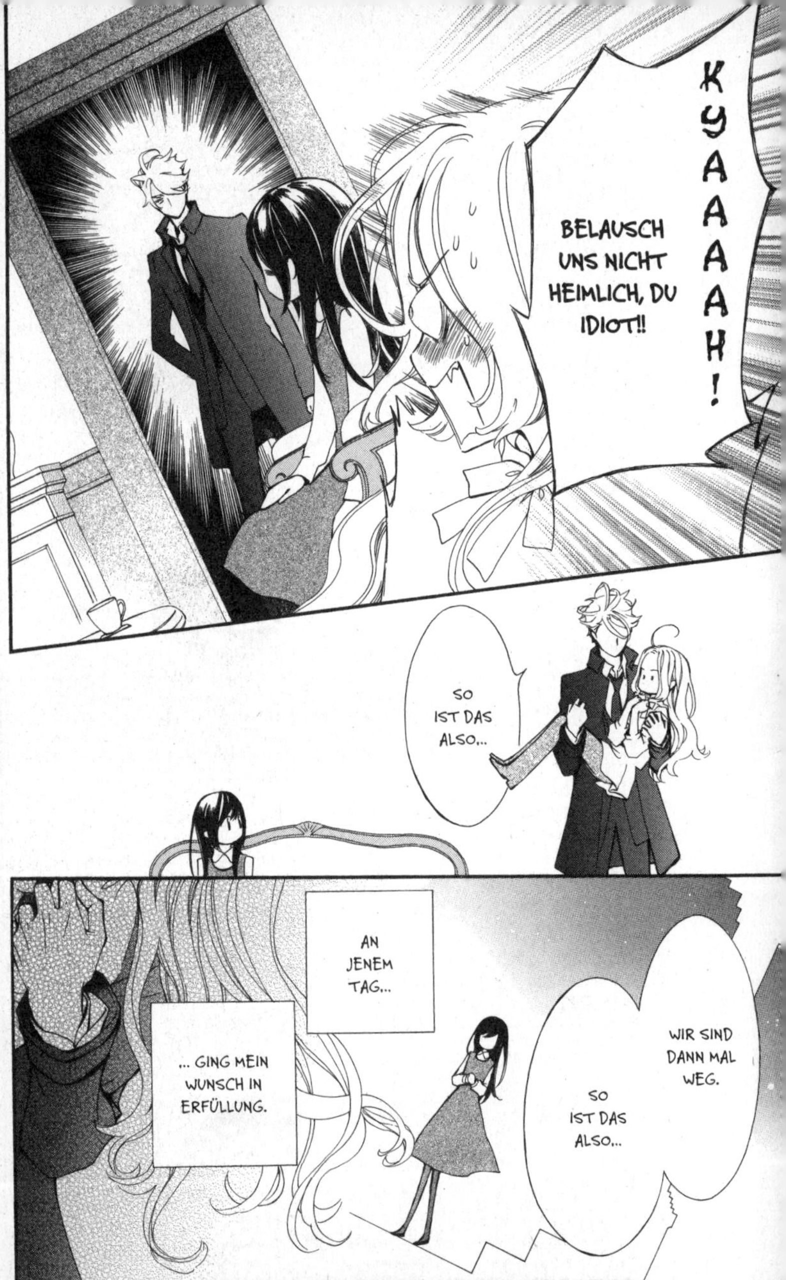

MEMORIES DER KEUSCHEN VAMPIRIN RUKA / ENDE

HALT!

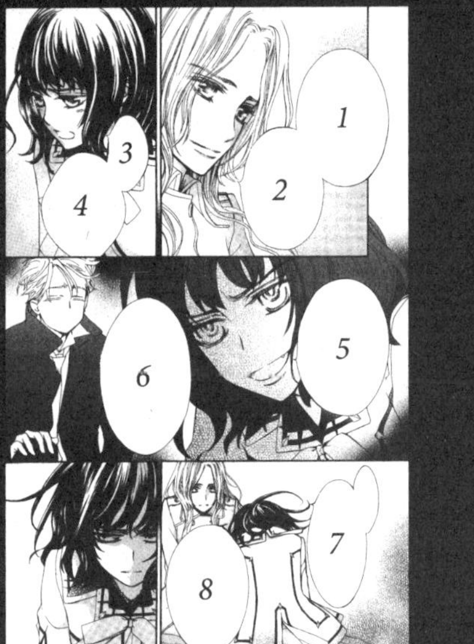

VAMPIRE KNIGHT - MEMORIES
ist ein japanischer Comic.
In Japan liest man von ***»hinten«*** *nach* ***»vorn«*** *und von rechts oben nach links unten.*
Man muss diesen Manga also ***»hinten«*** *aufschlagen und Seite für Seite nach* ***»vorn«*** *weiterblättern. Auch die Bilder auf jeder Seite und die Sprechblasen innerhalb der Bilder werden von rechts oben nach links unten gelesen.*

Viel Spaß mit ***VAMPIRE KNIGHT - MEMORIES!***

CARLSEN MANGA • Deutsche Ausgabe/German Edition © Carlsen Verlag GmbH Hamburg 2021 • Aus dem Japanischen von Luise Steggewentz • Vampire Knight Memories by Matsuri Hino © Matsuri Hino 2020

Redaktion: Anne Berling • Textbearbeitung: Ina Schiele
Grafik und Layout: diceindustries • Herstellung: Tobias Hametner

Alle deutschen Rechte vorbehalten • ISBN: 978-3-551-73400-6